T0130034

Andrea Frank, Stefanie Haacke und Swantje Lahm

Schlüsselkompetenzen: Schreiben in Studium und Beruf

Mit Abbildungen und Graphiken

2., aktualisierte und erweiterte Auflage

Verlag J.B. Metzler Stuttgart · Weimar

Die Autorinnen
Andrea Frank (geb. 1959), Studium der Pädagogik und Soziologie an der Uni Bielefeld, Promotion, 1993 Gründung des ersten Schreiblabors an einer dt. Universität,
1993–2005 Referentin des Prorektors für Studium und Lehre, seit 2005 Leiterin des
neuen Arbeitsbereichs Beratung für Studium, Lehre & Karriere an der Universität
Bielefeld.
Stefanie Haacke (geb. 1961), Studium der Philosophie, Religionswissenschaft und
Kunstgeschichte an der FU Berlin, seit 1998 Mitarbeiterin im Schreiblabor. Arbeitsschwerpunkte: Unterstützung von Lehrenden bei der Konzeption von schreibintensiven Lehrveranstaltungen, Ausbildung von Schreibtrainer/innen, Schreibberatung.
Swantje Lahm (geb. 1974), Studium der Geschichte, Soziologie und Osteuro-
päischen Studien an der Uni Bielefeld, seit 2003 Mitarbeiterin im Schreiblabor.
Arbeitsschwerpunkte: Unterstützung von Lehrenden bei der Konzeption von
schreibintensiven Lehrveranstaltungen, Ausbildung von Schreibtrainer/innen,
Schreibberatung.

Bibliografische Information Der Deutschen Nationalbibliothek
Die Deutsche Nationalbibliothek verzeichnet diese Publikation in der Deutschen
Nationalbibliografie; detaillierte bibliografische Daten sind im Internet über
< http://dnb.d-nb.de > abrufbar.

ISBN 978-3-476-02477-0
ISBN 978-3-476-00919-7 (eBook)
DOI 10.1007/978-3-476-00919-7

© 2013 Springer-Verlag GmbH Deutschland
Ursprünglich erschienen bei J. B. Metzlersche Verlagsbuchhandlung
und Carl Ernst Poeschel Verlag GmbH in Stuttgart 2013

www.metzlerverlag.de
info@metzlerverlag.de

Vorwort zur ersten Auflage

Ist schon alles gesagt, nur noch nicht von allen?

Schon wieder ein Buch zum wissenschaftlichen Schreiben? Sind nicht schon genügend Ratgeber auf dem Markt? Haben wir es einmal mehr mit dem »Valentin-Phänomen« zu tun, wonach schon *alles* gesagt ist – nur noch nicht von *allen*?

Was uns dazu bewogen und motiviert hat, dieses Buch zu schreiben, sind zum einen unsere langjährigen praktischen Erfahrungen in der Beratung von Studierenden und Lehrenden zur Förderung der Schreibkompetenz im Studium. Sie führen uns immer wieder vor Augen, welche Chancen das Schreiben im Studium gerade für Geistes- und Sozialwissenschaftler/innen birgt und wie wenig sie genutzt werden. Zu viele Studierende verlassen die Universität und behalten das Schreiben im Studium als lästige und unbefriedigende Tätigkeit ohne jeden Sinn in Erinnerung, manchmal sogar als so qualvoll, dass sie nie wieder gerne schreiben. Das ist schade. Und so sollte es nicht sein.

Zum anderen sind es unsere Beobachtungen dazu, wie sich die institutionellen Rahmenbedingungen für das Schreiben im Studium in den letzten Jahren – insbesondere mit der Einführung der neuen Bachelor- und Masterstudiengänge – verändert haben: Als das Schreiblabor 1993 an der Universität Bielefeld gegründet wurde, geschah dies vor dem Hintergrund einer Studien- und Lehrsituation, in der es – zumindest in den Geistes- und Sozialwissenschaften – wenige inhaltliche Vorgaben und so gut wie keine organisatorisch-strukturellen Reglementierungen gab. Zwar existierten Studienordnungen, aber diese gaben kaum eine verbindliche Orientierung für das individuelle Studieren. Ein geisteswissenschaftliches Magisterstudium bot deshalb viel Zeit, sich intensiv mit Themen zu beschäftigen, sich in Lektüre zu vertiefen und dabei eigene Schwerpunkte zu setzen. Die Kehrseite dieser akademischen Freiheit im Studium bestand darin, dass ihr längst nicht alle gewachsen waren. Viel zu viele Studierende brachen ihr Studium ohne Abschluss ab, andere benötigten viel mehr Zeit als vorgesehen, um es erfolgreich zu beenden. Die fehlende Zeitbegrenzung förderte geradezu das Ausufern von Themen von Haus- und Abschlussarbeiten. Die meisten der Studierenden, die in dieser Zeit das Schreiblabor aufsuchten, waren in höheren Semestern und bereits seit vielen Monaten mit ihren schriftlichen Arbeiten beschäftigt.

Mit der Einführung der Bachelorstudiengänge 2002 veränderten sich die Rahmenbedingungen für das Studium und damit auch die Fragen der Studierenden: Viele, die das Schreiblabor heute aufsuchen, sind in den Anfangssemestern, stehen aufgrund studienbegleitender Prüfungen unter Druck, sind mit einer Vielzahl unterschiedlicher Aufgaben gleichzeitig konfrontiert, hatten noch gar keine Gelegenheit, sich inhaltlich zu orientieren – und scheinen vor allem eines nicht zu haben: Zeit. Das Problem heißt nicht mehr: Wie geht man mit zu viel Freiheit um?, sondern eher: Wie kann man sich einen strukturierten Rahmen schaffen, um ein Schreibprojekt in einer angemessenen Zeit zu Ende zu bringen? Wie findet man Freiräume, in denen man sich auf sein Thema einlassen und kreativ werden kann? Wir möchten die Studierenden, die unser Buch lesen, ermuntern, sich solche Freiräume zu schaffen und das Schreiben im Studium für ihre Entwicklung zu nutzen.

Das Schreiben im Studium führt direkt in die Wissenschaft, denn wer Studienarbeiten schreibt, lernt mit fachlichen Inhalten, Methoden, Fragen und Problemen umzugehen. Schreiben führt aber auch in die Praxis. Es schult für jede Art von Handeln, das nicht im bloßen Ausführen von Anweisungen oder Reproduzieren von Bekanntem besteht.

Mit unserem Buch möchten wir Studierende dabei unterstützen, das zu suchen, zu entdecken und einzufordern, was ein Studium zu etwas anderem macht als eine Fortsetzung von Schule unter schlechteren Bedingungen.

Hinter einem fertigen Text stehen sehr viel mehr Menschen als die Autor/innen selbst. Entsprechend haben wir vielen für Unterstützung, Feedback und Rat zu danken. Vor allem danken wir den Studierenden, die unser Manuskript gelesen haben. Ihr Feedback war für unsere Arbeit sehr wichtig. Ein großer Dank geht auch an die zahlreichen berufstätigen Geisteswissenschaftler/innen, die uns mitgeteilt haben, ob und wie sie das Schreibenlernen im Studium für das Schreiben in ihren Berufen in und außerhalb der Wissenschaft nutzen konnten. Natürlich haben wir auch denjenigen zu danken, von denen wir gelernt und mit denen wir entwickelt haben, was wir in diesem Buch präsentieren, vor allem unseren Kolleg/innen. Und nicht zuletzt denen, die uns den Rücken freigehalten, uns getröstet und ertragen und uns geholfen haben, auch Konflikte durchzustehen. Wir bedanken uns also bei: Stella Büker, Hans-Volkmar Findeisen, Christine Freese, Angelika Fritsche, Ingrid Furchner, Paula Gillespie, Mareike Gronich, Ruth Großmaß, Silvia Herb, Keith Hjortshoj, Dörte Husmann, Harvey Kail, Karl Klingenberg, Hans-Martin Kruckis, Katrin Lehnen, Thomas Lüttenberg, Johannes Lüttenberg, Klaus Luther, Helen Menges, Sigurd Müller, Guido Nottbusch, Rolf Parr, Iliana Popova, Eva Reichmann, Michael Reiter, Gregor Rohmann, Gabriela Ruhmann, Ingrid Scharlau, Kirsten Schindler, Jana Schuster, Judith Seha, Ursel Sickendiek, Bianca Sievert, Patricia Skorge, Caroline Striewisch, Christina Tente, David Wegener, Thomas Welskopp, Holger Wiethäuper, Uwe Zimmer.

Vorwort zur zweiten Auflage

Vor Ihnen liegt die zweite aktualisierte und überarbeitete Auflage des Ratgebers aus dem Bielefelder Schreiblabor, erweitert um ein Kapitel zum Portfolio. Wir haben dieses Buch für Studierende geschrieben, die sich schreibend intensiv auf das Studium einlassen, und die sich für die Wege und Umwege interessieren, die das Denken nimmt. Im Vorwort der ersten Auflage haben wir einer Vielzahl von Kooperationspartnern, Freunden und Freundinnen namentlich gedankt. Diesmal danken wir einfach allen, die dazu beigetragen haben, dass dieses Buch weiterhin nützlich ist. In diesem Sinne freuen wir uns über Feedback: schreiblabor@uni-bielefeld.de

Bielefeld, im Februar 2013
Andrea Frank, Stefanie Haacke und Swantje Lahm

Inhaltsverzeichnis

X

1. Einleitung

Sich in einen neuen Kontext zu begeben und dort zu schreiben, heißt immer auch, die bisherigen Vorgehensweisen beim Schreiben zu überdenken. Neue, bislang unbekannte Textarten und Arbeitsformen stellen die bisherigen Strategien in Frage. Man muss aktiv werden, um die andersartigen Herausforderungen zu bewältigen. Das betrifft das Schreiben im Übergang von der Schule zur Hochschule. Es betrifft aber auch das Schreiben im Übergang von der Hochschule in den Beruf.

Unser Buch ist als Begleiter für solche Übergangssituationen gedacht. Sie können es nutzen, um Ihre bisherige Vorgehensweise beim Schreiben zu reflektieren und Ihr Repertoire zu erweitern. Mit Repertoire meinen wir alles, was man wissen und können muss, um den komplexen Arbeitsprozess beim Schreiben zu organisieren und Texte bewusst zu gestalten. Wer schreibt, arbeitet am eigenen Repertoire und erweitert es ständig; man lernt immer noch etwas dazu. Das ist das Schöne – manchmal auch das Anstrengende an dieser Tätigkeit.

Repertoire erweitern

Wir stellen Ihnen im Folgenden zunächst unsere Sicht auf das Schreiben vor und erläutern im Anschluss, wie dieser Ratgeber aufgebaut ist und wie Sie ihn nutzen können.

Wer schreibt, hebt Aussagen und Ideen aus der Flüchtigkeit des bloßen Sprechens heraus, fixiert sie und macht sie bearbeitbar. Wer schreibt, wird Autor/in und muss für das Geschriebene einstehen. In dem, was wir schreiben, werden wir selbst sichtbar. Wir haben eine *Perspektive*, und wenn wir über etwas schreiben, manifestiert sich diese Perspektive und wird manchmal zum Problem. Als wer schreibe ich? Was ist das Problem, über das ich schreibe? Ist es überhaupt ein Problem? Und wenn es eins ist, auf welcher Ebene ist es angesiedelt? Wie drücke ich klar aus, was ich meine? Welche Wörter sind die richtigen?

Schreiben heißt arbeiten in der Sprache

Solche Fragen entstehen beim Schreiben, beim Setzen von Wörtern, beim Formulieren von Sätzen und Aussagen. Denn – so Wilhelm von Humboldt – die »einfachste Wirkung« von Schrift ist, »daß sie die Sprache fest heftet, und dadurch ein ganz anderes Nachdenken über dieselbe möglich macht« (Humboldt 1862, S. 109). Wir fügen hinzu: Nachdenken

Schreiben heißt denken

1

nicht nur über die Sprache, sondern auch über uns selbst und über die Inhalte, zu denen wir schreiben.

Luhmann
1992, S. 53

»**Ohne zu schreiben, kann man nicht denken: jedenfalls nicht in anspruchsvoller, anschlussfähiger Weise.**«

Schreiben ist für anspruchsvolles und komplexes Denken in elementarem Sinne notwendig.

Man braucht es als Speichermedium: Wer Ideen, Konzepte, Argumente, Überlegungen notiert, aufschreibt und systematisch sammelt, erzeugt eine Fülle von Gedankenmaterial, an dem er weiterarbeiten kann. Ohne dieses Material wäre man auf Just-in-Time-Produktion der Gedanken und auf die Kreativität des Augenblicks angewiesen. Das ist für die wissenschaftliche Erkenntnisproduktion zu wenig, zumal man sich auf diese Weise nicht auf das beziehen kann, was andere gedacht und gesagt haben. Erst wenn man etwas (re-)produziert hat, worauf man zurückgreifen kann, kann man auch darüber hinausgehen.

Man braucht es zur Aneignung von Gelesenem: Wer beim Lesen schreibt, der wählt aus, strukturiert, vergleicht, bewertet, stellt Fragen, kombiniert, abstrahiert und konkretisiert. Aus dem Zerhäckseln und Zerschneiden und wieder anders Zusammenfügen entsteht Neues.

Man braucht es als Kreativkraft: Am Anfang jedes Schreibprozesses steht eine vage Vorstellung davon, was man sagen oder herausfinden möchte. Mehr Impuls als Gedanke, ein »felt sense« (Elbow 2000), vorverbal. Erst beim Formulieren offenbart sich, was sag- und damit denkbar ist. Das Formulieren macht deutlich: Da fehlt noch was, es muss ausgeführt, präzisiert, weitergedacht werden. Man verfertigt die Gedanken beim Schreiben, führt sie aus und entwickelt sie weiter.

Man braucht es als Präzisierungswerkzeug für Verknüpfungen und Unterscheidungen. Das Schreiben zwingt dazu, präzise zu sein: Wie hängt x mit y zusammen? Warum ist etwas so, wie es ist? Das Schreiben vergegenständlicht Begriffe, Informationen, Definitionen, positive und negative Aussagen, Gründe, Argumente, zeitliche Abläufe und die Verknüpfung sprachlicher Elemente zur Darstellung komplexer Zusammenhänge, so dass sie auf ihre logische Konsistenz überprüft werden können.

Schreiben heißt
kommunizieren

Schreiben dient der Kommunikation: Das ist scheinbar selbstverständlich. Wir alle nutzen E-Mails und Briefe, um anderen etwas mitzuteilen, und lesen Gebrauchsanweisungen, Romane, wissenschaftliche Texte, mit denen wiederum andere uns etwas mitteilen.

Aber ist ein Text allein schon Kommunikation? Kommunikation findet erst dann statt, wenn andere verstehen, was wir sagen wollen, etwas damit anfangen können. Deshalb ist es wichtig, sich bewusst zu machen, dass schriftliche Kommunikation anders funktioniert als mündliche Kommunikation:

Räumliche und zeitliche Distanz: Autor und Leser stehen sich nicht gegenüber, können einander nicht sehen und hören. Viele Mittel der mündlichen Kommunikation (Gestik, Mimik, Intonation etc.) fallen deshalb weg. In der schriftlichen Kommunikation müssen hierfür andere Formen gefunden werden, z.B. durch Variation in der Länge von Sätzen, Wiederholungen, Satzzeichen etc.

Kein unmittelbares Feedback: Leser/innen können keine unmittelbare Rückmeldung geben (z.B. durch Heben der Augenbrauen, Stirnrunzeln etc.) und nicht direkt nachfragen. Hieraus ergibt sich die Notwendigkeit, Texte bewusst adressatenorientiert zu schreiben, sich also vorab mögliche Fragen und Reaktionen der Leser/innen zu vergegenwärtigen und den Text entsprechend zu gestalten.

Damit ein Text seine kommunikative Funktion erfüllt, ist es nötig, beim Schreiben an die **Adressaten** zu denken, die ihn lesen werden, zu überlegen, *was* man mitteilen möchte, und dem Text eine **Form** zu geben, die in den **Kontext** passt, in dem er gelesen werden soll (vgl. Kap. 4 »Flexibel umgehen mit Textarten und Darstellungsformen«).

1.1 | Schreiben im Studium

Hausarbeiten sind eine klassische Übungsform zum Erlernen wissenschaftlicher Schreibfähigkeit. Das Schreiben der ersten Hausarbeiten *simuliert* die Arbeitsbedingungen in der Wissenschaft. Sie üben damit, sich auf die Texte anderer zu beziehen, Ihre eigenen Überlegungen zum Diskurs beizutragen und für andere nachvollziehbar darzustellen, wie Sie dazu gekommen sind.

Diese Anforderungen sind in den Prüfungsordnungen nicht festgeschrieben. Häufig werden sie auch in Lehrveranstaltungen nicht explizit. Dennoch werden Sie sie recht bald ›spüren‹. Sie werden sich Ihnen vermitteln in Begegnungen mit Ihren Lehrenden (die ja zugleich Wissenschaftlerinnen und Wissenschaftler sind), im Umgang mit der wissenschaftlichen Literatur, die Sie lesen, oder im Gespräch mit Kommiliton/innen. Vermutlich nicht bei der ersten Klausur, aber spätestens bei der ersten Hausarbeit werden sich Ihnen Fragen stellen (oder gestellt haben) wie diese:

- Welche Texte (welche von anderen formulierten Erkenntnisse) muss ich eigentlich verarbeiten?
- Wie soll ich das machen?
- Andere haben das so gut formuliert, soll ich das jetzt umformulieren?
- Wie soll ich denn etwas *Eigenes* beitragen können?
- Wie kann ich denn wissen, dass das, was ich schreibe, nicht schon von jemand anderem geschrieben wurde?

Wenn Sie sich solche Fragen stellen, sind Sie schon mittendrin im akademischen Lern- und Sozialisationsprozess! Sie sollten der Versuchung widerstehen, sie durch einfacher zu beantwortende Fragen zu ersetzen wie z.B. »Was muss auf dem Titelblatt stehen?« oder »Muss ich im Literaturverzeichnis das Erscheinungsjahr des zitierten Buches direkt hinter den Autor setzen oder ganz ans Ende?«. Diese Fragen sind auch wichtig, helfen aber nicht weiter, wenn Sie wissen wollen, worauf es eigentlich beim wissenschaftlichen Schreiben ankommt.

»Wissenschaft lebt vom Text« (Kruse 2005, S. 113). Eine Universität ist ohne Texte nicht denkbar. Das merken Sie spätestens, wenn Sie eine Universitätsbibliothek betreten. Hier finden Sie Tausende von Lehrbüchern, Monographien, Tagungsbänden. Es gibt Zeitschriften mit wiederum Tausenden von Artikeln, und diese Zahl erhöht sich noch um die riesige Menge von Aufsätzen, die in wissenschaftlichen Datenbanken zu finden sind.

Forschungsaktivitäten und -ergebnisse müssen veröffentlicht werden, damit die wissenschaftliche Fachgemeinschaft davon erfährt, damit andere Wissenschaftler/innen sie kritisch prüfen und gegebenenfalls bei der Weiterarbeit nutzen können. Wissenschaftliche Ergebnisse sind erst in der Welt, wenn sie veröffentlicht sind. Wer was wann und in welchem Kontext zu Papier gebracht hat, ist ein wesentlicher Aspekt von wissenschaftlicher Originalität.

Um ihre Funktion zu erfüllen, müssen wissenschaftliche Texte bestimmten Anforderungen genügen:

Anregung zur Reflexion

Sie kennen vermutlich alle den Zeitvertreib »Original und Fälschung«, bei dem man zwei Bilder miteinander vergleicht und nach Fehlern sucht. Suchen Sie in dem folgenden Text nach Merkmalen, die Ihnen »unwissenschaftlich« erscheinen:

»Mein Freund hat mich auf die Idee gebracht, mal zu untersuchen, warum Jungs früher in der Schule viel erfolgreicher waren als Mädchen. Er behauptet, dass das daran liegt, dass die Mädchen bevorzugt werden. Ich glaube, es liegt daran, dass Mädchen die Schule einfach ernster nehmen. Deshalb ärgert es mich auch, dass Frauen weniger verdienen als Männer, das habe ich nämlich mal irgendwo gelesen. Ich habe mich dann mit einigen Jungs und Mädchen unterhalten und bin zu dem Schluss gekommen, dass Jungs wohl unprivilegiert sind.«

Wie viele und welche »Fehler« haben Sie gefunden? Versuchen Sie zu beschreiben, was Sie als »unwissenschaftlich« ansehen.

Nun ist dieses Textbeispiel zugegebenermaßen ziemlich unrealistisch und nicht nur aufgrund der verwendeten Alltagssprache komplett unwissenschaftlich – trotzdem lässt sich daran zeigen, **welchen Standards wissenschaftliche Texte genügen müssen**, damit ihre Leser/innen damit etwas anfangen können:

Wissenschaftlich zu schreiben heißt zunächst, ein Thema aus der Zufälligkeit der Wahrnehmung auf eine Ebene der Verallgemeinerbarkeit zu heben. Wer wissenschaftlich schreibt, produziert Wissen bzw. Erkenntnisse, und zwar so, dass andere Wissenschaftler/innen oder Praktiker/innen sie nutzen, weiterentwickeln und anwenden können. Dazu muss man

- **Den Bezugsrahmen klarmachen und Orientierung geben:** Leser/innen müssen nachprüfen können, woher Denkanstöße oder verwendetes Wissen kommen. Einem privaten Hinweis wie *Mein Freund hat mich auf die Idee gebracht ...* kann kein/e Leser/in nachgehen. Dasselbe gilt für ... *habe ich mal irgendwo gelesen.*
- **Logisch nachvollziehbar darstellen, worum es im Text geht:** Von der Behauptung, dass *Jungs früher in der Schule erfolgreicher waren als Mädchen*, springt der Autor des Übungstextes unvermittelt auf ein ganz anderes Thema, und es wird eine Vermutung nachgeschoben, nämlich dass *Mädchen die Schule einfach ernster nehmen.* Was will der Autor wissen? Was untersucht er? Das wird hier nicht klar.
- **Nachvollziehbar darstellen, wie man vorgegangen ist:** Mit der Information, dass der Autor sich *mit einigen Jungs und Mädchen unterhalten* hat, kann kein/e Leser/in etwas anfangen. Wie alt waren die *Jungs* und *Mädchen*? Was hat er sie gefragt? Gab es einen Interviewleitfaden? Wurden die Gespräche transkribiert? Wie wurden sie ausgewertet?
- **Logisch argumentieren:** Mit Vermutungen, ›Schlussfolgerungen‹ und Einschätzungen wird im Übungstext nicht gespart. Belege oder Argumente, die Dritte nachvollziehen könnten, werden jedoch nicht gegeben. Wie ist der Autor zum Beispiel *zu dem Schluss gekommen, dass Jungs wohl unprivilegiert sind*? Welche Anhaltspunkte gibt es für diese Behauptung?
- **Von eigenen unmittelbaren Urteilen, Bewertungen, Gefühlen abstrahieren:** Ein Gefühl, z.B. Ärger, kann durchaus den Anstoß für die wissenschaftliche Beschäftigung mit einem Thema geben. Diese Beschäftigung wird allerdings erst wissenschaftlich, wenn der Ärger reflektiert und die Aufmerksamkeit auf die Untersuchung des Sachverhalts gerichtet wird, an dem sich der Ärger entzündet hat.
- **Fremdwörter und Fachbegriffe angemessen verwenden:** Was im Beispieltext mit *unprivilegiert* gemeint ist, bleibt ein Rätsel.

Sich die Kriterien von Wissenschaftlichkeit zu vergegenwärtigen, kann Sie auch davor bewahren, auf wissenschaftlichen Bluff (vgl. ausführlich Wagner 2007) hereinzufallen (oder selbst ins Bluffen zu verfallen). Das kann schnell passieren, wenn man der verbreiteten Vorstellung aufsitzt,

Anforderungen an wissenschaftliche Texte

dass wissenschaftliche Texte sich vor allem durch die Verwendung einer komplizierten Sprache auszeichnen. Aber so wenig die Alltagssprache geeignet ist, die Anforderungen an einen wissenschaftlichen Text zu erfüllen, so wenig garantieren der Einsatz von Fremdwörtern oder komplizierte Satzkonstruktionen die Erfüllung wissenschaftlicher Standards.

Hartmut von
Hentig
2005, S. 213f.

Die Sprache der Wissenschaft sollte »der Sache angemessen, dem Leser/Hörer zugänglich, von Überwältigungsversuchen frei [sein]. [...] Deutlichkeit, (Gemein-)Verständlichkeit und Zurückhaltung schließen Mühsal nicht aus – wohl aber vermeidbare Mühsal; sie schließen technisches Vokabular nicht aus – wohl aber Geheimsprache, Hermetik, Pedanterie; sie schließen auch Anmut nicht aus – wohl aber Anmutung, den Versuch vorgängiger Vereinnahmung. Die Sprache der Wissenschaft zeigt und überzeugt, sie suggeriert nicht, sie insinuiert nicht, sie schont auch nicht.«

1.2 | Vom Schreiben im Studium zum beruflichen Schreiben

Während der Arbeit an diesem Buch haben wir immer wieder darüber diskutiert, *wie* wir das Verhältnis vom Schreiben in der Wissenschaft zum Schreiben in anderen akademischen Berufen *denken* – und was das für unser Verständnis davon, was man beim wissenschaftlichen Schreiben lernen kann, bedeutet.

Zu Beginn dachten wir das Verhältnis als ein Nach- oder Nebeneinander, und der erste Gliederungsentwurf sah vor, dass einem großen Kapitel über wissenschaftliches Schreiben weitere (kleinere) Kapitel über das Schreiben in verschiedenen anderen Berufsfeldern (Journalismus, Verwaltung, Medien etc.) folgen.

Diesen Plan verwarfen wir aus zwei Gründen: Erstens wurde uns klar, dass das Schreiben in Berufen wie z.B. dem Journalismus nicht sinnvoll auf wenigen Seiten abgehandelt werden kann. Zweitens sahen wir bei einem solchen Vorgehen keine Möglichkeit zu zeigen, wie das Schreiben im Studium auf berufliche Tätigkeiten vorbereitet.

Die nächste Idee war, ›Kontinuitäten‹ vom Schreibenlernen im Studium zum Schreiben-Weiterlernen im Beruf an bestimmten Textarten festzumachen, die sowohl im Studium als auch im Beruf vorkommen. Wir stellten uns vor, dies anhand von konkreten Beispielen aus der beruflichen Praxis zeigen zu können. Auch dieser Versuch scheiterte. Denn Gespräche mit außerhalb der Wissenschaft berufstätigen Geisteswissenschaftler/innen zeigten uns, dass die Übergänge vom Schreiben im Studium zum beruflichen Schreiben offenbar keineswegs bruchlos und geradlinig verlaufen.

Schließlich fanden wir einen Weg, Brücken zu schlagen zwischen dem, was man beim Schreiben bestimmter Textarten lernt, und dem, was man im späteren beruflichen Leben tun muss:

Uns wurde klar, dass das, was man in unterschiedlichen Kontexten (Universität, Unternehmen, Bürgerinitiative etc.) tun muss, um funktionierende Texte produzieren zu können, sich nicht grundsätzlich voneinander unterscheidet. Denn die spezifischen Anforderungen an Texte variieren zwar je nach Kontext, orientieren sich aber immer an folgenden Kriterien: Sie müssen adressatengerecht, problemorientiert, zielgerichtet und formsicher sein (vgl. Kap 4). Auch spielen die jeweiligen arbeitsorganisatorischen Rahmenbedingungen (Umgang mit Zeit, Hierarchien etc.) immer eine große Rolle für die Textproduktion.

Die Auseinandersetzung mit den Rahmenbedingungen des Schreibens in außerwissenschaftlichen Kontexten führte uns also dazu, auch das wissenschaftliche Schreiben selbst stärker zu kontextualisieren. Der wissenschaftliche Schreibprozess unterscheidet sich von anderen Schreibprozessen im Grunde nur durch die spezifischen Kontextanforderungen des Berufsfeldes Wissenschaft.

> Um die eigene Schreibkompetenz weiterzuentwickeln, kommt es nicht nur darauf an, zu lernen, wie man wissenschaftliche Texte formuliert, sondern auch darauf, einen bewussten, kritischen und den eigenen Schreibprozess reflektierenden Umgang mit Regeln und Anforderungen einzuüben.

Wer lernt, dass es für schriftliche Kommunikation keine absoluten Regeln gibt, sondern dass es immer darum geht, Texte zu verfassen, die den kommunikativen Anforderungen in einem bestimmten Kontext angemessen sind, erwirbt eine unverzichtbare Perspektive, die auf Tätigkeiten in unterschiedlichen Berufen vorbereitet.

Schlüsselkompetenz Schreiben

Dies gelingt – so lautet auch die Quintessenz aus den Gesprächen mit berufstätigen Geistes- und Sozialwissenschaftler/innen – umso besser, je expliziter das Schreiben im Studium angeleitet und begleitet wird und je bewusster man selbst diesen Lernprozess angeht und gestaltet.

In diesem Buch stellen wir einige sehr gängige Textarten vor, die von Studierenden im Studium gefordert werden. Darüber hinaus gibt es natürlich viele weitere Formen zu schreiben, z.B. kennen wir Lehrende, die Studierende Blog-Beiträge schreiben lassen oder Therapieberichte oder Gutachten oder oder ... Vielleicht finden Sie also die konkrete Textart, die Sie schreiben sollen, gerade nicht unter den von uns beschriebenen. Nutzen Sie dann die in Kapitel 4 genannten Vorgehensweisen, um sich unbekannte Textarten zu erschließen.

Im Anhang des Buches – und auch an verschiedenen Stellen im Text selbst – finden Sie einige der Reflexionen zum Weg vom Schreiben im Studium zum Schreiben in einem bestimmten Beruf, die uns zugesandt wurden.

1.3 | Schreiben ist eine individuelle Angelegenheit

Jede/r schreibt anders, jede/r wird auf andere Weise produktiv und kreativ, jede/r hat andere Erfahrungen, Bedürfnisse und funktionierende Routinen beim Organisieren von Arbeitsabläufen.

Lassen Sie sich nicht irritieren von Aussagen anderer, wie ›man‹ z.B. seinen Tagesablauf strukturieren oder seinen Schreibtisch organisieren ›muss‹, um beim Schreiben seiner Studienarbeit voranzukommen. Hören Sie interessiert zu – möglicherweise ist etwas dabei, das Sie einmal ausprobieren können – aber misstrauen Sie allen dogmatischen Aussagen zum Vorgehen beim Schreiben. Solchen Aussagen liegt in der Regel ein Missverständnis zugrunde: Dass nämlich jeder Mensch im Hinblick auf das wissenschaftliche Arbeiten und Schreiben gleich ›funktioniert‹.

Um die Möglichkeiten bei der Textproduktion in Studium und Beruf je nach Anforderungen nutzen und erweitern zu können, ist es sinnvoll und wichtig, darauf zu achten, mit welchen Vorgehensweisen, Zugängen, Kunstgriffen, Haltungen und Rahmenbedingungen Sie selbst gute Erfahrungen gemacht haben und was bei Ihnen nicht funktioniert hat. Denn Schreibenlernen heißt auch: herausfinden, wie man selbst am besten produktiv arbeiten und schreiben kann. Wie viel Chaos ist hilfreich? Wie viel Strukturierung und Planung benötigen Sie, um Material zu finden, auszuwählen, zu verarbeiten und dabei eigene Gedanken zu entwickeln? Auf welche Weise gelingt es Ihnen, alles zu ordnen, um Ihre Überlegungen zielgerichtet zu Papier zu bringen?

Zwei Typen von Schreiber/innen

Manche können erst dann schreiben, wenn sie zunächst eine Struktur, einen recht genauen Schreibplan ausgearbeitet haben, den sie dann Punkt für Punkt ausführen. Diese Schreiber/innen gehen sozusagen von ›oben‹ nach ›unten‹, vom Plan zur Ausführung vor, deshalb werden sie **Top-Down-Schreiber/innen** genannt.

Andere wiederum, die sogenannten **Bottom-Up-Schreiber/innen**, müssen erst einmal drauflos schreiben. Sie produzieren von ›unten‹ nach ›oben‹ und finden beim und nach dem Schreiben heraus, wie sie ihre Gedanken ordnen können. Das Gedanken- und Textmaterial, das sie beim Verarbeiten von Literatur, Daten und Quellen produzieren, wird erst spät, vielleicht sogar erst beim Überarbeiten des Textes, sortiert, strukturiert und in eine Gliederung gebracht.

Wieder andere Schreiber/innen nehmen beide Haltungen im Wechsel ein, sie formulieren und strukturieren abwechselnd.

Was funktioniert, ist wunderbar

Insgesamt gilt: Was funktioniert, ist gut. Oder wie ein amerikanisches Sprichwort sagt: »If it works, don't fix it.« (Wenn es funktioniert, brauchst Du's nicht zu reparieren.) Das gilt auch für das Schreiben. Dennoch spricht alles dafür, verschiedene Vorgehensweisen auszuprobieren, denn es kann ja durchaus sein, dass sich eine neue, bisher unerprobte Variante als noch effektiver entpuppt als die Strategie, die man bisher verfolgt hat.

In jedem Fall ist es wichtig, sich mit sich selbst, den eigenen Erfahrungen, Bedürfnissen und Eigenheiten zu verbünden. Wer herausgefunden hat, dass lange Waldspaziergänge beim Sortieren der Gedanken helfen, sollte das nutzen und sich nicht davon irritieren lassen, dass es bei anderen anders funktioniert.

> → Verbünden Sie sich mit sich selbst, den eigenen Erfahrungen und Eigenheiten. Experimentieren Sie und finden Sie heraus, welche Arbeitsorganisation Ihren eigenen Bedürfnissen entspricht.

Tipp

Es gibt unterschiedliche Möglichkeiten, den Prozess vom ersten Gedanken bis zum geschriebenen Text zu gestalten. Der Schreibforscher Hanspeter Ortner hat Selbstzeugnisse zahlreicher Wissenschaftler/innen und Schriftsteller/innen untersucht und dabei eine Vielzahl **unterschiedlicher Schreibstrategien** identifiziert (vgl. Ortner 2000, S. 350ff.):

- Den ganzen Text spontan aus dem Bauch heraus schreiben.
- Einen Text zu einer Idee schreiben.
- Mehrere Textversionen zu einer Idee schreiben.
- Eine Rohfassung schreiben und dann mehrfach überarbeiten.
- Den ganzen Text planen, erst dann schreiben.
- Unterschiedliche Textteile schreiben und dann wie ein Puzzle zusammensetzen.
- Ein Stück Text schreiben, schauen, was sich daraus ergibt, dann weiterschreiben.

Wie gehen Sie gewöhnlich vor, wenn Sie einen Text schreiben? Haben Sie eine ›Lieblingsstrategie‹? Nutzen Sie unterschiedliche Strategien für unterschiedliche Situationen und Textarten?

Anregung zur Reflexion

Mit diesen Fragen fordern wir Sie nicht dazu auf, sich einer dieser Strategien zuzuordnen, sondern möchten Sie vielmehr dazu anregen, Ihr eigenes Vorgehen zu analysieren. Vielleicht entdecken Sie sogar Möglichkeiten, bisherige Muster oder unreflektierte Gewohnheiten zu brechen und mit anderen Vorgehensweisen zu experimentieren.

Bei aller Individualität, bei allen Feinheiten und Verästelungen der Organisation des Arbeitsprozesses und der Textkonzeption und -gestaltung gibt es einige Empfehlungen für das Schreiben, die wir in nahezu allen Situationen für richtig und angebracht halten:

Allgemeine Empfehlungen vorab

Tipp

> → Arbeiten Sie schrittweise und beschäftigen Sie sich möglichst immer nur mit einer deutlich abgegrenzten Aktivität auf einmal.

Das ist wichtig, um beim Arbeiten nicht den Boden unter den Füßen zu verlieren, sich gedanklich nicht selbst im Weg zu stehen und die Arbeitsmotivation zu erhalten. Wenn Sie mehrere Dinge gleichzeitig tun, wenn die Arbeitsaufträge und -portionen, die Sie sich zurechtlegen, zu groß sind, überlasten Sie sich kognitiv, und es wird unklar, was konkret zu tun ist.

Tipp

> → Planen Sie. Setzen Sie sich Zwischentermine, um einen Überblick über den Arbeitsstand, die erreichten inhaltlichen Ziele, die Schwierigkeiten und den akut anstehenden Klärungs- und Planungsbedarf zu gewinnen.

Nur so haben Sie die Chance, immer wieder zu aktualisieren, was wann, wie, womit und wozu zu tun ist, damit Sie Ihr Ziel erreichen. Planungstermine sind wichtig, um mit Distanz auf den eigenen Arbeitsprozess zu blicken und die Souveränität über Ihre Arbeit zu behalten (oder zurückzugewinnen). Planung ist nötig, um die notwendigen Eigendynamiken zu bändigen, die sich in der wissenschaftlichen Auseinandersetzung mit einem Thema entwickeln.

Tipp

> → Schreiben Sie früh. Nutzen Sie schriftliche Strategien, um Ihre Gedanken und den Inhalt und Aufbau Ihrer Arbeit zu entwickeln.

Verfassen Sie Vortexte, die es Ihnen erlauben, Ideen zu entdecken und auszuprobieren (vgl. Kap. 3.2 »Das Schreiben vor dem Schreiben«). Sie entlasten damit Ihren Kopf, denn schreibend können Sie Überlegungen und Ideen ausbreiten, konsolidieren, strukturieren, ›zwischenspeichern‹. Obwohl Sie am Ende viel mehr Seiten vollgeschrieben haben werden als das Endprodukt umfasst, werden Sie Energie und Zeit gespart haben. Am Ende ist auch Ihre Arbeit mit Sicherheit besser geworden. Beim Schreiben von Rohfassungen empfehlen wir Ihnen, nicht zu versuchen, alles schon beim ersten Hinschreiben perfekt zu formulieren, sondern von vornherein eine (oder mehrere) Überarbeitung(en) einzuplanen. Der endgültige Text Ihrer Arbeit entsteht erst bei der Überarbeitung.

> → Arbeiten Sie beim Schreiben mit anderen zusammen, stellen
> Sie die Fragen, die Sie haben, und lassen Sie sich auch schon auf
> unfertige Texte Feedback geben.

Tipp

Nicht nur bei der Textüberarbeitung, sondern auch bei der Ideenentwicklung und der inhaltlichen Planung der Arbeit hilft Ihnen der Blick von anderen, Distanz zu Ihrer Arbeit zu gewinnen und Schwierigkeiten zu sehen, in die Sie möglicherweise verstrickt sind. Suchen Sie sich Bündnispartner – Personen, mit denen Sie gut kommunizieren können und denen Sie vertrauen –, sprechen Sie über das Schreiben, tauschen Sie Texte aus. Schaffen Sie sich ein Netzwerk für gegenseitige Unterstützung und Beratung. Geben Sie – mit den nötigen Erläuterungen – auch unfertige und unvollkommene Texte und Textfragmente aus der Hand und sprechen Sie mit anderen darüber. Das erfordert am Anfang eine gewisse Überwindung – ja, sogar Mut – wird aber am Ende immer belohnt. In Kapitel 3.4 (»Feedback und Beratung«) erfahren Sie, wie Sie Feedback so einholen können, dass es Ihnen auch nützt.

1.4 | Wie Sie dieses Buch nutzen können

Wer schreibt, backt keinen Kuchen, und deshalb gibt es auch kein Rezept. Es ist aber möglich, sich bewusst zu machen, welche Arbeitsschritte grundsätzlich anfallen, und dann Formen zu finden oder zu entwickeln, um diese Schritte für sich zu organisieren. Entsprechend stellen wir Ihnen einzelne Arbeitschritte und -techniken vor, diskutieren mögliche Strategien, die Sie ausprobieren können, und bieten Übungen zur Erprobung oder Verdeutlichung unserer Hinweise. Wir sagen nicht, ›wie es geht‹, sondern stellen Ihnen einen Rahmen zur Verfügung, in dem Sie Ihre eigene Praxis reflektieren und Ihre Strategien überprüfen und weiterentwickeln können.

Strategien ausprobieren

Was für den Arbeitsprozess beim Schreiben gilt, gilt erst recht für die verschiedenen Arten von Texten. Texte – zumindest die guten – sind keine Konfektionsware, sondern maßgeschneidert, an den Wünschen und Bedürfnissen der Schreiber/innen und Leser/innen orientiert. Wie ein Text im Einzelnen gestaltet werden sollte, darüber entscheidet der konkrete Verwendungszusammenhang. Sie finden deshalb in Kapitel 4 (»Flexibel umgehen mit Textarten und Darstellungsformen«) eine Übersicht über Dimensionen der Textkonzeption, mit deren Hilfe Sie Texte bewusst und gezielt gestalten können. Sie können sich an diesen Dimensionen auch dann orientieren, wenn es darum geht, sich eine bisher unbekannte Darstellungsform oder Textart zu erschließen.

Dimensionen der Textkonzeption reflektieren

Unsere Hinweise zu einzelnen Textarten und Darstellungsformen in Kapitel 5 sind ebenfalls nicht absolut zu setzen. Es sind Anregungen

Kontextbedingungen klären

zur Gestaltung. Es hängt sehr vom Arbeits- und Studienkontext, von der Fachdisziplin, von den Absichten eines/einer bestimmten Dozent/in ab, welche spezifischen Anforderungen an einen Text dieser oder jener Art gestellt werden. Es ist also immer auch notwendig, sich über die eigenen Ziele und Vorstellungen Gedanken zu machen und vor Ort zu klären, was im Einzelnen zu tun ist. Viele unserer Hinweise machen vor allem klar, was jeweils geklärt werden muss.

Eigenes Vorwissen bewusst machen

Unsere Empfehlungen und Tipps sind keine ›Wahrheiten‹. Es sind **praxiserprobte Vorgehensweisen**, die wir selbst und Studierende in unseren Workshops als hilfreich erleben. Was für Sie funktioniert, können aber nur Sie entscheiden. Und auch, was Sie ausprobieren möchten.

Wenn Sie an einem Thema in diesem Buch besonders interessiert sind, vergegenwärtigen Sie sich vor dem Lesen des entsprechenden Abschnitts im Buch konkrete Situationen in der Vergangenheit, in denen Sie schon mal mit der entsprechenden Tätigkeit oder Anforderung zu tun hatten (z.B. mit dem Überarbeiten). Notieren Sie sich in einigen Stichworten, was Sie in dieser Situation als Herausforderung empfunden haben. Lesen Sie erst dann unsere Tipps und Hinweise und überlegen Sie, was Sie gebrauchen können. Erstellen Sie sich einen individuellen kleinen Merkzettel. Das klingt zunächst vielleicht aufwändig, ist aber eine effektive Form, um mit diesem Ratgeber zu arbeiten.

Nicht jede Technik ist für jede/n etwas. Manches ist Übungssache. Wenn etwas nicht funktioniert hat, sollten Sie es vielleicht einfach noch einmal versuchen. Nicht alles klappt beim ersten Mal, also: dranbleiben. Es kann aber auch sein, dass für Ihre Art zu schreiben andere Vorgehensweisen besser sind. Nehmen Sie dann das Nicht-Funktionieren als wichtige Information: Was genau hat nicht funktioniert? Wie könnte es besser gehen?

Wenn Sie sich über Hinweise in unserem Buch ärgern, wenn Sie etwas hilfreich finden und sich freuen, wenn Ihnen etwas fehlt oder Sie von eigenen Erfahrungen berichten möchten: **Schreiben Sie uns:** schreiblabor@uni-bielefeld.de. Wir entwickeln unser Material im Austausch mit Studierenden und Lehrenden kontinuierlich weiter und freuen uns über jede Art von Rückmeldung. Nutzen Sie die E-Mail an uns als eine Gelegenheit zum Schreiben!

2. Phasen im Schreibprozess

Die wichtigsten Tätigkeiten beim Schreiben kann man als aufeinanderfolgende Phasen beschreiben, denn wenn Sie Ihr Thema gefunden haben, müssen Sie folgende Dinge tun, um zu einem Text zu kommen.

1. Das Schreiben vorbereiten:

- Den Inhalt der Arbeit planen,
- Material und Literatur suchen, finden, auswerten und strukturieren,
- auf dieser Grundlage eine Struktur, eine Gliederung für den Text entwickeln.

Die Phasen im Überblick

2. Schreiben:

- Formulieren,
- eine sinnvolle Abfolge für die einzelnen Aussagen entwickeln.

3. Überarbeiten:

- Die Abfolge der Abschnitte und Aussagen überprüfen,
- Fehlendes ergänzen,
- Überflüssiges streichen,
- Überleitungen überprüfen.

4. Korrigieren, Endredaktion:

- sprachlich, grammatisch, orthographisch.

5. Abgeben:

- kopieren, einreichen, abschicken.

Einen Text zu verfassen heißt aber nicht notwendig, diese Phasen und Tätigkeiten ein einziges Mal der Reihe nach abzuarbeiten. Der Arbeitsprozess verläuft eher in Spiralen, man kann immer wieder zu einzelnen

Punkten zurückkommen. Schreiber/innen unterscheiden sich sehr darin, wie häufig sie einzelne Phasen wiederholen und wie kleinschrittig sie dabei vorgehen. Die einen durchlaufen alle Phasen bis zur Überarbeitung des Textes mehrere Male, d.h. sie schreiben ihren Text im Lauf der Arbeit mehrmals um, weil sie vom Formulieren immer wieder zur Phase des Planens und der Literaturauswertung zurückkehren, um sich so der endgültigen Gestalt ihres Textes schrittweise zu nähern.

Die anderen nehmen sich viel Zeit für die erste Phase, die der Schreibvorbereitung, um akribisch zu planen, was sie im Einzelnen in ihrem Text tun werden. Danach vollziehen sie die weiteren Phasen in einem Rutsch.

Und es gibt auch extreme Schreiber/innen, die die gesamte Phasenfolge von der inhaltlichen Vorbereitung bis zur Korrektur unzählige Male durchlaufen, immer wieder, fast Satz für Satz – das ist zwar eine sehr anstrengende Art, zum Ergebnis zu kommen, aber auch sie führt am Ende zu einem Text.

2.1 | Themenfindung

Wie kommt man zu einem guten Thema? Sucht man es oder findet es einen? Je nachdem: Es gibt Themen zum Üben, Themen, um Leistungspunkte oder eine Note zu bekommen, Themen, bei denen Sie Ihren Interessen nachgehen und Themen, mit denen Sie sich in der Wissenschaft platzieren oder auf eine andere Berufstätigkeit vorbereiten möchten.

In verschiedenen Studienphasen gibt es **unterschiedliche Orientierungspunkte** für die Themenfindung. Zu Studienbeginn werden die Themen, zu denen Sie etwas schreiben sollen, häufig noch vorgegeben, aber je weiter Sie im Studium fortschreiten, desto eigenständiger werden die Wege der Themenfindung. Zwei Studierende berichten von ihren Erfahrungen:

O-Ton

»Das Thema meiner ersten Hausarbeit wurde mir vom Dozenten zugeteilt. In der ersten Seminarsitzung hat jede/r ein Referatsthema bekommen, und die Hausarbeit war dann eine Ausarbeitung dieses durch den Dozenten sehr stark eingegrenzten Themas. Für eine Hausarbeit im ersten Semester war das, zumindest für mich, sehr hilfreich, denn ich hatte keine Ahnung, wie man eine wissenschaftliche Fragestellung findet und hätte mir außerdem bestimmt zu viel vorgenommen.

Spannender finde ich allerdings Fragestellungen, auf die ich selbst gekommen bin und die ich unbedingt beantworten möchte, weil ich wirklich dahinter kommen möchte, wie etwas ist.

Bei meiner Lieblingshausarbeit zum Beispiel ist mir das Thema sozusagen vor die Füße gefallen. Ich las im Rahmen eines Seminars einen Roman, der sehr komplex war und dessen erzählerische Struktur ich kaum nachvollziehen konnte. Mit der Zeit wollte ich unbedingt wissen, wie der Roman genau funktioniert. Vor allem wollte ich herauskriegen, ob der Aufbau des Textes in sich logisch ist oder nur so erscheint. Das wurde dann das Thema meiner Hausarbeit, die ich mit viel mehr Engagement schrieb als die erste, weil ich ja wirklich eine Frage zu klären hatte.«

(Gesine, Studentin der Literaturwissenschaft)

»Die Themenfindung für eine wissenschaftliche Hausarbeit sollte immer interessengeleitet sein. Welches Thema interessiert mich so sehr, dass ich mich mehrere Wochen damit auseinandersetzen möchte? Ich investiere viel Zeit in mein Schreibprojekt, und diese Zeit möchte ich so angenehm wie möglich für mich gestalten.

O-Ton

Anregungen für die Themenwahl geben mir zum Beispiel der Seminarplan, die Literaturliste oder der Semesterapparat der Veranstaltung, aus der die Hausarbeit hervorgeht. Das Thema kann auch an etwas anknüpfen, das ich bereits bearbeitet habe: an ein Kurzreferat oder eine Gruppenarbeit im Seminar oder an eine Hausarbeit aus dem letzten Semester.

Hilfreich ist außerdem die Auseinandersetzung mit anderen. Im Gespräch ergeben sich meistens neue Impulse, der eine oder andere hat einen guten Tipp und ich sortiere meine Gedanken neu, indem ich sie konkret formuliere und ausspreche.

Und dann gibt es noch ganz pragmatische Überlegungen: Welches Thema lässt sich gut eingrenzen? Für welches Thema lässt sich gut Literatur finden? Bei welchem Thema kann ich an Vorwissen anknüpfen und muss mich nicht komplett neu einlesen? Solche Kriterien sollten vor allem dann Anwendung finden, wenn die Zeit knapp ist.«

(Ralf, Student der Pädagogik)

2.1.1 | Sich vorgegebene Themen »interessant arbeiten«

Wenn ein Thema vorgegeben wird, kann das sehr entlastend sein, weil einem dadurch einige Arbeitsschritte und Entscheidungen abgenommen werden. Was aber, wenn Sie ein Thema bearbeiten sollen, das Sie uninteressant finden? Sie haben z.B. den Eindruck, dass
- es nichts herauszufinden gibt – alles scheint klar;
- das Thema für Sie zu ›trocken‹ oder ›theoretisch‹ ist oder

- es auf einem Feld angesiedelt ist, mit dem Sie sich nicht beschäftigen möchten.

Wir sind überzeugt: So wie es kein ›schlechtes Wetter‹ gibt, sondern nur ›schlechte Kleidung‹, gibt es auch keine ›uninteressanten‹ Themen. Jedes Thema birgt interessante Aspekte und kann aus einer Vielzahl von Perspektiven bearbeitet werden. Selbst wenn Ihnen ein Thema vorgegeben wird, bleiben immer noch viele verschiedene Möglichkeiten, es zu bearbeiten und es sich damit zu eigen zu machen.

Tipp

> → Annäherung an ein vorgegebenes Thema
> - Achten Sie auf Punkte, an denen Sie hängen bleiben. Was stößt Sie ab oder zieht Sie an? Was finden Sie verwunderlich oder fremd?
> - Achten Sie auf Punkte, die Sie mit eigenen Erfahrungen verknüpfen können.
> - Gibt es Verknüpfungen zu Themen, mit denen Sie sich in einem anderen Zusammenhang befasst haben?
> - Fühlen Sie sich ein: Was könnte eine/r, der/die sich mit so einem Thema beschäftigt, für eine/r sein? Was ist ihm/ihr wichtig?
> - Gibt es etwas, das den detektivischen Spürsinn mobilisiert? Einen spannenden Zusammenhang?
> - Gibt es etwas, das man ausprobieren könnte? Die Anwendung einer bestimmten Methode auf einen ungewöhnlichen Gegenstand?
> - Welche Gegenposition könnte man einnehmen? Mit welchen Begründungen?

Erlauben Sie sich, subjektiv zu sein, wenn Sie Ihr Thema erkunden. Notieren Sie, was Sie denken, fühlen, was Ihnen einfällt. Damit produzieren Sie Haken und Ösen – Ansatzpunkte, um sich auf eine für Sie interessante Weise mit dem ›uninteressanten Thema‹ auseinanderzusetzen.

Vom Referat zum Hausarbeitsthema
Es kommt häufig vor, dass die Inhalte von Seminarveranstaltungen durch Referate der Teilnehmer/innen eingeführt und diese Referate dann zu Hausarbeiten ausgearbeitet werden. Wenn Sie sich hierzu entschließen, sollten Sie sich vergegenwärtigen, dass es sich bei einem mündlichen Referat und einer schriftlichen Hausarbeit um sehr **unterschiedliche Darstellungsformen** handelt (vgl. Kap. 5.1 »Die wissenschaftliche Abhandlung« und 5.5 »Schreiben fürs Sprechen«). Anders als es der Begriff »Referats*ausarbeitung*« suggeriert, genügt es nicht, dass man das, was man im Rahmen des Referats dargestellt hat, nur noch mal schriftlich ausformuliert, um eine Hausarbeit daraus zu machen.

Da eine Hausarbeit kommunikativ ganz anders ›funktioniert‹ als ein Referat, ist es nötig, noch einmal neu anzusetzen und auf Basis derselben Informationen einen neuen, anders strukturierten Text zu verfassen. Während ein Referat oft eher darauf zielt, eine Seminargruppe in ein Thema einzuführen und durch eine These zur Diskussion anzuregen, ist es in einer Hausarbeit nötig, die Diskussion, in die ein Referat vielleicht nur *ein*führen würde, selbst *durch*zuführen.

Das kann bedeuten, dass das Thema der Hausarbeit nur einen Aspekt Ihres Referats aufgreift. Vielleicht hat sich in der Diskussion zu Ihrem Referat auch ergeben, dass Sie das Thema Ihrer Hausarbeit ganz anders zuschneiden und fokussieren werden.

> → Nutzen Sie zur Referatsausarbeitung die Checkliste für ein Blitzexposé (s. S. 29).

Tipp

2.1.2 | ›Eigene‹ Themen finden und das ›Eigene‹ in Themen bewältigen

Es gibt Themen, über die stolpert man. Sie stellen sich quasi ›von selbst‹. Ein Phänomen, ein Zusammenhang, ein Text gerät in den Blick, wird problematisch und interessant. Man beschäftigt sich damit, will einfach etwas wissen oder aufklären, hat eine Idee oder einen Impuls, möchte etwas kritisieren oder ausprobieren. So kann z.B. aus einem Problem oder einer Frage, die im Studium aufgetaucht ist, ein Thema für eine Hausarbeit werden (»Was hat es mit dem ›Verschwinden des Subjekts‹ auf sich, von dem in der Literatur immer wieder die Rede ist? Wenn ich ehrlich bin, verstehe ich nicht, was damit gemeint ist.«). Aber auch Fragen, die aus dem ›Leben‹, der Erfahrung, der Lektüre jenseits des Studiums entstanden sind, können zu Studienarbeitsthemen werden (»Woher kommt eigentlich diese starke Norm, dass die Familie zusammenhalten muss?«).

Bei jeder Art von ›persönlichen‹ Themen, also Themen, die einem biographisch, politisch oder intellektuell am Herzen liegen, sollte man besonders sorgfältig prüfen, ob sie sich in eine bearbeitbare Form bringen lassen. Otto Kruse warnt generell davor, allzu persönliche Themen zu bearbeiten (vgl. Kruse 2005, S. 191).

Ein Problem wissenschaftlich zu bearbeiten, in das man selbst verwickelt ist, ist in der Tat schwierig. Man gerät, ohne recht zu wissen warum, in Sackgassen oder verliert den Überblick. Das kann auch damit zusammenhängen, dass man mit der Bearbeitung eines solchen Themas mehrere Dinge (und damit mehrere Adressaten) zugleich erreichen möchte: nicht nur eine Hausarbeit schreiben, sondern zugleich Argumente für eine politische Auseinandersetzung formulieren, nicht nur eine Hausarbeit schreiben, sondern zugleich eine traumatische Trennungsgeschichte verarbeiten.

Themen bearbeitbar machen

Tipp
→ ›Große‹ Themen, also auch solche, die Ihnen persönlich wichtig sind, können Sie handhabbar machen, indem Sie sie ›verkleinern‹, z.B. indem Sie sich vornehmen, nur einen Ausschnitt daraus zu bearbeiten.

So könnte die oben als Beispiel genannte ›große‹ Frage nach der Norm des Familienzusammenhalts sich im Rahmen einer Hausarbeit ›verkleinern‹ lassen, indem Sie erst einmal klären, was »Familie« in einer bestimmten historischen Epoche oder in einer soziologischen Theorie bedeutet. Die Frage nach dem »Verschwinden des Subjekts« könnten Sie ›verkleinern‹, indem Sie sich zunächst dem Subjektbegriff bei einem einzelnen neuzeitlichen Denker, z.B. Kant oder Descartes, widmen.

Konkrete Fragen formulieren

Fragen, die sich aus einer persönlichen Betroffenheit ergeben, können unreflektierte Vermutungen und Vorannahmen enthalten. Wer engagiert ist, hat nicht immer die Distanz, die nötig ist, um ein Thema angemessen zu begrenzen. Aus ähnlichen Gründen ist es sinnvoll, keine offenen Fragen zu formulieren. Offene Fragen können viele Antworten und weitere Fragen nach sich ziehen, sind also der Eingrenzung von Themen nicht unbedingt förderlich.

Tipp
→ Versuchen Sie, Fragen nach dem »Warum« in Fragen nach dem »Wie« zu übersetzen.

»Warum«-Fragen z.B. können leicht ins Endlose gehen. Hinter jedem »Weil« stecken wieder viele neue »Warums«. **»Wie«-Fragen** hingegen fordern eine Beschreibung und Erklärung, die am Subjekt des »Wie« orientiert sind und nicht an Kausalitäten ›dahinter‹. Kurz: »Wie«-Fragen fokussieren, während »Warum«-Fragen dazu neigen, den Fokus aufzulösen.

Tipp
→ Formulieren Sie anstelle einer offenen Frage eine These, die die Zielrichtung der Untersuchung festlegt.

Gelingt das, so haben Sie bei der weiteren Planung Ihrer Arbeit etwas, an das Sie sich halten können. Im oben genannten Beispiel könnte die Frage nach dem »Verschwinden des Subjekts« nach einer kurzen Recherche z.B. in die These umgewandelt werden, dass der Satz vom »Verschwinden des Subjekts« in der Schrift »Die Ordnung der Dinge« von Michel Foucault die Funktion hat, die moderne Auffassung vom Subjekt zu kritisieren. Damit hätte die Hausarbeit nun einen konkreten Bezugspunkt, nämlich Foucaults Text *Die Ordnung der Dinge*, der gelesen und interpretiert wird, um der Formulierung vom »Verschwinden des Subjekts« auf die Spur zu kommen.

2.1.3 | Themenfindung methodisch angehen

Nehmen wir an, Sie sind nicht einfach über ein Thema ›gestolpert‹, das Sie unbedingt bearbeiten möchten, sondern Sie suchen nach einem Thema für eine umfangreichere Studienarbeit oder für die Bachelorarbeit. Ihr Ziel ist es, ein Thema zu finden,

- das Sie genügend interessiert, um sich längere Zeit damit zu beschäftigen,
- das Sie in der zur Verfügung stehenden Zeit bearbeiten können und
- zu dem Sie so viel Distanz haben, dass es nicht droht, unter der Hand zum Lebensthema zu werden.

Je länger die zur Verfügung stehende Bearbeitungszeit und je umfangreicher die geplante Arbeit, desto wichtiger ist es, sorgfältig zu prüfen, **ob ein Thema ›trägt‹, ohne Sie ›davonzutragen‹.** Wie Sie dies bei umfangreichen Arbeiten tun können, hat Helga Knigge-Illner in ihrem Buch *Der Weg zum Doktortitel* dargestellt (2002, S. 91–102).

Wir empfehlen, auch in diesem Fall bei sich selbst zu suchen, d.h. in Ihren bisherigen Studienerfahrungen, in den Seminaren, die Sie besucht und den Texten, die Sie gelesen haben. Wenn Sie z.B. ein Thema für eine Bachelor- oder Masterarbeit suchen, können Sie die folgende Vorgehensweise ausprobieren.

Nehmen Sie sich Zeit, die **Ordner, Hefte und Notizblöcke** hervorzuholen, die Sie während des Studiums mit **Mitschriften, Kopien und Ausarbeitungen** gefüllt haben. Breiten Sie diese Spuren Ihrer bisherigen Studienaktivitäten in Ihrem Zimmer aus, blättern Sie darin, machen Sie sich Notizen.

1. Auf der Basis Ihrer Notizen machen Sie ein **Brainstorming** (vgl. Kap. 3.2.1, insbes. Freewriting und Clustern). Worüber haben Sie im Zusammenhang mit dem jeweiligen Seminar oder Text nachgedacht? Was blieb rätselhaft? Welche Ideen hatten Sie? Worüber haben Sie diskutiert? Notieren Sie alle Ideen, Assoziationen, Gefühle, Erinnerungen.
2. Setzen Sie sich dann mit einer/einem Studienkolleg/in oder, falls Sie können, einer **Studiengruppe** zusammen und sprechen Sie über die möglichen Themen, Fragen, Punkte, die Ihnen eingefallen sind. **Visualisieren** Sie alles an einer Tafel oder auf einem großen Bogen Papier. Bitten Sie Ihr Gegenüber bzw. die Angehörigen der Studiengruppe, **Nachfragen** zu stellen und Ideen zu nennen, die

Übung

19

ihnen gekommen sind. Notieren Sie stichwortartig alles, was genannt wird.

3. Versuchen Sie nun, möglichst spontan zu bestimmen, welcher Punkt, welches Thema, welches Stichwort, **welche Idee Sie am meisten interessiert**. Versuchen Sie zusammen mit Ihrem Gegenüber bzw. den Teilnehmer/innen der Studiengruppe eine **Frage** zu formulieren, die im Zusammenhang mit dem gewählten Thema gestellt werden könnte.

4. Schlafen Sie drüber. Falls die Themenidee Ihnen auch am nächsten Morgen noch interessant genug erscheint, vereinbaren Sie einen Termin mit einer/einem Dozenten/in, von der/dem Sie gern betreut werden würden, um das Thema mit ihm/ihr durchzusprechen.

Wenn Ihnen mehrere Themen eingefallen sind und Ihnen die Entscheidung schwerfällt, können Sie eine Technik nutzen, die Otto Kruse 1999 im Rahmen einer Tagung vorgestellt hat: Schreiben Sie die Themen in die Ecken eines Papierbogens und notieren Sie alle Assoziationen und Ideen, die Ihnen zu den verschiedenen Themen kommen, um die Themen herum. Eventuell ergeben sich Berührungspunkte oder ein Querschnitt, oder es wird deutlich, bei welchem Thema Ihnen die meisten Einfälle kommen.

Dozent/innen in die Themenfindung einbeziehen

Lassen Sie sich im Prozess der Entscheidung für ein Thema von Dozent/innen beraten. Sprechen Sie Ihre Themenideen mit ihnen durch und **fragen Sie**, ob sie sich vorstellen können, dass man das jeweilige Thema umsetzen kann, wie es eingegrenzt werden kann, wie Sie vorgehen und welches Material bzw. welche Literatur Sie dabei nutzen können. Um im Gespräch mit einem/einer Dozent/in die Realisierbarkeit eines Themas zu prüfen, können Sie folgende Checkliste nutzen (nach Knigge-Illner 2002, S. 98/99):

Checkliste

> **Ist das Thema bearbeitbar?**
> → Kann ich die Ziele, die mir vorschweben, in der vorgesehenen Zeit erreichen?
> → Sind die erforderlichen Quellen, Daten, Texte verfügbar?
> → Sind die Vorgehensweisen, die ich im Auge habe, praktikabel?
> → Welche Methodenkenntnisse und welches Wissen muss ich mir aneignen, um das Thema zu bearbeiten? Kann ich das in der zur Verfügung stehenden Zeit schaffen?

Themenfindung ist einer der Schlüssel zur Entwicklung einer fachlichen Identität. Diese Entwicklung bewegt sich zwischen Mimesis, Eroberung und Kritik.

- **Mimesis:** Probeweise Perspektiven und Haltungen einnehmen, die im Fach üblich sind.
- **Eroberung:** Das methodische und theoretische Repertoire und die Geschichte des Fachs erschließen und verstehen.
- **Kritik:** Neue Zugriffe, Zuschnitte und Perspektiven im Spannungsfeld von aktuellen Fachdebatten erproben.

Die Wege der Themenfindung zu reflektieren lohnt sich. Entlang von Themen, mit denen Sie sich beschäftigen, spinnen Sie einen roten Faden für Ihre persönliche Entwicklung. Sie erschließen sich Felder, Perspektiven, Gegenstände, an denen Sie weiterarbeiten können – egal in welcher späteren Praxis.

2.2 | Inhaltliche Planung

Wissenschaftliches Schreiben gleicht einer Schifffahrt auf offener See. Abenteuer und Entdeckungen locken, aber ebenso leicht kann man in den Fluten von Material und Ideen die Orientierung verlieren und womöglich untergehen. Die inhaltliche Planung ist das Navigationsinstrument, das Sie dabei unterstützt, mit Ihrem Schiff ›Haus- oder Abschlussarbeit‹ auf Kurs zu bleiben und es schließlich in den sicheren Hafen zu bringen. *Das Wichtigste in Kürze*

»Kann man [...] angesichts der Vielfalt geistes- und sozialwissenschaftlicher Forschung überhaupt einheitliche Regeln für die Planung und den Ablauf von Forschungsprozessen aufstellen? Gehorcht nicht eine Wahlanalyse anderen Regeln als die Ikonographie eines Rembrandt-Gemäldes oder die Untersuchung des Frauenbildes bei Heinrich Heine und der philosophische Diskurs über die Ethik der Gentechnik? [...] In der Tat gibt es kein Rezeptbuch für den Ablauf aller Forschungsprozesse nach dem Motto, man nehme eine Hypothese, analysiere sie anhand einiger Fälle, und der Kuchen ist gebacken« (Alemann 2006, S. 64/65). Wir stimmen zu. Genau so ist es.

Und dennoch gilt es Wege zu finden, um den Arbeits- und Forschungsprozess zu organisieren und damit umzugehen, dass ein solcher Prozess immer ergebnisoffen ist. Das heißt, dass man am Anfang noch nicht weiß, was am Ende dabei herauskommen wird. Wir verwenden den Begriff **inhaltliche Planung** für die Gesamtheit aller Aktivitäten, die darauf hinauslaufen zu klären, was man im Rahmen einer wissenschaftlichen Arbeit tun will, mit welchen Zielen, Materialien, Methoden man es tun will, welche Ergebnisse man erwartet, und welche Teile die Arbeit am Ende enthalten soll. *Den Arbeitsprozess organisieren*

Die inhaltliche Planung umfasst alle Aktivitäten, die Sie dabei unterstützen,

- zu präzisieren, welche **(Vor-)Kenntnisse** notwendig sind, um die Arbeit schreiben zu können;
- zu klären, welche **persönlichen Bezüge** es zum Thema gibt (ist es ggf. zu nah? bin ich zu sehr involviert?);
- den **Umfang der Literatur**, die gelesen werden muss, zu begrenzen;
- im Auge zu behalten, dass die Literatur auch **verfügbar** sein muss;
- unterscheiden zu können, was **relevant** ist und was nicht;
- zu **wissen, was zu tun ist**.

Im Einzelnen geht es also darum, viele unterschiedliche Dinge zu tun. Das Ziel inhaltlicher Planung ist aber immer das gleiche: **Sie soll dazu führen, dass die Arbeit im Rahmen der Zeit, die Ihnen zur Verfügung steht, geschrieben werden kann.** Die inhaltliche Planung durchzieht den gesamten Arbeitsprozess beim Schreiben einer Studienarbeit: Sie fängt an, während Sie Ihr Thema wählen, und sie endet, wenn Sie Ihre Arbeit Korrektur lesen.

Je umfangreicher das Arbeitsprojekt ist, das Sie sich vorgenommen haben, desto umfangreicher ist in der Regel auch das Material, das Sie zu Ihrem Thema finden. Mit Material ist hier jede Art von Information gemeint, die Sie in Ihrer Arbeit verarbeiten: Literatur, Daten und Quellen.

Je freier Sie darin sind, zu definieren, was Sie aus Ihrem Thema machen, desto umfangreicher wird eine zweite Art von ›Material‹: Ihre eigenen Gedanken, Ihre Interessen, die Schwerpunkte, die Sie setzen und die Ideen, die Ihnen im Arbeitsprozess kommen. Diese zweite Art von Material ist dynamisch, sie ist Veränderungen unterworfen.

Mit Komplexität
umgehen lernen

Wenn Sie eine umfangreiche wissenschaftliche Arbeit schreiben, gehen Sie mit **Komplexität und Fülle** um. Diese in den Griff zu bekommen ist immer wieder schwierig. Und es liegt in der Natur der Sache, dass man immer mehr interessante Aspekte seines Themas entdeckt, wenn man einmal angefangen hat, sich damit zu beschäftigen. Deshalb ist es wichtig, dass Sie der Tendenz der Verzettelung und Verschiebung, die dem wissenschaftlichen Arbeiten innewohnt, bewusst und explizit gegensteuern, und zwar indem Sie

- das Thema analysieren und die **Möglichkeiten** der Bearbeitung **ausloten**,
- sich über die inhaltlichen Schwerpunkte, Fragen und Ziele klar werden und **Entscheidungen treffen**,
- die **Fragestellung** immer mehr schärfen: Was genau will ich in dieser Arbeit tun?
- klären, mit welchem – realistisch eingegrenzten – **Material** das Vorhaben durchgeführt werden kann,
- sich die einzelnen Etappen vergegenwärtigen, die auf dem Weg zum Ziel bewältigt werden müssen, und sich eine **Vorgehensweise** überlegen.

Bei den Arbeiten, die Sie zu Beginn des Studiums schreiben, werden Ihnen einige dieser Entscheidungen bisweilen abgenommen. Lehrende geben vor, was Sie tun und worauf Sie sich konzentrieren sollen: Literatur wird angegeben oder steht in einem Seminarapparat zur Verfügung, die Aufgabenstellung enthält schon eine Fragestellung oder ist zumindest so präzise, dass Sie nicht ins Schwimmen kommen. Die Textlänge ist begrenzt. Vor diesem Hintergrund nehmen Studierende manchmal gar nicht wahr, wie viele Entscheidungen zur inhaltlichen Gestaltung der Arbeit Sie auch hier selbst treffen.

> → Achten Sie schon bei Ihren ersten Haus- und Seminararbeiten darauf, was Sie im Lauf der Arbeit planen und festlegen, um die Arbeit ›schreibbar‹ zu machen!

Tipp

Sie können auch bei Arbeiten, die Sie ohne viele Entscheidungsschwierigkeiten ›einfach geschrieben‹ haben, rückwirkend analysieren, welche inhaltlichen Planungsschritte Sie implizit gemacht und welche Entscheidungen Sie getroffen haben: An welchem Material haben Sie gearbeitet? Was haben Sie gezeigt, herausgefunden oder geprüft? Wie sind Sie dabei vorgegangen? Von welchen Theorien sind Sie ausgegangen?

Frühere Arbeiten analysieren

Wenn Sie eine gelungene Arbeit aus der Perspektive dieser Fragen betrachten, werden Sie feststellen: Sich *für* etwas entschieden zu haben bedeutet immer auch, zahlreiche andere Möglichkeiten verworfen zu haben, und zwar mit guten Gründen.

Die inhaltliche Planung beherrscht die erste Phase der Vorbereitung einer Arbeit, aber sie hört nicht auf, bis Sie die Arbeit zu Ende geschrieben haben. Zum Beispiel kann Ihnen während der Niederschrift klar werden, dass Ihr Thema ausufert, weil Sie zu viele Aspekte untersuchen. Dann müssen Sie klären, welche Aspekte Sie vielleicht doch nicht behandeln können. Oder es kann passieren, dass Sie noch kurz vor der Abgabe einen Artikel lesen, in dem der Hauptthese Ihrer Arbeit begründet widersprochen wird. Auch hier ist es nötig zu überlegen, ob und wie Sie diesen Einwand in Ihrer Arbeit noch aufnehmen können. Inhaltliche Planung wird immer da wieder nötig, wo Entscheidungen über den Zuschnitt der Arbeit getroffen werden müssen. Wir empfehlen, die inhaltliche Planung in regelmäßigen Abständen aufzugreifen, in jedem Fall aber immer an den Weggabelungen im Schreibprozess. Die Übersicht auf Seite 24 zeigt solche strategisch wichtigen Schlüsselstellen.

Planen Sie schriftlich: Indem Sie die inhaltliche Planungs- und Klärungsarbeit schreibend vorantreiben, **dokumentieren** Sie Ihre Ideen und Entscheidungen und können immer wieder rekonstruieren, wie Sie dahin gekommen sind, wo Sie gerade stehen. Sie dokumentieren Begriffe und Überlegungen und produzieren unter Umständen sogar Argumentations- und Sprachmaterial für die Arbeit selbst.

Und Sie gewinnen neue Impulse fürs **Denken**. Sie kommen auf Gedanken, auf die Sie ›aus dem Kopf‹ nicht gekommen wären.

Wann ...	Wie ...
Vorbereitung des Schreibens	<ul><li>Thema eingrenzen</li><li>Fragestellung erarbeiten</li><li>Vorgehensweise klären</li><li>Literatur auswählen</li><li>Ggf. empirische Erhebung planen</li></ul>
Vor dem Schreiben der Rohfassung	<ul><li>Fragestellung, Ziel der Arbeit etc. überprüfen, ggf. anpassen</li><li>Überlegen, wie die »Geschichte erzählt« werden kann (roter Faden)</li><li>Gliederung entwerfen</li><li>Bei Bedarf Schreibplan machen</li></ul>
Vor dem Überarbeiten	<ul><li>Fragestellung, Ziel der Arbeit etc. überprüfen, ggf. anpassen</li><li>Struktur der Arbeit überprüfen, ggf. ändern</li></ul>

Strategische Schlüsselstellen der inhaltlichen Planung

2.2.1 | Themenformulierung und Themeneingrenzung

Gaston Bachelard 1987, S. 47$

»Der wissenschaftliche Geist verbietet uns Meinungen über Fragen, die wir nicht klar zu formulieren wissen. Und im wissenschaftlichen Leben stellen sich diese Fragen gewiss nicht von selbst. Gerade dieses Problembewusstsein kennzeichnet den wirklichen wissenschaftlichen Geist.«

Thema präzisieren

Wenn Sie mit einer etwas umfangreicheren Hausarbeit, einer Bachelor- oder Masterarbeit beginnen, haben Sie zunächst vermutlich ein weit gefasstes Thema. Möglicherweise sind Sie im Rahmen einer Lehrveranstaltung darauf gekommen und nun haben Sie die Wahl zwischen einer Fülle möglicher Zugänge und Aspekte. Vielleicht ist das, was Sie an Ihrem Thema interessiert, noch gar nicht richtig klar. In dieser Situation ist es nötig, das Thema zu präzisieren und nach und nach festzulegen,

- was Sie wissen oder zeigen wollen **(Fragestellung, Arbeitshypothese)**,
- was Sie mit der Bearbeitung der Frage erreichen wollen **(Ziel, Nutzen)**,
- woran Sie die Frage bearbeiten werden **(Material)**,
- welche analytischen Werkzeuge Sie nutzen werden **(Theorien, Konzepte)** und
- wie und in welchen Schritten Sie dabei vorgehen werden **(Methode, Vorgehensweise)**.

Um diese Fragen zu beantworten, müssen Sie sich mit dem konkreten Thema, dem in Frage kommenden Material und einer Auswahl von Sekundärliteratur auseinandersetzen. Wenn Sie in der ersten Phase der Beschäftigung mit Ihrem Thema vorläufige Antworten auf diese Fragen gefunden haben, haben Sie schon ein ganzes Stück Recherche- und Klärungsarbeit hinter sich gebracht.

Lotte Rienecker und Peter Stray-Jørgensen haben ein Modell entwickelt, um zu zeigen, wie die Fragen zusammenhängen, die für die inhaltliche Planung einer Arbeit beantwortet werden müssen (vgl. Rienecker/Jørgensen 2012). Mit der folgenden Skizze knüpfen wir an dieses Modell an:

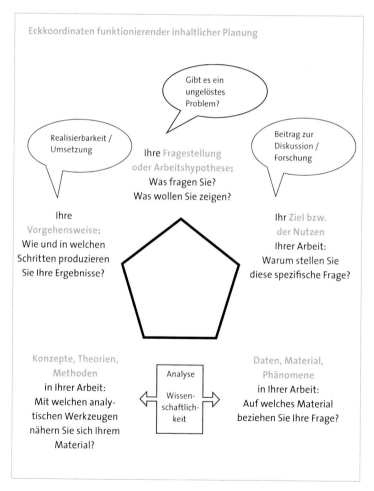

Eckkoordinaten funktionierender inhaltlicher Planung

Gibt es ein ungelöstes Problem?

Realisierbarkeit / Umsetzung

Ihre Fragestellung oder Arbeitshypothese:
Was fragen Sie?
Was wollen Sie zeigen?

Beitrag zur Diskussion / Forschung

Ihre Vorgehensweise:
Wie und in welchen Schritten produzieren Sie Ihre Ergebnisse?

Ihr Ziel bzw. der Nutzen Ihrer Arbeit:
Warum stellen Sie diese spezifische Frage?

Konzepte, Theorien, Methoden in Ihrer Arbeit:
Mit welchen analytischen Werkzeugen nähern Sie sich Ihrem Material?

Analyse
Wissenschaftlichkeit

Daten, Material, Phänomene in Ihrer Arbeit:
Auf welches Material beziehen Sie Ihre Frage?

Koordinaten inhaltlicher Planung

Die Fragen und Kategorien in diesem Modell sind wie ›Stellschrauben‹, an denen Sie ›einstellen‹ können, was Sie konkret tun werden (und was nicht!), um Ihre Arbeit schreiben zu können.

Fünf Eckpunkte

Jede dieser **fünf Koordinaten** steht im Zusammenhang mit den vier anderen. Wenn Sie an einer Ecke des Pentagons etwas verändern, hat das voraussichtlich Auswirkungen auf die anderen.

Tipp

> → **So können Sie dieses Fünfeck nutzen:** Füllen Sie die Ecken probehalber mit den konkreten Antworten für Ihr eigenes Arbeitsprojekt. Überlegen Sie, was wohin gehört.

Gerade in Fächern, in denen Sie vor allem mit Texten umgehen (und nicht mit Flüssigkeiten, Pflanzen, Apparaten usw. wie experimentell arbeitende Naturwissenschaftler/innen), ist es nicht immer leicht zu entscheiden, ob Sie einen spezifischen Text lesen, um Fragen der ›Methode‹ zu klären, oder ob Sie ihn als ›Theorie‹ lesen oder ob er zum ›Material‹ gehört, das Sie untersuchen.

Studierende der Geistes- und Sozialwissenschaften, die vorwiegend mit Texten arbeiten, können die im Fünfeck genannten Eckpunkte nutzen, um sich ihre Themen zurechtzulegen und immer wieder zu bestimmen, zu welchem Zweck sie sich mit einem bestimmten Text befassen.

Die Themenformulierung als Medium der Klärung

Während Sie Ihre Studienarbeit vorantreiben, wird sich Ihre Perspektive auf das Thema vermutlich mehrfach ändern. Schwerpunkte können sich verschieben, eventuell ergeben sich neue Fragen oder alte Fragen werden präziser. Vielleicht stellt sich heraus, dass Sie Ihre Frage besser mit anderem Material oder anderer Literatur bearbeiten können, als Sie ursprünglich dachten.

Das explizite und ausführliche Ausformulieren Ihres Themas mit allen seinen Aspekten ist eine Möglichkeit, die Festlegungen, die Sie bei der inhaltlichen Planung getroffen haben, schriftlich zu dokumentieren. Wenn es im Verlauf der Arbeit nötig werden sollte, kann die Themenformulierung immer wieder modifiziert werden, aber sie dient Ihnen als Anker, an dem Sie sich halten können, wenn die Menge der Literatur Sie davonzutreiben droht.

Eine gute Themenformulierung können Sie erst finden, wenn Sie schon einiges über Ihr Thema wissen. Sie basiert auf einer Reihe von Recherche-, Lektüre-, Entscheidungs- und Planungsaktivitäten. Wie umfangreich diese sein werden, hängt davon ab, welche Art von Arbeitsprojekt Sie verfolgen und wie viel Zeit Ihnen zur Verfügung steht.

Wichtig ist, dass die Themenformulierung begrenzt und konkretisiert, was auf welche Weise getan wird. Sie enthält Angaben dazu, was Sie wissen wollen und wie Sie es herausfinden werden, und sie enthält Angaben zum Material, an dem Sie es herausfinden möchten, und zur Literatur, an der Sie sich orientieren.

Bei der Themenformulierung ist es besonders wichtig, eine **Fragestellung** zu finden, die Auskunft darüber gibt, worauf Ihre Beschäftigung mit dem Thema zielt.

Die Bedeutung einer guten Fragestellung in der Themenformulierung Beispiel

Nehmen wir an, Sie interessieren sich für das Thema »Gerechtigkeit bei Aristoteles«.

Dieses Thema kann zunächst ganz leicht in eine Frage umformuliert werden. Sie könnte lauten: »Was versteht Aristoteles unter Gerechtigkeit?«

Wenn man die Frage jedoch so allgemein formuliert, müsste man alle Schriften lesen, in denen Aristoteles sich mit dem Thema »Gerechtigkeit« befasst, um eine erschöpfende Antwort geben zu können.

Deshalb ist es wichtig, mit einer genaueren Themenformulierung die Materialmenge zu begrenzen. In unserem Beispiel wird durch die **Benennung eines spezifischen Quelltextes** die Menge der zu lesenden Texte von Aristoteles deutlich eingeschränkt:

»Was versteht Aristoteles in der Schrift xy unter Gerechtigkeit?«

Das ist schon ein guter Schritt. Es ist nun klar, welchen Text man untersuchen muss und dass man andere Texte von Aristoteles nicht unbedingt hinzuziehen muss.

Problematisch bleibt, dass man voraussichtlich in der Sekundärliteratur auf eine große Zahl von ganz unterschiedlichen Ansätzen stoßen würde, die diese Frage zu beantworten versuchen. Und man würde bei genauerer Lektüre sehen, dass alle Versuche, die Frage nach dem Gerechtigkeitsverständnis von Aristoteles zu beantworten, etwas damit zu tun haben, was der je spezifische Sekundärautor in der je spezifischen Zeit unter Gerechtigkeit verstand.

Trotz Begrenzung der Quellentextmenge ist diese Fragestellung also immer noch zu ungenau. Die **Menge der zu lesenden Sekundärliteratur** wäre immer noch nicht absehbar, die Menge der Fragen, die geklärt werden müssten, um auf allen Ebenen befriedigend argumentieren zu können, wäre immer noch entmutigend groß.

Um das zu vermeiden, können Sie die Sekundärliteratur erst einmal nur **sichten** (durchgehen und überfliegen, **nicht durchlesen**) und dann eine bewusste Entscheidung darüber treffen, welche Frage, Behauptung oder Theorie über Aristoteles' Äußerungen über »Gerechtigkeit« aus der Sekundärliteratur Ihnen besonders interessant erscheint. Das legt auch fest, auf welchen Aspekt des Themas »Gerechtigkeit« Sie sich konzentrieren wollen. Im vorliegenden Beispiel stoßen Sie vielleicht auf das Befremden des Althistorikers Moses Finley über die Art und Weise, wie Aristoteles über Tauschgerechtigkeit spricht. Von hier aus könnten Sie Ihre Fragestellung – und damit Ihre Themenformulierung – **weiter präzisieren**.

Das zeigt: Indem Sie in Ihrer Fragestellung ein spezifisches Problem aufgreifen, das in der Sekundärliteratur erörtert wird, lässt sich die Menge der zu lesenden Literatur weiter begrenzen.

Das **Zwischenergebnis** der Konkretisierungsschritte in unserem Beispiel könnte nun die folgende Themenformulierung sein:

»Gleichheit und Ungleichheit in der Theorie der Tauschgerechtigkeit des Aristoteles: Welche Maßstäbe für Gerechtigkeit entwickelt Aristoteles im 5. Buch der Nikomachischen Ethik, wenn er über Tauschgerechtigkeit spricht? Eine Lektüre der Textstellen x und y vor dem Hintergrund von Moses Finleys Lektüre derselben Textstellen«

Diese ausführliche Themenformulierung begrenzt deutlich, was Sie im Rahmen der Arbeit tun müssen.

Fokussieren und Realisierbarkeit prüfen: Das Blitzexposé

Bei der inhaltlichen Planung ist es hilfreich, den Blick von anderen zu nutzen, die in die Tiefen und Untiefen Ihres Themas nicht so verstrickt sind wie Sie. Insbesondere an den Schlüsselstellen inhaltlicher Planung (vgl. Kap. 2.3.1) – zu Beginn Ihrer Arbeit, nach der ersten Literaturrecherche oder wenn Sie die Distanz zu Ihrem Thema verloren haben – kann Rückmeldung helfen. Ihre Feedbackgeber/innen sollten Menschen sein, denen Sie vertrauen, im Hinblick auf Ihr Thema müssen sie allerdings keine ausgesprochenen Expert/innen sein. Im Gegenteil: Der Blick von außen und ein bisschen gesunder Menschenverstand sind häufig sogar hilfreicher als der Expertenblick, wenn es darum geht nachzufragen, was denn z.B. das Wichtigste in der Arbeit sein soll, um welche Art von Material es geht und worauf Sie in der Arbeit hinauswollen. Sie können einfach zwei oder drei Studienfreund/innen zusammenrufen und sie um Rückmeldung bitten.

Blitzexposés   Um mit **Distanz auf Ihr Vorhaben zu schauen**, kann es sinnvoll sein, ein Blitzexposé zu verfassen. Ein Exposé ist ein Text, in dem die Planung eines Forschungsprojekts erläutert wird (vgl. Kap. 5.2). Im Blitzexposé schreiben Sie möglichst spontan auf, was Sie in Ihrer Arbeit wie, wann, womit und mit welcher Unterstützung tun möchten.

Ihre Berater/innen können diese zügig hingeschriebene Planung kritisch betrachten und Ihnen konstruktiv zurückmelden, ob sie ihnen realistisch und fokussiert erscheint.

Checkliste für ein Blitzexposé

Bitte beantworten Sie die folgenden Fragen für Ihr eigenes Arbeitsprojekt so konkret wie möglich und mit eigenen Worten. Überlegen Sie, was Sie noch klären müssen, wenn Sie merken, dass Sie einzelne Fragen noch nicht beantworten können. Notieren Sie möglichst alle Fragen und Unsicherheiten, die sich beim Überlegen ergeben.

→ Wie lautet mein Thema?
→ Was will ich wissen (Fragestellung)? Oder belegen (Hauptaussage)? Oder prüfen (Arbeitshypothese)?
→ Was ist daran wichtig (Erkenntnisinteresse)?
→ Woran (an welchem Material) will ich das herausfinden bzw. belegen bzw. prüfen? An einem Text oder mehreren? Quellen? Daten? Habe ich mein Material schon? Muss ich es noch erschließen, finden oder erheben?
→ Was sind meine Hilfsmittel? (Methoden, Literatur, Betreuung/Beratung?)
→ Was will ich in meiner Arbeit hauptsächlich tun: argumentieren? beschreiben? analysieren? vergleichen? interpretieren? anderes?
→ Wann will ich die Arbeit abgeschlossen haben?
→ Was will ich mit der Arbeit erreichen?

Stellen Sie Ihr Blitzexposé nun denjenigen vor, die bereit sind, Ihnen ein Feedback zu geben.

Wichtiger Hinweis für die Kommiliton/innen, die Ihnen Rückmeldung geben: Sie sollten versuchen, so wenig wie möglich in inhaltliche Erörterungen abzuleiten. An dieser Stelle geht es darum, Sie darin zu unterstützen, das Projekt zu realisieren. Das allein ist wichtig. Lektüretipps, Erörterung weiterer Aspekte, Entwickeln von zusätzlichen Ideen – all diese sonst so wünschenswerten Anregungen bitte für einen späteren Zeitpunkt aufbewahren.

Die Fragen Ihrer Unterstützer/innen sollen sich beziehen auf:

- **die Fokussiertheit des Inhalts:** Ist deutlich, was im Zentrum der Arbeit steht und was im Hintergrund bleiben sollte? Erscheinen das Thema und die einzelnen Aspekte aufeinander bezogen?
- **den Umfang der Arbeit:** Haben Sie sich eventuell zuviel vorgenommen (bei Material, Literatur, den verschiedenen Aspekten)? Gibt es Anregungen zur Eingrenzung?

Wichtige Kommunikationsregeln, die Ihre Unterstützer/innen berücksichtigen sollten, um Sie nicht in die Defensive zu drängen oder zusätzlich zu verunsichern, sind:

- Subjektiv formulieren (d.h. in der Ich-Form sprechen).
- Nicht bewerten.
- Fragen stellen.

Die Eingrenzung Ihres Themas überprüfen

Wenn Sie das Gefühl haben, abzuschweifen und nicht mehr so genau zu wissen, was Sie in Ihrer Arbeit eigentlich tun werden und was nicht, wenn Sie den Eindruck haben, dass Sie immer mehr Literatur finden, die Sie eigentlich lesen müssten, wenn also die Grenzen Ihrer Arbeit undeutlich geworden sind, ist es angebracht, sich dieser Grenzen wieder zu vergewissern.

Themeneingrenzung kann man methodisch angehen. Im Folgenden finden Sie eine Liste mit Beispielen für Ansatzpunkte, die Sie nutzen können, um die Grenzen Ihrer Arbeit bewusst abzustecken.

Ansatzpunkte für die Themeneingrenzung

- Fokussieren, z.B. auf …
  einen begrenzten Zeitraum
  eine ausgewählte Region bzw. einen Ort
  eine oder mehrere Institutionen/Organisationen/(politische) Systeme
  eine oder mehrere Personen bzw. Personengruppen
  einen oder mehrere inhaltliche Aspekte Ihres Themas etc.
- Klären, was Sie in Ihrer Arbeit in erster Linie tun …
  beschreiben
  erklären
  analysieren
  kritisieren bzw. kritisch reflektieren
  prognostizieren etc.
- Material auswählen, z.B. die …
  Anzahl und Art der Quellen
  Anzahl und Art der Daten
  Anzahl und Art von Autoren etc.
- Sich für eine Methode entscheiden, die im Studienfach angewandt wird, z.B. für …
  eine bestimmte Lektüre- bzw. Interpretationsweise
  eine bestimmte Form, empirisches Material zu erheben und auszuwerten (Interviews, Fragebögen etc.)
  eine bestimmte Form, Quellen zu untersuchen
- Sich überlegen, von welchem Standpunkt aus und mit welcher Perspektive man arbeitet …
  z.B. indem man vor allem Literatur der eigenen Disziplin oder Teildisziplin nutzt (und die Untersuchungen anderer Disziplinen zu Ihrem Thema vernachlässigt),
  z.B. indem man sich an einem bestimmten Theorieansatz oder einem Erklärungskonzept orientiert, das einen überzeugt.

Um Ihr spezielles Thema einzugrenzen, gibt es vielleicht noch andere Ansätze. Versuchen Sie sich zu vergegenwärtigen, von welchen Ansatzpunkten Sie ausgehen können, um sich der Grenzen Ihres eigenen Arbeitsprojekts zu vergewissern. Nutzen Sie hierzu die folgende Übung.

Übung

Die Grenzen Ihres Themas überprüfen

Schreiben Sie Ihre aktuelle Themenformulierung so genau wie möglich auf. Überlegen und notieren Sie, in welchen Hinsichten und nach welchen Gesichtspunkten Ihr Thema – so wie es da steht – eingegrenzt ist.

Sprechen Sie die bestehende Eingrenzung und Ihre Schwierigkeiten mit jemandem durch, der bereit ist, wohlwollend zuzuhören und kritisch zurückzufragen. Halten Sie dabei Hinweise, Ideen und Fragen schriftlich fest, die Sie nur mit der Person klären können, die Ihre Arbeit betreut.

2.3 | Suchen, Finden, Auswerten von Material und Literatur

Das Wichtigste in Kürze

Effiziente und funktionierende Strategien für den Umgang mit wissenschaftlicher Literatur und anderem Material (Daten, Quellen etc.) zu entwickeln ist die Grundvoraussetzung, um selbst wissenschaftliche Texte verfassen zu können.

Der Weg vom Lesen zum Schreiben besteht aus einer Vielzahl von Schritten, bei denen es darauf ankommt, den eigenen Blick auf Ihr Thema auf der Basis des Gelesenen weiterzuentwickeln und dabei Material zu generieren, das Ihre Argumentation trägt.

In diesem Kapitel finden Sie Hinweise, welche Strategien Sie nutzen können, um diese Schritte sinnvoll und effizient zu vollziehen.

Wissenschaftliche Literatur liest und verarbeitet man, um sich auf die Informationen, Positionen und Fragen beziehen zu können, die für das jeweilige Thema relevant sind. Indem man sich auf die Literatur bezieht, beteiligt man sich – auf dem je eigenen Niveau – an der fachlichen Diskussion. Das heißt, man gibt nicht nur Wissen wieder, sondern man entwickelt es weiter, indem man sich vor dem Hintergrund der eigenen Fragestellung mit dem bestehenden Wissen auseinandersetzt. Wenn Sie sich intensiver mit dem Thema „Lesen und Schreiben" beschäftigen möchten, empfehlen wir Ihnen das gleichnamige Buch von Otto Kruse (2010).

Die **Grundregeln von Kommunikation** gelten auch für die Kommunikation in der Wissenschaft: Orientierung der Leser/innen, Redlichkeit, Genauigkeit, Respekt im Umgang mit den Äußerungen und dem geistigen Eigentum anderer. Deshalb gilt es jeweils transparent zu machen, welche Vorarbeiten anderer man für seine Arbeit genutzt hat und mit welchen ihrer Positionen man sich kritisch auseinandergesetzt hat. Indem man zitiert, referiert und verweist, schafft man für sich selbst und die Leser/innen eine Landkarte des Wissens, man stellt die eigene Arbeit in einen Wissens- und Diskussionskontext und macht es den Leser/innen möglich, sie einzuordnen.

Literaturhinweise und Belege ermöglichen es den Leser/innen, die Texte, Daten und Quellen zu finden und zu überprüfen, die zum Schreiben eines Textes herangezogen wurden. Sie erlauben es den Leser/innen, die Qualität und Glaubwürdigkeit der Texte oder Arbeiten zu beurteilen, auf die Sie sich beziehen, und sie erlauben es außerdem zu überprüfen, ob Sie diese Texte angemessen genutzt haben.

Der Nutzen wissenschaftlicher Literatur beim Schreiben von Studienarbeiten:

- Sie ist Informationsquelle: Welches Wissen, welche Daten, Quellen und Ergebnisse stehen zur Verfügung? Was wird diskutiert?
- Sie repräsentiert Positionen in einer lebendigen Kommunikation bzw. Diskussion: Wer interessiert sich aus welcher Perspektive und mit welchen Gründen für das Thema? Was behauptet er/sie? Inwiefern ist sein/ihr Blick eingeschränkt? Wovon ist er/sie beeinflusst?

Das Erarbeiten von wissenschaftlicher Literatur für eigene Texte umfasst viele gedankliche und handwerkliche Schritte. Im Folgenden erläutern wir diese Schritte und zeigen, worauf es dabei ankommt.

2.3.1 | Recherchieren

Bei der Recherche für eine wissenschaftliche Arbeit geht es vor allem darum, Fülle und Komplexität zu bewältigen. Das wird sofort klar, wenn Sie sich nach der ersten, vorläufigen Festlegung Ihres Arbeitsthemas einen Überblick über die entsprechende Literatur verschaffen möchten. In 99 von 100 Fällen werden Sie in der entsprechenden Fachbibliothek mehr Titel zu Ihrem Thema entdecken, als Sie erwartet haben. Und sollte dies nicht der Fall sein, ist das noch lange kein Indiz dafür, dass es »zu diesem Thema keine Literatur gibt«, wie Studierende manchmal meinen. Wahrscheinlicher ist, dass Sie Ihre Suchstrategie ändern sollten. Lassen Sie sich in einem solchen Fall vom Fachpersonal der Bibliothek unterstützen.

Fachpersonal in Bibliotheken fragen

Wie Sie die erste Phase der Recherche gestalten sollten
Beginnen Sie nicht mit der Lektüre ganzer Bücher und Aufsätze. Fragen Sie Ihre/n Dozenten/in, welche Texte er/sie Ihnen empfiehlt. Bei der eigenen Recherche achten Sie zunächst auf

- Titel,
- Inhaltsverzeichnisse,
- Literaturverzeichnisse,
- Abstracts (falls vorhanden),
- Einleitungen,
- Zusammenfassungen.

Machen Sie sich Notizen zu allem, was Sie dabei entdecken. Achten Sie vor allem darauf, ob und wofür Sie den jeweiligen Text gebrauchen können.

Recherche bedeutet nicht, so viel zu finden wie möglich, sondern das Richtige zu finden und auch davon nur so viel, wie Sie verarbeiten können.

→ Recherche intelligent gestalten   Tipp

- Wählen Sie auf der Grundlage des eingegrenzten Themas **Schlagwörter** und **Stichwörter** aus. Geben Sie eventuell Schlagwortkombinationen in Datenbanken ein. Mit Schlagwörtern können Sie nach Inhalten suchen, mit Stichwörtern nach Titeln. Über eine reine Stichwortsuche würden Sie das Buch zum Berufserfolg Freiburger Soziolog/innen mit dem Titel »Wo sind sie geblieben« nicht finden. Über eine Schlagwortsuche schon.
- Nutzen Sie einschlägige **Bibliographien, Kataloge, Zeitschriften und Fach- bzw. Literaturdatenbanken.** Fragen Sie die Expert/innen in Ihrer Fachbibliothek um Rat.
- Lesen Sie einschlägige Artikel in **Nachschlagewerken und Lexika** Ihres Fachs.
- Folgen Sie **Hinweisen aus der Literatur**, die Sie schon gefunden haben. Welche Autor/innen werden besonders häufig zitiert? Welche Begriffe tauchen immer wieder auf? Was ist aktuell? Was offenbar älteren Datums?
- **Nutzen Sie die Unterstützungsangebote Ihrer Universitätsbibliothek**, um Ihre Recherchestrategien zu verfeinern! Fangen Sie früh damit an und bleiben Sie dran, dann sind Sie gut vorbereitet, wenn Sie gegen Ende des Studiums größere Arbeiten verfassen müssen. Die meisten Universitätsbibliotheken bieten Schulungen an, in denen Sie Suchstrategien kennenlernen und verfeinern können.

Um eine bewusste Literaturauswahl zu treffen, ist es hilfreich, den Status der Texte zu klären, die Sie in die engere Wahl ziehen.

- Ist der Text aktuell?
- Wer ist der/die Autor/in? Was hat er/sie sonst noch geschrieben? Gehört er/sie erkennbar einer ›Schule‹, einer Konfession oder weltanschaulichen Richtung an?
- Aus welcher disziplinären Perspektive ist der Text geschrieben?
- Welche Frage stellt der Text? Was verspricht er den Leser/innen?
- Welche Art von Text ist es: Eine Dissertation? Ein Lehrbuch? Ein Zeitschriftenartikel? Eine Monographie?

Die Recherche als Medium der Fokussierung und Eingrenzung

Durch die Recherche wird sichtbar, wie viele und welche Aspekte eines Themas bearbeitet werden könnten und dass es zu ein und demselben Thema verschiedene Auffassungen, vermutlich sogar Auseinandersetzungen gibt. Unter Umständen werden Sie auch bemerken, dass die wissenschaftliche Beschäftigung mit Ihrem Thema eine lange Geschichte hat und dass in vielen Stilen und wahrscheinlich auch in mehreren Fremdsprachen darüber geschrieben worden ist. Es kommt deshalb schon bei der Recherche darauf an, einzugrenzen und in mehreren Etappen zu recherchieren, so dass Sie parallel zur Konkretisierung Ihres Themas auch die passende Literatur auswählen.

So wie Sie die Literatur nutzen, um Ihr Thema einzugrenzen, es zu profilieren und an Ihrer Fragestellung zu arbeiten, nutzen Sie Ihre Fragestellung und die Eingrenzung Ihres Themas, um Menge und Qualität der Literatur und des Materials zu bestimmen, die Sie im Rahmen der

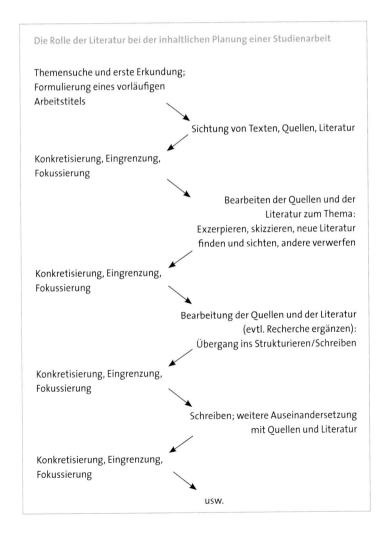

Die Rolle der Literatur bei der inhaltlichen Planung einer Studienarbeit

Themensuche und erste Erkundung;
Formulierung eines vorläufigen
Arbeitstitels

Sichtung von Texten, Quellen, Literatur

Konkretisierung, Eingrenzung,
Fokussierung

Bearbeiten der Quellen und der
Literatur zum Thema:
Exzerpieren, skizzieren, neue Literatur
finden und sichten, andere verwerfen

Konkretisierung, Eingrenzung,
Fokussierung

Bearbeitung der Quellen und der Literatur
(evtl. Recherche ergänzen):
Übergang ins Strukturieren/Schreiben

Konkretisierung, Eingrenzung,
Fokussierung

Schreiben; weitere Auseinandersetzung
mit Quellen und Literatur

Konkretisierung, Eingrenzung,
Fokussierung

usw.

Ihnen zur Verfügung stehenden Zeit verarbeiten können (zur inhalt-lichen Planung vgl. Kap. 2.2).

Um die Literatur auszuwählen, die Sie lesen und verarbeiten wollen, müssen Sie festlegen,

- wie Sie vorgehen und ob Sie zur Klärung und Erklärung Ihrer Vorge-hensweise Literatur benötigen → **Methoden**,
- welche Quellen, Texte oder Daten Sie zum Gegenstand Ihrer Unter-suchung machen → **Material**,
- welche Literatur Sie nutzen werden, um Ihr Material zu erschließen → **Theorien**.

→ Nutzen Sie den ersten Blick auf die Literatur ganz bewusst zur weiteren Profilierung Ihres Vorhabens!

Tipp

- Nutzen Sie die Literaturrecherche als Medium der Themenein-grenzung! Wenden Sie sich bei der Literaturrecherche erneut der Fokussierung und Eingrenzung Ihres Themas zu. Anhand der aktuellen Veröffentlichungen zu Ihrem Thema können Sie sehen, wie Sie Ihre eigene Arbeit zuschneiden können.
- Verschaffen Sie sich einen Überblick über die vorhandene Lite-ratur und nutzen Sie die erste Phase der Recherche, um auf wie-derkehrende Themen, Thesen und Fragen in Titeln und Inhalts-verzeichnissen zu achten. Finden Sie wiederkehrende Begriffe? Deutet sich an, wie sich die neueste Literatur mit Ihrem Thema befasst? Machen Sie sich Notizen!
- Was Sie lesen und tun müssen, um Ihrem Thema gerecht zu werden, ergibt sich vor allem aus Ihrer eigenen Fokussierung: Die wiederum hängt von Ihren Interessen ab. Wenn Sie bei der Literatursuche feststellen, dass Sie zu viel Literatur zu allzu vielen Aspekten finden und dass auch ein zweiter Blick auf Titel, Autoren und Erscheinungsjahre die Fülle nicht reduziert, sollten Sie noch einmal überlegen, welche Aspekte Ihres Themas Sie besonders interessieren. Machen Sie eine Liste der in Frage kom-menden Themenaspekte. Erzählen Sie Kommiliton/innen davon. Eventuell werden Sie feststellen, dass Sie an bestimmten Punkten ›hängenbleiben‹.

2.3.2 | Material- und Literaturverwaltung

Tipp

→ Arbeiten Sie bei der Literaturverwaltung pedantisch, um sich nicht hinterher über verlorengegangene Information ärgern zu müssen.

Am Anfang erscheint es aufwändig, aber schon nach kurzer Zeit wird das sorgfältige **Dokumentieren der gelesenen Literatur** zur Routine. Es ist dann so selbstverständlich wie das morgendliche Zähneputzen.

Beginnen Sie schon während der ersten Rechercheetappe damit, Kategorien für einzelne Aspekte Ihres Themas zu bilden, denen Sie die Literatur zuordnen können, die Sie lesen werden. Falls Sie ein elektronisches Literaturverwaltungssystem nutzen, wird Ihnen die Organisation des Wissens durch vorgegebene Wege erleichtert.

Im Kapitel 2.4 zum »Strukturieren« erläutern wir im Detail, wie wichtig es ist, Ordnungen für das Material und für Ihre eigenen Gedanken zu schaffen.

Tipp

→ Entwickeln Sie eine inhaltliche Ordnung für die Literatur, die Sie sammeln und auswerten. Damit legen Sie den Grundstein für die Struktur Ihrer Arbeit.

Karteikartensysteme

O-Ton

»Das Problem ist nur, dass es ja zwischen akademischer Lehre und wissenschaftlicher Praxis eine tiefe Schlucht gibt: Jeder Dozent sagt den Studierenden, wie wichtig Systematik ist, aber ich kenne ausreichend Lehrstuhlinhaber, die wie die Erstis mit Unterstreichungen und wilden Zettelsammlungen arbeiten – und das erfolgreich.«

Im Zeitalter der elektronischen Datenverarbeitung mag es anachronistisch anmuten, die Arbeit mit Karteikarten- oder Zettelkastensystemen überhaupt noch zu erwähnen. Wir tun es trotzdem, denn wir wissen, dass viele professionelle Autor/innen in und außerhalb der Wissenschaft diese ›langsamere‹ Art der Wissens- und Literaturorganisation bewusst nutzen. Warum? Zum Beispiel weil die physische Präsenz von Karten, Zetteln und Notizen ihnen ein Gefühl für den Umfang des ›Wissens‹ gibt, das sie verarbeiten, oder weil das Beschriften und Einordnen der Karten oder Zettel sie dabei unterstützt, den ›Ort‹ zu definieren, an den der jeweilige Eintrag gehört.

Das A und O für ein gutes Karteikartensystem: **Aufwand und Form** müssen dem Nutzen entsprechen. Es kommt darauf an, eine Systematik zu entwickeln, die praktikabel ist und gleichzeitig zuverlässig ihren Zweck erfüllt: Die Karten müssen so beschriftet werden, dass die

Textauszüge und Hinweise bei Bedarf ohne Schwierigkeiten wiederge-
funden und zugeordnet werden können. Sinnvoll kann z.B. die folgende
Vorgehensweise sein:

Die wichtigste Ordnungskategorie ist eine umfassende **Bibliographie**,
in die alle gelesenen Titel aufgenommen werden. Legen Sie diese Bibliographie als elektronische Datei oder Datenbank an, das erleichtert
die spätere Suche von Titeln und Signaturen. Jeder Titel bekommt eine
Signatur, die aus zwei Ziffern besteht: der Jahreszahl und einer Zahl,
die bezeichnet, den wievielten in diesem Jahr gelesenen Text es sich
handelt. Die Signatur 07/10 bedeutet also, das dies das zehnte Buch
bzw. der zehnte Artikel ist, den man im Jahr 2007 gelesen hat. Wer so
vorgeht, kann sicher sein, dass er/sie pro Buch oder Artikel nur eine
Nummer vergibt. Das ist für das weitere Vorgehen entscheidend: Bei der
Lektüre wird die jeweilige Signatur auf jeder Karteikarte verzeichnet,
auf der Sie Auszüge aus dem gelesenen Text festhalten. Dadurch ist si-
chergestellt, dass jede Karte eindeutig einer Literaturangabe zugeordnet
werden kann.

Was auf die Karten geschrieben wird:
- Ein thematisches Stichwort an den oberen rechten Rand,
- die Signatur,
- Notizen, Auszüge, Überlegungen zum Gelesenen – **mit Seitenangaben**
  (wichtig!). Verwenden Sie für jeden thematischen Zusammenhang
  eine eigene Karte. Das kann nur ein einziger Satz sein, manchmal
  aber auch so viel, dass die Karte vorne und hinten beschrieben werden muss. Entscheidend ist, nicht zu viele unterschiedliche Informationen auf eine Karte zu zwängen, das Weiterverarbeiten und Sortieren wird sonst erschwert.
- Darüber hinaus werden die Karten in der Reihenfolge, in der sie
  beschriftet wurden, durchnummeriert (die Nummer kommt neben
  die Signatur, z.B. 07/10/1; 07/10/2 etc.), um hinterher Argumenta-
  tionsstrukturen der gelesenen Artikel oder Bücher nachvollziehen zu
  können.

Notizen sind etwas Einzigartiges, und deshalb müssen Karteikartensy-
steme an die Gewohnheiten und Besonderheiten der eigenen Arbeitsweise angepasst werden.

> → Erlauben Sie sich, mit verschiedenen Varianten zu experimentie-   Tipp
> ren, um herauszufinden, was für Sie funktioniert.

Wer mehr wissen möchte: Joachim Stary und Horst Kretschmer haben
in ihrem empfehlenswerten Buch *Umgang mit wissenschaftlicher Literatur* (1994) die gebräuchlichsten Varianten von Karteikartensystemen
dargestellt.

Luhmanns
Zettelkästen

Eine besondere Variante des Karteikartensystems hat der berühmte Soziologe Niklas Luhmann geführt. Luhmann verzichtete bewusst darauf, seine Zettel in eine inhaltliche Ordnung zu bringen. Sein »Zettelkasten« wurde so zu einem ›Kommunikationspartner‹, der ihn durch die Verweise zwischen einzelnen Zettelnotizen immer wieder überraschte (vgl. Luhmann 1992, S. 53f. und Soentgen 2003, S. 107–116).

Elektronische Literaturverwaltungssysteme

Ein gut gepflegtes Literaturverwaltungssystem wächst nach und nach und kann zu Ihrem persönlichen Archiv werden, in dem Sie die Literatur, die Sie themenbezogen und themenübergreifend ausgewertet haben, nach Schlagwörtern und Kategorien eingeordnet wiederfinden. Die durch Schlagwörter, sogenannte ›Tags‹, festgelegte Ordnung können Sie im Lauf Ihres Studiums erweitern und verschieben. Gut geführt, wird das Kategoriensystem, das Sie entwickeln, zusammen mit Ihrem intellektuellen Horizont wachsen und sich ausdifferenzieren.

Mit einem elektronischen Literaturverwaltungssystem ersparen Sie sich die Mühe, Karteikarten zu beschriften und eine Liste der Themenkategorien zu tippen, in die Sie Ihre Exzerpte einordnen wollen. Sie brauchen auch keine neuen Schlagwort- und Kategorienlisten zu tippen, wenn sich das Kategoriensystem, mit dem Sie Ihr Material verwalten, im Lauf Ihrer Arbeit ändert und erweitert. Die ›Tags‹ Ihres Literaturverwaltungssystems können Sie elektronisch hinzufügen oder verschieben.

Elektronische Literaturverarbeitungssysteme bieten darüber hinaus folgende Möglichkeiten: Sie können Daten aus dem Literaturverwaltungssystem in Ihr Textverarbeitungsprogramm exportieren und auf diese Weise Literaturlisten für Ihre Arbeit generieren. Außerdem können Sie vom Literaturverwaltungssystem aus über das Internet in Bibliotheken und Datenbanken recherchieren.

Jedes Programm arbeitet ein wenig anders. Es lohnt sich, Probeversionen der einzelnen Literaturverwaltungssysteme zu testen, bevor Sie sich für eins entscheiden.

Manche Universitäten bieten Studierenden elektronische Literaturverwaltungssysteme ermäßigt oder sogar kostenlos an. Erkundigen Sie sich in der Bibliothek Ihrer Universität oder in Ihrem Fachbereich!

Über das
Studium hinaus

In vielen akademischen Berufen müssen Informationen gesucht, gesammelt und so dokumentiert werden, dass man sie wiederfindet, wenn sie gebraucht werden. Im Studium können Sie ein Verständnis dafür entwickeln, worauf es dabei – speziell auch für Sie selbst – ankommt, und Sie können Techniken erproben, die Sie auch nach dem Studium weiter für sich nutzen können.

2.3.3 | Material und Literatur auswerten: Exzerpte verfassen

»Die Kraft der Landstraße ist eine andere, ob einer sie geht oder im Aeroplan darüber hinfliegt. So ist auch die Kraft eines Textes eine andere, ob einer ihn liest oder abschreibt.« Walter Benjamin [1928], 1955, S. 16/17

Das Wort »Exzerpt« kommt von dem lateinischen Wort *excerptum*: Auszug. Ein Exzerpt ist ein schriftlicher Auszug aus einem gelesenen Text. Exzerpieren bedeutet also, während des Lesens herauszuschreiben, was man wichtig findet.

Lesen dauert lange, exzerpieren noch länger. Das hält viele davon ab, es zu tun. Wer es aber nicht tut, verpasst einen wichtigen gedanklichen Schritt auf dem Weg zu seiner Studienarbeit. Worin besteht dieser Schritt?

Man exzerpiert, um

- Informationen, Positionen, Zitate zu sammeln, um auswertend zu lesen;
- Bezüge zu klären, die Kommunikation der Fachgemeinschaft zum Thema und die einzelnen Positionen zu verstehen und sich dazu ins Verhältnis zu setzen;
- auf der Basis des Forschungs- und Erkenntnisstands zum eigenen Thema Gedanken dazu (weiter-)zuentwickeln.

Was können Sie tun, um das Gefühl zu vermeiden, dass Sie niemals an ein Ende kommen werden, wenn Sie exzerpieren, und sich die Arbeit dadurch unendlich zu verlangsamen scheint? Es ist im Grunde ganz einfach: Eine solch zeitaufwändige und schwierige Arbeit muss begrenzt werden.

Bereiten Sie die Arbeit des Exzerpierens vor. Dabei können Sie auf drei Ebenen ansetzen: Vorbereitung des Exzerpierens

- Textauswahl,
- Klärung der Ziele, die Sie beim Exzerpieren verfolgen,
- Entscheidung über die ›Tiefe‹, in der Sie exzerpieren.

Textauswahl: Entscheiden Sie, welche Texte bzw. Textpassagen Sie für Ihre Studienarbeit exzerpieren werden. Legen Sie sich diese Texte sorgfältig zurecht und prüfen Sie, welche Textmenge Sie realistischerweise in der zur Verfügung stehenden Zeit auswerten können. Überfliegen Sie die Texte vorher, markieren Sie die wichtigen Stellen mit Klebezetteln oder – bei Kopien – mit Bleistift oder Textmarker.

Lese- und Exzerpierziele: Überlegen Sie sich bei jedem Text, warum Sie ihn auswerten, was Sie zu finden hoffen und welche Schwierigkeiten Sie erwarten. Möchten Sie einen Gedanken verstehen? Suchen Sie nach ganz bestimmten Hinweisen oder Informationen? Erhoffen Sie sich Anstöße im Hinblick auf Ihre Fragestellung? Müssen Sie den Text ›knacken‹, weil es ein schwieriger Theorietext ist?

Tipp
> → Notieren Sie die Frage, die Sie beim Exzerpieren leitet. Bringen Sie
> sie zur Orientierung gut sichtbar an, z.B. auf einem Klebezettel an
> Ihrem Bildschirm.

Exzerpt-Tiefe: Manche Texte lesen und exzerpieren Sie, um grundsätz-
liche Aspekte Ihres Themas zu verstehen und Ihre eigenen Gedanken
dazu zu klären. Hier lohnt sich extensives Herausschreiben, wörtlich
und in eigenen Worten. Und hier lohnt es sich auch, Kommentare und
eigene Überlegungen zu notieren, natürlich deutlich abgesetzt von dem,
was der Autor sagt. Andere Texte lesen Sie ›nur‹, um einzelne Informationen herauszupicken oder Belege zu finden.

Was in Exzerpten gesammelt werden kann:
- Wörtliche Zitate
- Notizen zu den Inhalten des Buchs, die Sie in eigenen Worten formu-
  lieren (›Paraphrasen‹ bzw. indirekte Zitate)
- Ihre eigenen Kommentare (Fragen, Bewertungen) zum Gelesenen
- Weiterführende Gedanken oder Gedanken zu Ihrer eigenen Arbeit,
  die Sie beim Lesen hatten.

Gewöhnen Sie sich daran, in vollständigen Sätzen zu exzerpieren und
verschiedene Arten von Notizen voneinander zu unterscheiden! Sonst
werden Sie sich beim Durchsehen Ihrer Notizen schon nach kurzer Zeit
Fragen stellen wie: »Hat der Autor das so formuliert oder war ich das?«,
»Hat der das jetzt wörtlich so geschrieben?«, »Auf welcher Seite stand
denn das noch mal?«, »War das jetzt von Autor x oder von Autorin y?«,
»Was könnte ich denn mit diesem Stichwort hier gemeint haben?«. Es
ist zwar zunächst mühsam, in ganzen Sätzen zu exzerpieren, aber nach
einiger Zeit geht Ihnen diese Arbeitsweise voraussichtlich in Fleisch
und Blut über. Vor allem aber erleichtert sie die Weiterarbeit.

Worin Sie beim Exzerpieren immer ganz genau sein sollten
Exzerpte sollen es Ihnen ersparen, Texte unnötig oft zu lesen. Damit ein
Exzerpt diesen Zweck erfüllt, lohnt es sich, einige formale Anforderun-
gen mit bürokratischer Genauigkeit zu erfüllen. Exzerpte sollten so ge-
fertigt sein, dass Sie noch nach Monaten und Jahren erkennen können,
welchen Status die Wörter, Sätze und Anmerkungen haben, die Sie bei
der Lektüre eines Textes notiert haben.
- Anführungszeichen am Zitatanfang und Zitatende.
- Genaue Seitenangaben, sowohl bei Paraphrasen (Wiedergabe von
  Gelesenem in eigenen Worten) als auch bei Zitaten.
- Auf jeder Seite des Exzerpts sollte neben einer Exzerptseitenzahl die
  volle Literaturangabe zum exzerpierten Text vermerkt sein. Löst sich
  eine Zettelsammlung einmal versehentlich auf, können Sie einzelne
  Blätter wieder zuordnen. Tipp: Wenn Sie z.B. mit den Textverarbei-

tungsprogrammen »Word« oder »Open Office« Exzerpte verfassen, schreiben Sie die volle Literaturangabe in die Kopfzeile.

- **Unterscheiden Sie** direkte und indirekte Zitate sorgfältig von Ihren eigenen Kommentaren oder Notizen zu Ihrer eigenen Gedankenentwicklung. Sie können die Spalten einer Tabelle oder besondere Formatierungen nutzen, um die Unterschiede hervorzuheben.
- **Kopieren Sie wichtige Textstellen,** die Sie voraussichtlich zitieren werden. Auf diese Weise können Sie beim Korrekturlesen Ihre Abschrift ohne Schwierigkeiten mit dem Original vergleichen. Das ist ein wichtiger und notwendiger Arbeitsschritt, weil sich selbst bei erfahrenen Schreiber/innen beim Abschreiben Fehler einschleichen.

Ein Exzerpt in Tabellenform   Beispiel

Formale Angaben (Buch/Artikel; Kapitel, Unterkapitel, Seite, Absatz)	Thema (Stichwort zum Thema der wiedergegebenen Passage)	Aussage (direkte oder indirekte Zitate aus dem Text)	Kommentare (eigene Gedanken, Bewertungen zum Text, Ideen zur eigenen Arbeit, Bezüge, Fragen)
Rogers, Carl R.: Die nicht-direktive Beratung. München 1972. Kindler Studienausgabe, S. 83, Abs. 2/3.	Was die therapeutische Beziehung nicht ist	Rogers charakterisiert die therapeutische Beziehung zunächst negativ, in Abgrenzung zu usw.	in mein Kapitel über Arten sozialer Beziehungen. Schöne Aufzählung und interessante Details, z.B. ...

Das Exzerpt als effiziente Vorarbeit für das Schreiben

Referieren Sie! Um beim Exzerpieren ein Gefühl dafür zu behalten, dass Sie selbst es sind, die/der hier etwas notiert, das ein/e andere/r geschrieben hat, empfiehlt es sich, nicht nur in vollständigen Sätzen, sondern referierend zu exzerpieren, was Sie gelesen haben. Was heißt das?

Es bedeutet, nicht nur zu notieren:
Wissenschaftler können nur wirkliche Freiheit beanspruchen, wenn
»Wissenschaft etwas mit Freiheit zu tun hat« (Heinrich 1989, 45).
Sondern:
Klaus Heinrich vertritt die Auffassung, dass Wissenschaftler nur
dann für ihre wissenschaftliche Arbeit Freiheit fordern können, wenn
»Wissenschaft etwas mit Freiheit zu tun hat« (Heinrich 1989, 45).

Dieser kleine Unterschied in der Formulierung kann auf Dauer positive
Effekte auf Ihr Denken und Schreiben haben:
Haltung: Sie selbst treten bei der Aktivität des Exzerpierens sprachlich in Erscheinung. Die Art, wie Sie das Exzerpieren gestalten, entspricht damit dem, was Sie bei der Arbeit mit Literatur wirklich tun: Sie
sind nicht nur die Hand, die aufschreibt, was die veröffentlichte Wissenschaft gesagt hat, sondern Sie sind ein denkender Mensch, der liest
und das, was er liest, notiert, um sich damit in seiner eigenen Arbeit
auseinanderzusetzen.
Technik: Sie schreiben selbst, anstatt nur abzuschreiben und üben
sich darin, sprachlich auszudrücken, was Sie verstanden haben. Sie entwickeln Formulierungen, die Sie unter Umständen in Ihrer Hausarbeit
direkt übernehmen können. Sie können nun sagen: »Wenn ich Haber-
mas hier richtig verstanden habe, dann ...« und »Bourdieu wendet sich
hier entschieden gegen ...«. Ihr sprachliches Repertoire wächst mit dem
Lesen, Exzerpieren und Denken.

2.3.4 | Literatur in Studienarbeiten: Zwei typische Missverständnisse

Studierende fragen manchmal, an welcher Stelle ihrer Studienarbeit sie
ihre ›Meinung‹ schreiben sollen. Bei näherem Nachfragen wird deutlich, dass sie ihre Arbeiten als ein bloßes Patchwork von Zitaten aus der
wissenschaftlichen Literatur anlegen. Damit fühlen sie sich überhaupt
nicht wohl. Da sie keine eigene Frage und keinen eigenen Gedanken
ins Zentrum der Arbeit stellen, fehlt ihnen jedes Kriterium für die Auswahl der Literatur, die sie zitieren. Studienarbeiten, die aus einer bloßen
Anhäufung von Textstellen und Informationen bestehen, bieten keinen
Erkenntnisfortschritt und sind mühsam zu lesen.
Lehrende klagen immer wieder über Studienarbeiten, in denen Studierende eine unreflektierte ›Wahrheit‹ über den Gegenstand ihrer Arbeit verkünden: Diese Arbeiten glichen eher Schul- oder Besinnungs-
aufsätzen – Literatur werde nur sporadisch eingeflochten, ohne dass
erkennbar sei, inwiefern sich der/die Autor/in mit ihr auseinandergesetzt habe.

Solche Schwierigkeiten beim Verfassen und Lesen von Studienarbeiten kommen aufgrund von Missverständnissen zustande. Im Folgenden benennen und kommentieren wir zwei dieser Missverständnisse:

> Ich muss in meiner Studienarbeit zeigen, was ich alles gelesen habe. Ohnehin bin ich ›nur‹ Student/in. Was ich hier mache, hat mit dem, was richtige Wissenschaftler tun, nichts zu tun.

Missverständnis

Wenn man von der Schule kommt, an der fleißiges Lernen honoriert und das ›spontane‹ Schreiben (vgl. Ortner 2006) im Rahmen von Erörterungsaufsätzen lange geübt worden ist, ist es kein Wunder, dass man zunächst nicht genau weiß, was genau man in seiner Studienarbeit mit der Literatur eigentlich tun soll. Die Facharbeit, die mittlerweile in zahlreichen Bundesländern in der Sekundarstufe II geschrieben wird, soll die Schüler/innen auf das wissenschaftliche Arbeiten mit Literatur vorbereiten. Aber sie ist immer noch so stark in das schulische Setting eingebettet, dass es Schüler/innen und Lehrer/innen nicht immer gelingt, das traditionelle schulische Muster des »Wissen Vorweisens« durch das wissenschaftsförmige des Wissen Gebrauchens, Prüfens und Entwickelns zu ersetzen.

Es ist also kein Wunder, dass manche Studierenden in ihren ersten Hausarbeiten vor allem versuchen zu zeigen, dass sie möglichst viel »Wissen« über ihr Thema gesammelt haben.

> In der wissenschaftlichen Literatur finde ich das gültige Wissen über mein Thema. Meine Aufgabe ist es, dieses Wissen anhand der Literatur herauszufinden und in meiner Arbeit aufzuschreiben.

Missverständnis

Wie einem dieses Missverständnis unterlaufen kann, erläutern wir mit dem folgenden Beispiel:

Auf der Suche nach der Wahrheit ...
Die 19-jährige Sabine schreibt ihre erste Studienarbeit im Fach Religionswissenschaft. Das Thema ist »Jesus«. Spontan geht sie davon aus, dass sie für ihre Arbeit möglichst viele Informationen über Jesus sammeln und wiedergeben muss. Sie geht in die Bibliothek. Was findet sie dort?

Zunächst entdeckt sie einen Sammelband: Jesus, Mensch und Geheimnis in Glauben und Kunst. Darin liest sie Aufsätze und freut sich, denn sie kommt der Sache augenscheinlich schnell näher.

Beispiel

43

Am nächsten Tag weist sie ein Kommilitone, dem sie begeistert, wenn auch etwas durcheinander, vom Ergebnis ihrer ersten Suche erzählt, auf das Buch eines Historikers hin. Es heißt »Die letzten Heiden«, und darin sollen auch interessante Informationen über Jesus zu finden sein. Sabine besorgt sich das Buch und fängt an zu lesen. Nach der Lektüre ist sie verwirrt. Vieles hat sie nicht verstanden, vor allem: Warum hat der Kommilitone sie auf dieses Buch hingewiesen? Da steht nur ganz wenig zu Jesus, aber sehr viel Kompliziertes über die Zeit, in der er gelebt hat. Was da über Jesus steht, passt übrigens überhaupt nicht zu dem, was Sabine in dem Sammelband gelesen hat, den sie zuerst gefunden hatte. Das stört und ärgert sie.

Nun geht Sabine ins Internet und gibt in einer Suchmaschine das Wort »Jesus« ein. Einer der ersten Treffer ist eine Seite mit dem Titel »Christologie«. Dort findet Sabine eine riesige Liste mit Titeln in verschiedenen Sprachen (schluck!), die alle versprechen, über das Leben Jesu, den wahren Christus, verschiedene Aspekte und Teilfragen zu Jesus usw. Auskunft zu geben. Ein Titel lautet: »How do we know (what there is to know)?« Genau! denkt Sabine und gibt ihre Suche nach Informationen und Wissen über Jesus vorerst auf.

Das Beispiel macht deutlich: Wer die wissenschaftliche Literatur zu einem Thema liest, um »wahres Wissen« zu finden, wird schnell enttäuscht werden. Denn er wird auf zahlreiche Fragen, Positionen, Hypothesen, Forschungsergebnisse zu Teilgebieten und Kontexte, Diskussionen etc. stoßen, die von den aktuell an der Kommunikation zum Thema beteiligten Wissenschaftler/innen aufgeworfen und vertreten werden. Sabine hätte für ihre Studienarbeit also besser nach einem Aspekt oder einer Fragestellung suchen sollen, die in der aktuellen Jesus-Forschung diskutiert wird. An diese Diskussion hätte sie mit ihrer Arbeit anknüpfen und sich mit einem Ausschnitt der Literatur auseinandersetzen können, um dabei z.B.

- ein Problem zu beschreiben,
- ihre eigenen Gedanken einzubringen,
- sich in der aktuellen Diskussion zu positionieren,
- offene Fragen zu finden und zu stellen,
- evtl. Vorschläge zur Weiterarbeit am Thema zu machen
- usw.

Lesen lernen **Wissenschaftliche Diskussionen »lesen zu lernen«** ist die Arbeit eines ganzen Studiums. Es bedeutet, Bezugspunkte für Verknüpfungen, Referenzen und Unterscheidungen aktivieren zu können. Diese Bezugspunkte entstehen beim Lesen. »Die vielleicht beste Methode dürfte wohl darin bestehen, sich Notizen zu machen – nicht Exzerpte, sondern verdichtete Reformulierungen des Gelesenen. Die Wiederbeschreibung des bereits Beschriebenen führt fast automatisch zum

Trainieren einer Aufmerksamkeit für ›frames‹, für Schemata des Beobachtens oder auch für Bedingungen, die dazu führen, dass der Text bestimmte Beschreibungen und nicht andere anbietet. Dabei ist es sinnvoll, sich immer mitzuüberlegen: Was ist nicht gemeint, was ist ausgeschlossen, wenn etwas Bestimmtes behauptet wird? Wenn von ›Menschenrechten‹ die Rede ist: Von was unterscheidet der Autor seine Aussagen? Von Unmenschenrechten? Von Menschenpflichten?« (Luhmann 2000, S. 155).

2.4 | Den roten Faden finden: Material und Gedanken strukturieren

»Aber man wird nicht fehlgehen mit der Vermutung, daß auch im gesellschaftlichen Bereich und speziell auch im Bereich der wissenschaftlichen Forschung Ordnung nur aus Kombination von Ordnung und Unordnung entsteht.«

Niklas Luhmann 1992, S. 61

Das Strukturieren – der Weg vom mehr oder weniger geordneten Material zur Gliederung der Arbeit – lässt sich organisieren. Es braucht auch Muße und Vertrauen in den Arbeitsprozess. Strukturierungstechniken wie das Mind-Mapping können hilfreich sein, um den Überblick zu gewinnen; Feedback, Fokussierungsübungen und das Experimentieren mit Gliederungen können helfen, Aufbau und Reihenfolge der eigenen Überlegungen für die Arbeit festzulegen.

Das Wichtigste in Kürze

Über die endgültige ›Gestalt‹ Ihrer Arbeit, d.h. über die wichtigsten Textteile und über Aufbau und Gliederung, haben Sie natürlich immer wieder nachgedacht, seitdem Sie mit ihrer Planung begonnen haben. Nachdem Sie nun ausführlich recherchiert, Quellen oder Daten erhoben, gelesen, exzerpiert und auch schon geschrieben haben, steht die ›Gestaltschließung‹ der Arbeit an, d.h. es gilt darüber nachzudenken, wie Sie aus der Fülle des Gesammelten, Gelesenen, Gedachten und Geschriebenen heraus Ihre Arbeit aufbauen werden.
Sie müssen nun eine Struktur für Ihre Arbeit entwickeln, d.h. eine Ordnung, in der Sie Ihre Gedanken und Rechercheergebnisse auf nachvollziehbare Weise darstellen können.
In Ihrem Kopf und auf Ihrem Schreibtisch befinden sich Gedanken, Ideen, Themen, Material und Argumente noch nicht in einem geordneten Nacheinander. Sie haben keine lineare Struktur. Aber Texte müssen eine lineare und logisch nachvollziehbare Struktur haben, um verständlich zu sein. Vor dem und beim Formulieren Ihres Textes müssen Sie deshalb die Informationen, Gedanken und Argumente in eine lineare und logisch nachvollziehbare Reihenfolge bringen. In dieser Arbeitsphase geht es in erster Linie darum, mit dem vorhandenen Material

zu arbeiten und daraus eine gedankliche Ordnung zu konstruieren, die sich darstellen lässt.

Wissenschaftliche Texte sind keine E-Mails und auch keine Schulaufsätze, die relativ spontan ›in einem Rutsch‹ heruntergeschrieben werden können. Die Argumentationsstruktur einer wissenschaftlichen Arbeit ist in der Regel komplizierter. Sie muss in der Auseinandersetzung mit den verschiedenen Arten von Material (Gedanken, Quellen, Literatur etc.) geplant und durchkomponiert werden.

Das ist nicht immer einfach: Die wichtigen Verknüpfungen zwischen Aussagen und Erkenntnissen und Gedankenlinien müssen gefunden, Material muss bewertet, gruppiert, ein- und aussortiert werden, und es müssen dauernd Entscheidungen abgewogen und getroffen werden. In dieser Situation verliert man manchmal den Überblick, zentrale Ideen erscheinen plötzlich banal, es ist nicht mehr klar, was wichtig und was unwichtig ist.

Obwohl die Strukturierungsarbeit wichtig und schwierig ist, ist sie selten Thema in Seminaren oder Sprechstunden. Mit der Frage: »Wie komme ich von einem ungeordneten Gedankenwust zu einer Struktur und Ordnung, die mir das Weiterarbeiten und -schreiben ermöglicht?« sind Sie in der Regel allein.

Lassen Sie sich nicht entmutigen vom gedanklichen Chaos, in das Sie immer wieder geraten, wenn Sie sich intensiv mit einem Thema beschäftigen. Solange Sie wissen, was Sie tun können, um in die gedankliche Unordnung wieder Ordnung zu bringen, können Sie darauf vertrauen, einen Weg zur Gestalt Ihrer Arbeit zu finden.

Es ist notwendig und wichtig, sich immer wieder durcheinanderbringen zu lassen. Ja, das Hin und Her zwischen der kreativen Unordnung, die entsteht, wenn man Neues liest und Ideen hat, und den möglichen Ordnungen, in die man die Informationen, Gedanken und Exzerpte bringt, um wiederum auf neue Ideen zu kommen und anderen etwas mitzuteilen, gehört zum wissenschaftlichen Arbeiten dazu.

In diesem Kapitel finden Sie Anregungen und Techniken, die Sie an Ihren persönlichen Arbeitsprozess anpassen und beim Strukturieren nutzen können.

2.4.1 | Gute Rahmenbedingungen für das Strukturieren schaffen

»Von allen Schritten des Schreibprozesses ist das Strukturieren der individuellste und der komplexeste [...] Nach meinen Erfahrungen entsteht die Makrostruktur als Ergebnis eines kaum steuerbaren Prozesses der Informationsverarbeitung: Irgendwann macht es Klick und die vielen gewussten und angelesenen Einzelinformationen bündeln sich, scheinbar wie aus heiterem Himmel, zu Themenbereichen.«

Doris Märtin
1999, S. 66

Zwar lassen sich die »Klicks«, von denen Doris Märtin spricht, nicht unmittelbar steuern – es gibt keine Technik, die Geistesblitze garantiert – aber man kann, wie Hanspeter Ortner es nennt, »für einfallsfreundliche [...] Bedingungen sorgen« (Ortner 2002, S. 76). **Einfallsfreundliche Bedingungen schaffen**, das heißt vor allem:

- offen zu bleiben für die Anpassung der Struktur an die eigene Gedankenentwicklung,
- den Gedanken zwischendurch eine Chance zu geben, ›sich zu setzen‹, d.h. Pausen zu machen, um neue Distanz zu gewinnen,
- Techniken zu nutzen, um Material und Gedanken zu sortieren und mit Ordnungsentwürfen zu experimentieren.

→ Machen Sie Pausen! Ideen kommen häufig unerwartet, in Momenten der Entspannung.

Tipp

Wenn man nach einer Struktur für einen Text sucht, folgt auf die aktive Vorbereitung, in der man gesammeltes Material sortiert und bewertet hat, zumeist eine Art ›Inkubationsphase‹. In dieser Phase konsolidieren sich die Überlegungen, die man bisher angestellt hat, und es entstehen gedankliche Verknüpfungen, ohne dass man sich aktiv darum bemüht. Eventuell kommt Ihnen die zündende Idee dann morgens unter der Dusche, beim Fahrradfahren oder beim Einräumen der Geschirrspülmaschine.

Gönnen Sie sich deshalb in der Phase des Strukturierens von Material und Gedanken unbedingt auch Pausen und akzeptieren Sie, dass es beim Entwickeln einer funktionierenden Struktur für Ihre Arbeit Momente gibt, in denen Sie nur wenig tun können, um den kreativen Prozess voranzutreiben. Oft reicht schon ein kleiner Spaziergang zwischendurch, ein Nickerchen, eine Kaffeepause oder ein Gespräch mit einer Studienkollegin oder einem guten Freund, damit es weitergeht.

Ist die zündende Idee einmal da, sollten Sie sie zügig umsetzen. In der Ausarbeitungsphase gilt es, die Struktur Ihrer Arbeit festzulegen, die Argumente und das Material in die entsprechende Reihenfolge zu bringen und mit dem Schreiben der Rohfassung zu beginnen.

Tipp

> → Bringen Sie in Erfahrung, welche Formen der Strukturierung andere für sich gefunden haben, und lassen Sie sich davon anregen.

Tauschen Sie sich mit anderen Studierenden über deren Vorgehensweisen aus. Sie können auch Lehrende befragen oder sich anschauen, wie professionelle Schreiber das machen. Hier ein Beispiel:

Beispiel

Strukturieren à la Umberto Eco
»Ich habe sehr viele verschiedene Notizbücher, Zettel, Dokumente. Mein Problem ist, dass das Material in verschiedener Form da sein muss. Ich habe ein optisches Gedächtnis. Die Notizen müssen sich [...] voneinander unterscheiden. Ich erinnere mich, was in dem kleinen grünen und was in dem großen roten Heft stand. Ganz früher habe ich meinen Notizen sogar eigene Namen gegeben.«
(Interview mit Cosmopolitan, zitiert in Ortner 2000, S. 332)

Andere verteilen ihre Kopien und Materialien auf verschiedenen Stapeln, auf denen sie mit Zetteln Ordnungskategorien anbringen. Wieder andere schreiben beim Sortieren Stichwörter auf kleine Karteikarten und experimentieren dann mit Karteikartenstapeln und -ketten. Wenn Sie mit anderen sprechen, werden Sie eventuell von weiteren Strategien erfahren, die Sie beim Schreiben Ihrer nächsten Arbeit selbst ausprobieren können.

Tipp

> → Die Gliederung ist ein Arbeitsinstrument, um die Richtung Ihrer Arbeit vorläufig festzulegen. Ändern Sie sie bei Bedarf.

Das Strukturieren soll zum Schreiben führen. Und gleichzeitig wird die Struktur einer Arbeit beim Planen, Recherchieren, Ordnen und Schreiben sukzessive entwickelt. Bei den Gliederungsentwürfen, die Sie auf dem Weg zur endgültigen Fassung der Arbeit produzieren, geht es darum, eine Zielrichtung zu entwickeln. Im Lauf der Arbeit gilt es dann, die ›Route‹ dynamisch der eigenen Gedankenentwicklung anzupassen. Wenn Sie an einem bestimmten Punkt gedanklich festhängen, kann es deshalb sinnvoll sein, Distanz zu gewinnen oder eine andere Perspektive einzunehmen, um herauszufinden, inwiefern Sie Ihre Route an die Erfordernisse Ihres Denkens anpassen können.

»A plan has to be detailed enough to test, but cheap enough to throw it away«, sagt Linda Flower (1989, S. 85) und erinnert damit daran, dass eine Gliederung keine heilige Kuh ist – auch wenn es einem als Autor bisweilen so scheint –, sondern eine Arbeitsgrundlage, die bei Bedarf verändert werden kann.

2.4.2 | Strukturierungstechniken und -strategien

In diesem Abschnitt stellen wir einige Strukturierungstechniken und -strategien vor, die zu unterschiedlichen Zeitpunkten und mit unterschiedlichen Zielen eingesetzt werden können.

Strukturierungstechniken im Überblick		
Ziel(e)	Zeitpunkt im Schreibprozess	Strukturierungstechnik
Übersicht über Material gewinnen; Material analysieren	nach dem Erheben, Exzerpieren, Denken; vor dem Schreiben der Rohfassung	Sortieren und Stapeln Gliederungen entwerfen
Wissenselemente zueinander in Beziehung setzen; übergeordnete Kategorien finden; Gliederungs-Muster erkennen	vor dem Schreiben der Rohfassung zum Erstellen einer Gliederung	Visualisieren (z.B. Mind-Mapping)
Sinn klären; Gedanken sortieren	in allen Phasen des Schreibprozesses	Feedback; Zusammenfassende Kurztexte schreiben

Sortieren und Stapeln

Wenn Sie Dozent/innen oder Kommiliton/innen fragen, wie sie strukturieren, werden sie Sie vielleicht zunächst etwas verdutzt ansehen, dann aber zu einer ausführlichen Beschreibung ansetzen. Sie werden erfahren, wie der oder die Gefragte die Unterlagen präpariert, in bunte Aktendeckel steckt und das Arbeitszimmer kurzfristig in ein Labyrinth verwandelt. Hören Sie genau zu, denn es geht hier um eine grundlegende und enorm effektive Arbeitstechnik: das Sortieren und Stapeln.

Hilfsmittel beim Sortieren und Stapeln:

- Leuchtstifte und Post-it-Haftzettel zum Markieren der Unterlagen,
- bunte Aktendeckel (mit Hilfe der Farben kann man die Unterlagen nach Priorität sortieren, z.B. so: Alle Unterlagen in der grünen Mappe müssen unbedingt im Text verarbeitet werden, über das, was in der gelben Mappe liegt, muss noch eine Entscheidung getroffen werden, und in der roten Mappe lagern die Materialien, denen Sie sich zuwenden, falls noch viel Zeit ist, die aber zunächst nicht so wichtig erscheinen). Stellt sich im Lauf der Arbeit heraus, dass ein Exzerpt, Interview, Zeitungsartikel o.Ä. in eine andere Kategorie gehört, können Sie jederzeit umsortieren (vgl. Märtin 2003).

Visualisieren (Mind-Mapping und Strukturen kleben)

Die Visualisierung von Strukturierungsideen **unterstützt den Denkprozess durch grafische Darstellung** der Gedanken. Wir empfehlen z.B. das Mind-Mapping (vgl. Kap. 3.2.1) als Strukturierungstechnik, weil in Mind-Maps Wissenselemente gruppiert und als ein Netzwerk von miteinander in Verbindung stehenden Informationen dargestellt werden können. Die grafische Aufbereitung der Wissenselemente hilft dabei, Entscheidungen zu treffen und Oberbegriffe zu finden. Manchmal werden Zusammenhänge und Muster sichtbar, an die man vorher nicht gedacht hat, und manchmal werden gedankliche Lücken deutlich, die ausgefüllt werden müssen. Beim Entwickeln einer Mind-Map wird meist auch deutlich, dass es Aspekte gibt, die zwar interessant sind, die aber den Rahmen der geplanten Arbeit sprengen würden. Mind-Maps sind für Erweiterungen und Veränderungen offen und können immer wieder an die gedankliche Entwicklung angepasst werden. Eine andere Visualisierungsvariante ist das Strukturieren mit Klebezettelchen.

Strukturieren mit Klebezettelchen

Für eine weitere Technik, die Sie nutzen können, um die Struktur Ihrer Gedanken zu visualisieren und dabei weiterzuentwickeln, brauchen Sie kleine Klebe-Zettelchen und ein großes Blatt Papier (Din-A3). Sie beginnen, indem Sie die Begriffe, die Sie in eine Ordnung bringen möchten, auf Klebe-Zettelchen schreiben. Machen Sie ein ausgiebiges Brainstorming und sammeln Sie alles, was Ihnen einfällt. In einem zweiten Schritt kleben Sie die Zettelchen auf dem großen Papier in eine Ordnung. Gehen Sie dabei z.B. vom Allgemeinen zum Besonderen. Überlegen Sie, wie Sie die Struktur in eine Gliederung überführen können. Wenn Sie können, sprechen Sie Ihre Strukturierungsidee mit jemandem durch, dessen Feedback hilfreich für Sie ist.

Strukturieren durch das Einholen von Feedback auf Texte, Skizzen, Gliederungen

Sich mit anderen auszutauschen ist in allen Phasen des Schreibprozesses hilfreich. Beim Strukturieren kann die **Rückmeldung von Freunden und Bekannten** dabei unterstützen,

- das Schreibziel und den Fokus des Textes zu benennen,
- eine für Leser/innen nachvollziehbare Ordnung zu entwerfen (Gliederung).

Oft reicht es aus, einfach zu erzählen, was einem gerade auf dem Herzen liegt. Das allein hat schon eine strukturierende Wirkung. Oder Sie zeigen Ihrem Gesprächspartner einen ersten Gliederungsentwurf und erzählen, was in den jeweiligen Abschnitten passieren soll. Oftmals muss Ihr Feedbackpartner gar nicht viel sagen. Allein die Aufmerksamkeit Ihres Zuhörers wird Sie dabei unterstützen herauszufinden, wo es noch Brüche und Unklarheiten gibt.

Darüber hinaus kann Feedback sehr vielfältig gestaltet werden. Entscheidend ist, welchen Feedbackwunsch Sie an Ihren Partner/Ihre Partnerin richten. Wir stellen Ihnen zwei Möglichkeiten vor, Ihr Feedback mit Hilfe von Fragen zu strukturieren:

Feedback gestalten

1. Interessante Punkte aufzeigen: Es ist nicht immer einfach, aus der Fülle von Material, das sich in einem Textentwurf angesammelt hat, auszuwählen und eine für Leser/innen nachvollziehbare Ordnung für den Text zu finden. Häufig genug versinkt man geradezu im Material, in Inhalten, Aspekten und Seitengedanken und verliert das Gefühl dafür, was für andere interessant und spannend ist. Pat Belanoff und Peter Elbow (1999, S. 511) empfehlen, sich in solchen Situationen ein Feedback zu organisieren, das darauf zielt, aus Ihrem Text oder Ihrem Material besonders interessante Punkte oder Passagen herauszufiltern.

Stellen Sie Ihrem/Ihrer Feedbackpartner/in das Material- oder Textstück vor, um das es geht, und fragen Sie ihn/sie:

- Welche Themen, Absätze, Passagen, Überlegungen etc. fallen Dir auf? Was klingt besonders interessant?
- Welche Themen, Absätze, Passagen, Überlegungen etc. scheinen von besonderer Bedeutung zu sein? Wo wurde Deine Aufmerksamkeit besonders geweckt? Was sollte ich noch weiter ausbauen, entwickeln, stark machen?

Bei dieser Form von Feedback ist es wichtig, dass Sie Ihrem Partner/ Ihrer Partnerin die Gelegenheit geben, spontane Eindrücke zu formulieren. Versuchen Sie nicht, ihn oder sie zu überzeugen –lesen Sie Passagen aus Ihrem Text vor (oder lassen Sie lesen) und warten Sie die spontanen Reaktionen ab. So bekommen Sie ein erstes Gefühl dafür, wie Leser/innen auf Ihre Ideen oder Ihren Text reagieren könnten.

2. Zusammenfassen: Eine weitere Möglichkeit, sich beim Strukturieren Rückmeldung zu holen, besteht darin, den Partner oder die Partnerin um eine Zusammenfassung oder eine Rückfrage zu bitten (vgl. Belanoff/Elbow 1999, S. 512). Ihre Feedbackaufforderungen könnten entsprechend folgendermaßen lauten:

- Fass doch bitte zusammen, was Du gelesen und verstanden hast. Was ist Deiner Meinung nach das Wichtigste und was ist das Zweitwichtigste?
- Wie könnte die Überschrift meiner Arbeit lauten – in einem Satz und in einem Wort? Wie lautet sie in meinen Worten und wie lautet sie in Deinen eigenen Worten?
- Wie würdest Du das, worum es in meinem Text geht, in Deinen eigenen Worten ausdrücken? Könntest Du Deinen Eindruck als Frage an mich formulieren, so dass ich wiederum dazu gezwungen bin, nochmals zu sagen, worum es mir geht?

Den zentralen Punkt in den Blick nehmen: Fokussieren

Fokussieren, d.h. den zentralen Punkt seiner Arbeit in den Blick nehmen, ist eine gute Strategie, um seine Gedanken und sein Material zu ordnen. Denn wenn klar ist, was das Wichtigste ist, fällt es leichter zu entscheiden, was in welcher Ordnung verwendet, gesagt, gezeigt werden muss, um es herauszuarbeiten.

Ein Student berichtete uns, dass sein Betreuer zur Orientierung in seinem Thema folgenden Rat gegeben hatte: »Egal wann Sie nachts aufwachen – Sie müssen binnen Sekunden in der Lage sein, Ihre Abschlussarbeit in einem Satz zu erklären.«

Dieser Hinweis ermuntert dazu, das Fokussieren der eigenen Arbeit als Dreh- und Angelpunkt aller Strukturierung zu betreiben. Gerade bei umfangreichen Arbeiten ist ein klarer Fokus nötig, um bei der Arbeit am Material nicht den Überblick zu verlieren.

Spätestens wenn man mit dem Schreiben beginnen und eine Gliederung entwerfen will, ist es unerlässlich, sich Sinn, Inhalt und Kernaussage des geplanten Textes zu vergegenwärtigen.

Wir empfehlen Methoden, die es erlauben, mit Distanz auf den eigenen Text zu blicken und ihn einem erdachten Adressaten zu erklären. Dadurch üben Sie sich darin, Ihr Thema so aufzubereiten, dass für andere nachvollziehbar wird, worum es Ihnen geht und worauf Sie hinauswollen.

Mit den folgenden Übungen nutzen Sie einen natürlichen Effekt, der sich ergibt, wenn man anderen etwas erklärt, zur Fokussierung: Um sich verständlich zu machen, bemüht man sich, auf den Punkt zu kommen.

Übung

LOGO

Sie sind eingeladen, Ihr Arbeitsvorhaben in der Kinder-Nachrichtensendung LOGO vorzustellen. Schreiben Sie auf ein bis zwei Seiten auf, worum es in Ihrer Arbeit gehen soll – und zwar so einfach das irgend möglich ist und so weit Ihnen bisher klar ist, worauf Sie hinauswollen. Lassen Sie sich dabei von folgenden Fragen leiten:

- Worum geht es in meiner Arbeit?
- Warum finde ich das spannend und wichtig?
- Welche Frage liegt mir dabei besonders am Herzen?

Stellen Sie sich beim Schreiben als Adressat/innen 8- bis 12-jährige Zuschauer/innen vor.

Übung

Marsmenschen

Beschreiben Sie Ihre Arbeit für Lebewesen, die gar keine Ahnung von unserer Welt haben. So müssen Sie alle stillen Voraussetzungen Ihrer Arbeit explizieren (Kruse 2005, S. 222).

Klappentext
Stellen Sie sich vor, Ihre Arbeit wird als Buch erscheinen. Schreiben Sie den Klappentext, der in ca. 20 Zeilen zum Kauf des Buches motivieren soll. So müssen Sie den positiven Kern Ihrer Arbeit herauskehren (Kruse 2005, S. 223).

Gliederung(en) entwerfen

Wie anfangs schon erwähnt, empfehlen wir, nicht bei der ersten Gliederung zu bleiben, sondern mit Gliederungen zu arbeiten, um im Lauf des Arbeitsprozesses den Aufbau der Arbeit immer weiter zu klären. Die Grundfrage lautet hier: In welcher Reihenfolge würde ich meine Gedanken beim jetzigen Stand meiner Erkenntnisse und meines Denkens darstellen?

Mind-Maps, in denen die Haupt- und Unterthemen, Aspekte und Zusammenhänge eines Themas geordnet werden können, sind ein gutes Medium, um Gliederungsstrukturen zu erproben. Eine Mind-Map (vgl. Kap 3.2.1) kann leicht in eine lineare Gliederung überführt werden.

Die endgültige Gestalt der Arbeit entwickelt sich erst im Lauf der Arbeit am Thema. Eine Gliederung zu erstellen heißt Entscheidungen zu treffen, die aber bei Bedarf wieder revidiert werden können und sollen. Das folgende Beispiel verdeutlicht diesen Prozess:

Die Gliederung mit der Klärung des Themas weiterentwickeln
Die Geschichtsstudentin Anne schreibt im ersten Semester eine Seminararbeit über »Die Rolle des Gastmahls für den Machterhalt der Nobilität in der römischen Republik«.

Als Grundlage ihrer Arbeit benutzt sie Briefe des Philosophen Cicero (in denen er sich über das Gastmahl äußert) und zwei neuere Veröffentlichungen über das Gastmahl in der römischen Republik. Für den Hauptteil der Arbeit hat sie sich zunächst folgende Gliederung überlegt: Ein Kapitel über Ciceros Äußerungen zum Gastmahl und dann ein weiteres, in dem sie darstellen will, was die neuere geschichtswissenschaftliche Literatur über das Gastmahl sagt.

Nachdem sie alle Texte ausgewertet und exzerpiert hat, denkt sie noch einmal über die Gliederung nach. Ihr wird deutlich, dass sie sowohl in den beiden neueren Veröffentlichungen als auch in den beiden Cicero-Briefen Informationen und Hinweise zu verschiedenen Funktionen des Gastmahls gefunden hat.

Sie entscheidet sich für eine neue Gliederung ihrer Arbeit:
Nach der Einleitung wird sie nacheinander drei Kapitel über die drei

verschiedenen Funktionen des Gastmahls in der römischen Republik schreiben, die sie beim Lesen identifiziert hat. In allen drei Kapiteln wird sie sich auf die geschichtswissenschaftlichen Bücher beziehen, die sie gelesen hat, und Textstellen aus den Cicero-Briefen als Belegmaterial nutzen.

Bei der Arbeit an Ihrem Gliederungsentwurf sollten Sie Folgendes beachten: Vergegenwärtigen Sie sich Thema und Schreibziel Ihres Textes. Worum geht es, was soll geklärt und angesprochen werden?

Mit Hilfe der Gliederung entwickeln Sie den **roten Faden**, der Ihre Leser/innen später leiten wird. Um schon frühzeitig sicherzugehen, dass dieser Faden auch hält, empfehlen wir die **Gliederung in vollständigen Sätzen** zu formulieren. Dann sind Sie gezwungen zu schildern, was Sie in Ihrer Arbeit an welchen Stellen tun und sagen wollen. Brüche und Unklarheiten werden auf diese Weise viel eher deutlich; etwas dass Sie eine bestimmte Information *zuerst* geben müssen und nicht wie vorher gedacht am Schluss des Textes, damit Ihr Hauptargument im Mittelteil verständlich wird. Klärungsbedarf wird erkennbar. Stellen Sie sich vor, Sie wollen eine richtig gute Geschichte erzählen, und überlegen Sie, was nötig ist, damit diese Geschichte rund und nachvollziehbar wird.

Die Gliederung ist nicht das »Inhaltsverzeichnis« Ihrer Arbeit, sie ist ein Arbeitsmittel auf dem Weg zum Text. Sie wird sich auch während des Schreibens der Rohfassung vermutlich noch viele Male ändern.

Standardisierte Gliederungsmuster sollten Sie möglichst nicht unreflektiert verwenden. Diese haben vor allem in den experimentellen Naturwissenschaften einen guten Sinn, weil sie dabei unterstützen, die nötigen Textteile in geordneter Reihenfolge zu schreiben: Problemaufriss, Forschungsstand, Experimentaufbau/Methoden, Ergebnisse, Diskussion. In den Geistes- und Sozialwissenschaften gibt es jedoch vielfältigere und individuellere Möglichkeiten, eine Arbeit zu gliedern. Sie sollten Standardgliederungen deshalb höchstens als Anregung für die Entwicklung einer eigenen, vielleicht ganz anders gearteten Gliederung nutzen. Das Wichtigste ist: Die Gliederung Ihrer Arbeit sollte dem Inhalt Ihrer Arbeit entsprechen. Ihre Aufgabe ist es, zu überlegen, wie Sie Ihr Thema auf eine für Leser/innen nachvollziehbare Weise darstellen können.

Für die rhetorischen Gliederungsmuster gilt das Gleiche: Lassen Sie sich durch diese Muster inspirieren. Vergessen Sie dabei aber nicht, dass es nicht darum geht, Ihre Arbeit in ein gedankliches Korsett zu zwängen, sondern darum, eine für Ihr Thema angemessene Struktur zu entwickeln.

Rhetorische Gliederungsmuster (nach Kruse 2007, S. 152–155):

- Chronologische Gliederung: Strukturierung des Materials nach einer zeitlichen Abfolge.

- Vom Allgemeinen zum Besonderen: Von der Ernährung über das Obst zur Erdbeere und ihren Eigenschaften. Vor dieser Gliederungsform warnt Kruse, weil Sie damit auf Umwegen zum eigentlichen Thema (dem Besonderen) kommen und in Gefahr geraten, sich auf der Ebene des Allgemeinen zu verzetteln.
- Diskursive Gliederungsstruktur: Den Äußerungen in einer Debatte, den Argumenten in einem Argumentationsgang folgend.
- Reihung als Gliederung: Aufzählung, z.B. von Eigenschaften, Auswirkungen, Aspekten.
- Hierarchische Gliederungen: Hauptaspekt, Unteraspekte etc.
- Anekdotische Gliederungen: An einer narrativen Struktur (Erzählstruktur) entlang.

Experimentieren Sie mit diesen oder anderen Gliederungsmustern, um Ihr Thema einmal in der einen oder anderen Logik darzustellen. Das macht das Denken flexibel und befreit von festgefahrenen Perspektiven auf das eigene Thema.

2.5 | Die Rohfassung schreiben

In diesem Kapitel geht es um die Formulierungsarbeit beim Schreiben der Rohfassung. Genauer: Es geht um das Niederschreiben von ersten Versionen der einzelnen Teile Ihrer Studienarbeit. Wir möchten Sie dazu anregen, Ihr Bild von dieser Tätigkeit ein wenig zu schärfen, und wir geben Ihnen Tipps, wie Sie vorgehen können, um Ihre Gedanken zu Papier zu bringen.

Das Wichtigste in Kürze

Für jeden fertigen Text gab es einmal eine Rohfassung; kein guter Text, der nicht mehrmals überarbeitet oder gar neu geschrieben wurde. »Der erste Text dient der ›Entdeckung‹ und nicht der ›Darstellung‹« (Becker 1993, S. 81). Deshalb ist es wichtig, beim Schreiben der Rohfassung nicht zu versuchen, auf Anhieb perfekt zu formulieren, sondern den in der Gliederung entwickelten Schreibplan erst einmal so umzusetzen, wie er sich zum Zeitpunkt der ersten Niederschrift umsetzen lässt.

Nicht perfektionistisch sein

2.5.1 | Formulieren heißt gedankliche Arbeit leisten

Die Formulierungsarbeit besteht bei den meisten Menschen nicht einfach in der ›Abschrift‹ von im Kopf fertig produzierten Gedanken und Sätzen. Formulieren bedeutet für die meisten Autor/innen intensive gedankliche Arbeit, denn: Viele Gedanken manifestieren sich erst bei der Niederschrift. Und Gedanken, die im Kopf klar schienen, können beim Hinschreiben brüchig werden.

55

Bei routinierten Schreiber/innen vollzieht sich das komplexe Geschehen der Formulierungsarbeit wie das Autofahren bei geübten Fahrern. So wie ein routinierter Autofahrer gar nicht mehr bewusst wahrnimmt, dass er kuppelt, schaltet, Gas gibt, bremst, blinkt und lenkt, während er fährt, beachtet auch ein routinierter Schreiber, wenn er einen Gedanken formuliert, gar nicht, was er im Einzelnen alles tut.

Auch wenn das beim Schreiben nicht immer bewusst wird: Das Formulieren ist eine Arbeit, bei der mehrere komplexe Dinge gleichzeitig getan werden:

- Auftrag/Absicht aktualisieren
- Ideen haben
- Gedanken klären
- Gedanken ordnen
- logische Zusammenhänge herstellen und prüfen
- Wörter suchen
- Formulierungen verwerfen
- Entscheidungen treffen
- Sätze bilden
- sich trauen, die Gedanken hinzuschreiben.

Wenn es gut läuft, werden diese einzelnen Tätigkeiten und die Entscheidungen, die dahinterstehen, gar nicht sichtbar. Man schreibt einfach.

Wenn es hakt, liegt das meist daran, dass irgendeine Einzelaktivität aus dem ›Tätigkeitsbündel‹ nicht vollzogen werden kann: Ein Argument ist nicht klar, oder der/die Autor/in traut sich nicht, es aufzuschreiben; es ist noch nicht klar, wie einzelne Gedankenschritte aufeinander aufbauen; es fehlen Wörter usw. Hier können Gespräche, Skizzen, graphische Kritzeleien helfen, Zusammenhänge zu klären.

Nicht zu viel auf einmal

Dass jemand nicht ins Formulieren kommt, kann aber auch daran liegen, dass er/sie zu viel auf einmal will. Eine Überlegung zum ersten Mal hinschreiben **und** sie ganz und gar angemessen formulieren **und** sich dabei gut fühlen **und** alle möglichen unterschiedlichen Adressat/innen gleichzeitig ansprechen … das ist eindeutig zu viel. Deshalb möchten wir hervorheben:

Tipp

> → Die erste Version, Skizze oder Rohfassung eines Textes darf lückenhaft sein, doof klingen, Sie dürfen darin übertreiben, sie darf holprig und inkonsistent sein. Sie dürfen sich beim Schreiben auch schrecklich fühlen. Wichtig ist nur eins: **Sie bekommen Ihre Gedanken aufs Papier**.
>
> Wenn Sie sie erst einmal niedergeschrieben haben, haben Sie Material für die Weiterarbeit. Sie können Ihren Text überarbeiten – oder neu schreiben.

Bei einer Haus- bzw. Seminararbeit ist es grundsätzlich nicht mehr möglich, die ganze Arbeit in einem Zug herunterzuschreiben, wie das beim Aufsatz- und Klausurenschreiben in der Schule noch ging. Die Formulierungsarbeit muss hier in einen komplexen Arbeitsprozess eingebettet werden (Ortner 2006, S. 94). Sie muss durch gedankliche Entwicklungs-, Planungs- und Konzeptionsarbeit vorbereitet werden und wird immer wieder durch planende und strukturierende Tätigkeiten unterbrochen.

Schreiben mit ›Flow‹, also Momente, in denen man mit roten Wangen am Rechner sitzt und einen Satz nach dem anderen in die Tasten hämmert, sind beim Verfassen von Hausarbeiten aber durchaus möglich. Wenn Planung, Konzeption und Strukturierung stimmen, wenn Sie sich kleine gedankliche Einheiten zurechtgelegt haben – Unterkapitel oder einzelne Sinnabschnitte –, und wenn Sie es schaffen, den zensierenden Blick für die Dauer der Niederschrift zu suspendieren, dann kann es gelingen, einen Gedanken zu verfolgen und auszuführen, eine Verknüpfung in Worte zu fassen, ein Stück ›roten Faden‹ zu entwickeln und flüssig herunterzuformulieren.

Schreiben mit ›Flow‹

> → Fangen Sie bei der Niederschrift nicht ›am Anfang‹, d.h. mit der Einleitung an. Formulieren Sie zuerst die zentralen Teile des Textes. Wenn Sie den Hauptteil Ihrer Arbeit geschrieben haben, wissen Sie genauer, was in den einleitenden Teilen gesagt werden muss, damit die Ergebnisse im Hauptteil für Leser/innen verständlich werden.

Tipp

Die Formulierungsarbeit vorbereiten

Die folgenden Tipps stammen aus dem Buch *Schreiben ohne Reibungsverlust* von Daniel Perrin (1999). In einem einfachen Modell zeigt Perrin, welche Haltungen ein/e Schreibende/r nacheinander und abwechselnd einnehmen kann, um in einen guten Schreib-»Rhythmus« zu kommen. Dieser Ablauf funktioniert für überschaubare Sinneinheiten, für Text-Abschnitte oder Kurztexte.

Der Wechsel von assoziativer und rationaler Haltung bei der Formulierungsarbeit (nach Perrin 1999, S. 10/11)

- Fokussieren: Worauf will ich hinaus? (assoziative Haltung)
- Aufbau planen: Was sage ich in welcher Reihenfolge? (rationale Haltung)
- Sich vom Schreibfluss vorwärtsziehen lassen: Was fällt mir beim Schreiben ein? (assoziative Haltung)
- Text überdenken: Wie kann ich den Text überarbeiten? (rationale Haltung)

Perrin rät dazu, die Rahmenbedingungen für die Formulierungsarbeit sorgsam zu gestalten. Seine Tipps (vgl. Perrin 1999, S. 15, 21, 33):

Tipp

→ Gestaltung der Rahmenbedingungen für die Formulierungsarbeit
- Materialien im Raum anordnen: Exzerpte, Notizen, Stichwörter
für den zu schreibenden Textteil im Raum oder auf dem Schreibtisch so anordnen, dass Sie sich bei der Formulierungsarbeit
räumlich daran orientieren können.
- Den Schreib-Ort so wählen, dass er die Produktivität begünstigt:
An verschiedenen Orten formulieren Sie unterschiedlich. Orts-
wechsel können einen Perspektivwechsel ermöglichen.
- »Sprache tanken«: Lesen Sie vor dem Formulieren Texte von
anregender sprachlicher Qualität. Die gute flüssige Sprache klingt
in Ihnen nach und unterstützt Ihre eigene Formulierungsarbeit.

Nehmen Sie sich **keine zu großen Sinneinheiten vor**, wenn Sie mit dem
Formulieren beginnen. Vergegenwärtigen Sie sich, was Sie eigentlich
schreiben möchten, z.B. indem Sie in einigen Stichworten Aussagen und
Argumente skizzieren. Wie gesagt: Es sollten nicht zu viele sein, sonst
droht ein ›kognitiver Overload‹, und den kann man beim Formulieren
nicht gebrauchen.

Übung

Kleine Fokussierungsübungen zum Einstieg
(nach Perrin 1999, S. 45ff.):
- Die Hauptaussagen des geplanten Textstückes an den Fingern
einer Hand abzählen (erstens ..., zweitens ... usw.).
- Jemandem, der sofort weg muss (z.B. den Bus erreichen), den/die
Hauptgedanken der geplanten Textpassage schnell erzählen.

Versuchen Sie, Ihre Gedanken so einfach wie möglich zu formulieren.
Feilen Sie während des Schreibens nicht an Formulierungen, sondern
versuchen Sie, Ihre Gedanken auszudrücken. ›Falsche‹ oder fehlende
Wörter können in einem späteren Arbeitsgang ersetzt und hinzugefügt
werden. Ungelenke Sätze sind zunächst besser als gar keine Sätze. Verbessern kann man sie später.

In einigen Disziplinen, z.B. im Fach Geschichte, sind Studierende
mit einem hohen ästhetischen Stilideal konfrontiert. Für sie ist es er-
fahrungsgemäß besonders schwierig, Rohfassungen zu schreiben, in
denen sie zunächst ›schlecht‹ formulieren. Der Anspruch, ›gut‹ zu formulieren, führt aber zu unnötigen Hemmungen.

Hier sind ein paar Tipps, wie Sie sich über Formulierungshem-
mungen hinweghelfen können, denn: Das Wichtigste ist, dass Sie Ihre
Gedanken zunächst ›irgendwie‹ zu Papier bringen. Der eigentliche Text
Ihrer Arbeit entsteht erst bei der Überarbeitung (vgl. Kap 2.6).

→ Hemmschwellen beim Formulieren überwinden
Schreiben Sie in Fetzen: Lassen Sie ruhig Verben weg. Auch so kommen Ihre Gedanken erstmal irgendwie zu Papier. Aus den Fetzen können Sie später Sätze machen. Sie könnten z.B. so beginnen: »Konflikt Florenz Mailand. Da Kunstwerke wichtiges Mittel symb. Auseinandersetzung. Davidskulptur Polemik gegen Venezianisches Herrscherhaus? Helmverzierung Goliath. Details.«
Erklären Sie einem Freund bzw. einer Freundin in einer E-Mail, was Sie schreiben wollen: Gerade bei komplexeren Gedanken kann es hilfreich sein, sie zunächst einmal zu erzählen, um sie in die lineare Form des Textes zu bringen. Ein konkreter Adressat kann hilfreich sein, die Gedanken in die richtige Reihenfolge und Proportion zu fassen, z.B. so: »Weißt Du, ich will irgendwie zeigen, dass die Davidskulptur von Donatello möglicherweise eine Rolle in der Auseinandersetzung zwischen Florenz und Mailand gespielt hat. Ich bin nicht sicher, dass das stimmt. Aber Auftraggeber dieser Skulptur war xy, und der Kunsthistoriker yz sagt, dass der Helmschmuck des Goliathhaupts Symbole aufweist, die für das Mailänder Herrscherhaus stehen.«
Schreiben Sie sich selbst einen detaillierten inhaltlichen Plan des Textstücks, das Sie schreiben wollen: So erproben Sie erst einmal, was Sie später sagen wollen und kommen Ihrem Text auf jeden Fall näher, z.B. so: »Zuerst muss ich sagen, dass zur Zeit von Donatello zwischen Florenz und Mailand ein Dauerkonflikt herrschte. Dann muss ich sagen, wer der Auftraggeber der Davidskulptur gewesen ist und dann muss ich zeigen, was xy über den Helmschmuck des Goliathhauptes geschrieben hat.«

In dem Beispiel wird deutlich, dass in Studienarbeiten immer wieder Formulierungen für komplizierte Sachverhalte und Zusammenhänge gefunden werden müssen. Voraussetzungen müssen erklärt, Thesen aufgestellt, berechtigte Zweifel geäußert, Vermutungen als solche sichtbar gemacht werden etc.

Wenn Sie nachlesen möchten, wie Sie an der Genauigkeit Ihrer Formulierungen arbeiten können, empfehlen wir Ihnen Karl-Heinz Götterts *Kleine Schreibschule für Studierende* (1999) und Eckhardt Meyer-Krentlers *Arbeitstechniken Literaturwissenschaft* (1997) und Helga Esselborn-Krumbiegels Buch *Richtig wissenschaftlich schreiben* (2010).

2.5.2 | Über Gelesenes schreiben – die Literatur in Ihrem Text

Warum muss man in einer Studienarbeit auf Gelesenes verweisen, referieren und zitieren, was andere gesagt haben? Ganz einfach: Weil man beim Schreiben einer wissenschaftlichen Arbeit an das anknüpft, was

59

andere Wissenschaftler/innen zum Thema herausgefunden haben. Der aktuelle Stand des Wissens und der Diskussion muss aufgegriffen werden, damit der neue Text seine Rolle als Beitrag zur Wissenschaftskommunikation wahrnehmen kann.

Der Dreh- und Angelpunkt dafür, zu wissen, wie man die gelesene Literatur verarbeiten wird, ist die Klärung der inhaltlichen Ziele, die man in seiner Arbeit verfolgt (vgl. Kap. 2.2). Wenn Sie wissen, worauf Sie mit Ihrer Arbeit hinauswollen, ist es leichter zu klären, welche Literatur Sie wie verarbeiten sollten. **Den roten Faden erzeugen Sie durch Ihre Argumentation**. Referierte und zitierte Texte anderer können den roten Faden Ihrer Arbeit nicht ersetzen.

Wissenschaftliche Texte sind also kein Patchwork aus Texten, die man gelesen hat, sondern es geht darum, Veröffentlichungen von anderen zu nutzen, um selbstständig ein Thema unter einer bestimmten Frage zu bearbeiten und die Veröffentlichungen von anderen in der eigenen Argumentation zu berücksichtigen. Dabei muss immer deutlich sein, wer was gesagt hat. Mit welcher Art von Formulierungen man auf Veröffentlichungen anderer Autor/innen Bezug nehmen kann, können Sie sehr einfach und gut in einem englischen Buch mit dem Titel *They Say/I Say* nachlesen (Graff/Birkenstein 2010). Wenn Sie Zweifel haben, ob und warum Sie sich an dieser oder jener Stelle Ihrer Arbeit auf wissenschaftliche Literatur beziehen sollen, können Sie sich anhand der folgenden Übersicht orientieren:

Man nimmt auf andere Texte Bezug, um

- **deutlich zu machen, was andere bereits zum Thema gesagt haben.**
  Beispiel 1: »Schmidt (1997) ist der Meinung, dass …«
  Beispiel 2: »In der Literatur werden Diskussionsforen folgende Eigenschaften zugeschrieben (vgl. dazu Meier 1966, Erhardt 1977, Richter 1989 und Schmidt 1997).«
- **deutlich zu machen, in welcher Beziehung die eigenen Annahmen und Überlegungen zu den Arbeiten anderer stehen.**
  Beispiel: »In meiner Arbeit will ich die These von Lenke und Schmitz (1995, 119) aufgreifen, indem ich …«
- **die Argumentation zu stützen und zu entwickeln.**
  Beispiel 1: »Ich stütze mich im Folgenden auf die Definition von X (1974, 24), nach der …«
  Beispiel 2: »Zu ähnlichen Ergebnissen kommt Y (1994, 13).«
- **um den Untersuchungsgegenstand in den Text zu integrieren;** vor allem in den Geistes- und Sozialwissenschaften, um Auszüge aus Literatur, Interviews und Quellen zu analysieren und in die Argumentation einzubinden
- **um Aufmerksamkeit und Spannung zu erzeugen;** vor allem in geisteswissenschaftlichen Fächern werden Zitate genutzt, um einen geeigneten Textanfang oder -abschluss zu finden. Dieses Stilmittel darf allerdings nicht überstrapaziert werden (nach Jakobs 1998, 207–214).

Ob Sie Fußnoten oder das Autor-Jahr-System (wie in diesem Band) verwenden, hängt von den Konventionen in Ihrer Disziplin ab. Beachten Sie, dass die Konventionen sich in verschiedenen Fächern, manchmal sogar von Betreuer/in zu Betreuer/in, unterscheiden können.

→ **Verwendung von wörtlichen Zitaten**
Verwenden Sie wörtliche Zitate (auch direkte Zitate genannt), wenn Sie Textpassagen von anderen Autoren oder aus Quellen analysieren oder kommentieren wollen oder wenn Sie meinen, die Aussage in eigenen Worten nur unzureichend wiedergeben zu können.

Wenn Sie lange wörtliche Zitate vermeiden wollen, Ihnen jedoch bestimmte prägnante Formulierungen des Originals unverzichtbar erscheinen, können Sie anstatt ganzer Sätze auch Satzteile wörtlich zitieren und den Rest der Aussage in eigenen Worten referieren, soweit er für Ihren Gedanken wichtig ist.

Tipp

Die Literatur angemessen zu verarbeiten übt man im ganzen Studium und darüber hinaus. Hier finden Sie ein paar Daumenregeln, an die Sie sich halten können, wenn Sie Literatur im eigenen Text verarbeiten (nach Procter 2006):

- **Belegen Sie!** Sie müssen jedes Mal auf Urheber und Fundstellen verweisen, wenn Sie die Aussagen und Ideen anderer verwenden, egal ob Sie wörtlich zitieren oder das Gelesene in eigenen Worten wiedergeben.

- **Belegen Sie präzise!** Sie sollten auf den jeweiligen Autor verweisen, sobald in Ihrem Text ein fremder Gedanke zum ersten Mal auftaucht. Es genügt nicht, den Beleg erst an das Ende einer Passage zu stellen, in dem Sie einen fremden Gedanken referiert haben. Besonders genau können Sie verdeutlichen, dass ein Gedanke von jemand anderem stammt, wenn Sie den Autor nicht nur in Klammern angeben (»vgl. Müller 1998, S. 6«), sondern seinen Namen zusätzlich in Ihrem eigenen Text nennen (»Meyer hebt hervor ...«, »Müller behauptet ...«, »Schulze verweist auf ...«). Nach einem solchen Verweis, dem **Referieren**, können Sie Ihre eigenen Gedanken besonders gut zu denen des Autors/der Autorin ins Verhältnis setzen (»Wenn das zutrifft, dann ...«, »Hier könnte man fragen ...« u.Ä.). Um ein Gefühl für die Möglichkeiten des Verweisens beim Schreiben zu bekommen, ist es nützlich, beim Lesen wissenschaftlicher Artikel darauf zu achten, wie andere Autoren vorgehen.

- **Belegen Sie lieber zu viel als zu wenig!** Es gibt Dinge, die zum Allgemeinwissen gehören und nicht belegt werden müssen. Sie müssen z.B. nicht nachweisen, woher Sie die Information haben, dass der Zweite Weltkrieg 1945 endete. Welches Wissen jedoch in Ihrem Fach als allgemein bekannt gilt, ist Ihnen vielleicht nicht völlig klar, vor allem wenn Sie noch am Anfang des Studiums stehen. Deshalb ist es sicherer, zu viel zu belegen als zu wenig. Erfahrung und Wissen werden die Entscheidung, wo belegt werden muss und wo nicht, zunehmend leichter machen. Aber diese Entscheidung müssen Sie jedes Mal treffen; und manchmal fällt sie nicht leicht, selbst wenn Sie schon viel Übung mit dem wissenschaftlichen Schreiben haben.

■ Exzerpieren Sie sorgfältig! Führen Sie Buch über Ihre Lektüre und achten Sie in Ihren Exzerpten sorgfältig darauf, direkte Zitate als solche kenntlich zu machen, eigene Kommentare, Fragen, Bemerkungen (die Sie unbedingt mitnotieren sollten) vom Gelesenen abzusetzen und zu jeder Textstelle, die Sie notieren, **die genaue Fundstelle** (Autor, Titel, Jahr, Seitenzahl) aufzuschreiben.

■ Kopieren Sie niemals Passagen aus fremden Texten (auch Dokumenten aus dem Web) in Ihren Text! Schreiben Sie in Ihren eigenen Worten heraus, was für Ihre Arbeit wichtig ist (zentrale Formulierungen können Sie auch wörtlich herausschreiben, aber dann in Anführungszeichen). Wenn Sie Ihren eigenen Text schreiben, können Sie diese Lektüreauszüge nutzen. Wichtig ist dabei, dass Ihre eigenen Gedanken den roten Faden bestimmen und die **Lektüreergebnisse den Stellenwert von Gelesenem behalten** und nicht Ihre eigenen Gedanken ersetzen.

Was Sie auf jeden Fall belegen müssen

■ Zitate, Paraphrasen (Wiedergabe von Gelesenem in eigenen Worten) oder Zusammenfassungen von Gelesenem.

■ Fakten und Beweise, mit denen Sie Ihre Argumentation oder Interpretation untermauern.

■ Gedanken, Ideen oder Theorien anderer Autoren, egal ob Sie mit ihnen einverstanden sind oder nicht.

Sich im eigenen Text sinnvoll auf wissenschaftliche Literatur zu beziehen erfordert viel Übung. Die Schreibdidaktikerin Gudrun Perko schlägt die folgende Vorgehensweise vor, um sich darin zu üben, auf der Grundlage wissenschaftlicher Literatur eine Argumentation zu entwickeln.

Übung

Auf der Grundlage wissenschaftlicher Literatur eine Argumentation entwickeln (nach Perko 2004):

■ Exzerpte und (wenn vorhanden) auch die Originallektüre bereitlegen.
■ Exzerpte durchsehen.
■ Sich orientieren: Welcher Abschnitt soll nun geschrieben werden? (ggf. Teil-Inhaltsverzeichnis konzipieren)
■ Die eigene Forschungsfrage, Erkenntnisinteresse und Zielsetzung notieren.
■ Notieren: Warum möchte ich welche/n Autor/in verwenden?
■ Zu dem Aspekt der Forschungsfrage, der im aktuell zu schreibenden Abschnitt bearbeitet werden soll, die »Antworten« der

jeweiligen Autor/innen notieren (Was sagt X dazu? Was y?).
Zentrale Aussagen heraussuchen, die direkt zitiert werden sollen.
Variante: »Antworten« notieren und die Autor/innen dabei fiktiv
miteinander sprechen lassen (Was würde x zu y sagen, wenn sie
sich jetzt gegenüberständen?).
- Die wesentlichen Punke zusammenfassen und Stellung nehmen:
Stimme ich den Autor/innen zu? Wenn ja: Warum? Wenn nein:
Warum nicht?

Nun können Sie Ihre Rohfassung formulieren. Manchmal führen
auch die Fragen selbst schon direkt in das Schreiben der Rohfassung
hinein.

2.5.3 | Stil und Ton

>»Wissenschaftliche Prosa ist genau, also unbequem für den Autor, und einfach, also   Hermann Heimpel
bequem für den Benutzer.«

Stil entwickelt man an Vorbildern. Achten Sie deshalb darauf, welche
Autor/innen und Texte Sie wählen, um Ihren eigenen Stil zu schu-
len. Viele geistes- und sozialwissenschaftliche Theorietexte sind sehr
voraussetzungsvoll und eignen sich vor allem am Anfang des Studiums
nur bedingt. In welchem Stil Texte verfasst sind, hat auch etwas mit
unterschiedlichen **Wissenschaftskulturen** zu tun. Denen, die sich für
diese unterschiedlichen Kulturen und die entsprechenden »intellektuellen Stile« interessieren, sei ein Essay von Johan Galtung empfohlen
(Galtung 1983).
   Wichtig ist, nicht aus den Augen zu verlieren, dass Texte aus unterschiedlichen Gründen schwierig und kompliziert sein können. Manchmal liegt die Kompliziertheit in der Sache selbst, manchmal liegt es aber
auch nur daran, dass die Autor/innen sich nicht genügend um Verständlichkeit bemüht haben.
   Die **Probleme**, die wissenschaftliche Arbeiten verhandeln, können in
der Tat schwierig sein. Manche Sachverhalte lassen sich nicht einfach
ausdrücken, trotzdem sollte die Kommunikation darüber sich an den
Maßstäben jeder **Kommunikation** orientieren: Sie sollte darauf gerichtet
sein, Klärung und Verständigung zu ermöglichen.
   Egal ob sie kompliziert oder einfach geschrieben sind – ein paar
Eigenschaften haben alle Formen wissenschaftlichen Schreibens gemeinsam: Da die Schreibenden Erkenntnisse mitteilen und sich ins Verhältnis zu den Erkenntnissen anderer setzen und auch dazu, wie ihre
eigenen Erkenntnisse zustande gekommen sind, müssen sie in ihren
Texten (nach Steinhoff 2007):

- kenntlich machen, aus welcher Perspektive, von welchem Ort, Sie sprechen (» … aus der Perspektive der Konversationsanalyse …«),
- sich auf andere Texte beziehen (»… Bühler zufolge …«),
- die ggf. abweichende Perspektive anderer auf den Gegenstand ihrer Texte berücksichtigen (»… zwar … aber …«)
- und schließlich deutlich machen, wie sie Begriffe und Sprache verwenden (»… unter Begriff ›X‹ wird verstanden …«)

Ton rationaler
Erklärung
und Diskussion Wenn diese Anforderungen erfüllt sind, entsteht ein **Ton rationaler Erklärung und Diskussion.** Dieser Ton verweist darauf, dass sich die Autor/innen immer auf die Sache konzentrieren, um die es geht, und dass sie die Sprache nutzen, um auf rationale Weise Klarheit zu schaffen.

Hjortshoj 2001,
S. 82/83, übers. von
den Autorinnen »Um diesen Stil oder Klang wissenschaftlichen Schreibens zu beschreiben, benutzen wir häufig den Begriff »objektiv«, was schlicht bedeutet, dass das Objekt der Diskussion (ob es sich dabei um eine Person in einem Roman, eine Theorie, ein Ereignis oder ein Molekül handelt) im Zentrum der Aufmerksamkeit steht. Wissenschaftliches Schreiben bezieht sich auf einen Ausschnitt der Welt – der physikalischen Welt oder der Welt der Ideen, Wahrnehmungen und Vorstellungen. Gelehrte Konzentration auf Vernunft, Untersuchung und präzise Erklärung bevorzugt einen Ton, der entspannt klingt, mit dem Thema beschäftigt, gerichtet, weder förmlich noch informell. Wir sollen spüren, dass die Schreibenden versuchen, uns das Thema verstehen zu lassen, ohne dabei die Aufmerksamkeit zu sehr auf sich selbst zu lenken«.

Um ein Gefühl für diesen »Ton« zu bekommen, hilft es, gute Wissenschaftsprosa zu lesen. Dabei können Sie sich z.B. an der Liste der Träger/innen des Sigmund-Freud-Preises für wissenschaftliche Prosa orientieren. Texte dieser – meist geisteswissenschaftlichen – Autor/innen **bewusst zu lesen, kann Ihr Stilgefühl schärfen.**

Dennoch, dieses Stil-Ideal zu bedienen ist auch dann nicht leicht, wenn Sie schon viel gelesen und ein gutes Stilgefühl entwickelt haben. Denn wie Sie formulieren, hängt auch davon ab, wie sicher und beheimatet Sie sich in einem Thema fühlen. »Entspannt« und dennoch präzise und sachlich drauflos zu formulieren gelingt nur, wenn Sie sich sehr sicher fühlen, und zwar auf allen Ebenen.

Sie können gewiss sein: Auch bei erfahrenen Autor/innen gehen der ›Entspanntheit‹ des Formulierens, die man an einem guten Text abliest, anstrengende Klärungsaktivitäten und verschiedene Phasen verkrampften Schreibens voraus. Vorversionen des schönen Textes, der sich so locker und einfach liest, haben eventuell einen lückenhaften roten Faden gehabt, und der/die Autor/in hat ängstlich an der Forschungsliteratur geklebt. Oder man hat ihnen angemerkt, dass der/die Autor/in zwar endlich zu seinem/ihrem eigenen Gedanken gefunden hat, sich dessen aber noch nicht ganz sicher war, so dass der Text aus einem aufgeregten Stakkato von Hauptaussagen bestand. Erst nach der Konsolidierung der eigenen Gedanken, die durch viel Klärungsarbeit und – manchmal qualvolle – Formulierungsanläufe ermöglicht und nicht selten auch durch das Heranrücken des Abgabetermins befördert wird, entsteht die Möglichkeit, einen »entspannten«, weil sicheren Ton zu finden.

Zuletzt: Dem von Hjortshoj beschriebenen wissenschaftlichen Stil-Ideal können Schreibende sich immer nur annähern. Es ist normal, im Studium auch ›verkrampft‹ klingende Texte zu produzieren, denn Sie werden nicht immer die Zeit haben, die Sie brauchen würden, um eine ›gut abgehangene‹ Arbeit zu schreiben. Wenn Sie es schaffen, in Ihrer Arbeit klar und verständlich zu formulieren, was Sie sagen wollen, haben Sie schon viel erreicht.

Wie Sie von Ihrer Rohversion zum gelungenen Text kommen, das ist also einerseits Sache des Denkens und der Sicherheit, mit der Sie sich über Ihr Thema äußern können. Andererseits ist es eine Frage des Handwerks, der Textüberarbeitung. Hiervon handelt das nächste Kapitel.

2.6 | Textüberarbeitung: Schreiben heißt Umschreiben

Damit das Umschreiben nicht zu einem endlosen ›Herumrühren‹ im eigenen Text wird, bei dem Sie nach und nach jedes Gefühl für Textqualität verlieren, brauchen Sie effiziente Überarbeitungsstrategien. Um die geht es im Folgenden. *Das Wichtigste in Kürze*

Ein Text, der sich gut liest, ist in der Regel mehrmals überarbeitet worden. Die Gedanken sind sorgfältig am roten Faden aufgereiht, störende Nebengedanken sind eliminiert, es gibt kein Wort zu viel – und keines zu wenig. Was sich am Ende einfach, klar, logisch und wie selbstverständlich liest, ist das Ergebnis handwerklicher Arbeit. Drei Grundregeln sind zu beachten, wenn man mit Hilfe von mehreren Überarbeitungsschritten einen guten Text produzieren möchte:

> → Beginnen Sie früh mit dem Schreiben. *Tipp*

Zum Überarbeiten brauchen Sie Zeit. Diese Investition lohnt sich, denn beim Überarbeiten findet in der Regel die eigentliche ›Komposition‹ Ihres Textes statt.

> → Lassen Sie Texte ein paar Tage liegen, bevor Sie sie überarbeiten. *Tipp*

Wenn Sie versuchen, Ihren Text unmittelbar nach dem Formulieren zu überarbeiten, sind Sie zu sehr verfangen in den Inhalten. Um beim

65

Überarbeiten etwas zu ›sehen‹, brauchen Sie Distanz. Deshalb ist es sinnvoll, Texte vor dem Überarbeiten ein paar Tage liegen zu lassen.

> → Gehen Sie die Überarbeitung systematisch an.

Ab einer gewissen Textlänge führt es nicht weiter, den Text immer wieder zu lesen, an einzelnen Stellen herumzudoktern, Textpassagen hin- und herzuschieben, Wörter auszuwechseln und wieder von vorne anzufangen. Ihnen fehlt die Distanz, und Sie ›sehen‹ nichts mehr.

Im Folgenden zeigen wir Ihnen, wie Sie die Überarbeitung Ihres Textes systematisch angehen können.

2.6.1 | Worauf Textüberarbeitung zielt

Überarbeiten bedeutet, den Text daraufhin zu überprüfen, ob er für die Adressat/innen verständlich ist und ob er die Anforderungen erfüllt, die von außen an ihn gestellt werden.

Was aus der Perspektive der Adressaten wichtig ist:

- Orientierung: Thema, Hintergrund und Ziele des Textes sind klar, es gibt Überleitungen zwischen den Textteilen.
- Nachvollziehbare Textstruktur und Gedankenreihenfolge.
- Keine Widersprüche in der Argumentation.
- Behauptungen sind belegt oder begründet.
- Klare adressatengerechte Sprache.
- Formale Anforderungen sind erfüllt (z.B. Seitenrand, Deckblatt, Literaturverzeichnis, Anhang).
- Der Text ist sorgfältig korrigiert.

Beim Überarbeiten geht es darum, den Text lesbar zu machen. Lesbarkeit entsteht durch unterschiedliche Faktoren und auf unterschiedlichen Ebenen. Diese Ebenen bewusst in den Blick zu nehmen und Ihren Text **schrittweise und nacheinander** daraufhin zu prüfen, ob er den verschiedenen Kriterien für Lesbarkeit entspricht, darauf kommt es an.

Schrittweise überarbeiten

Wenn Sie Ihren Text mit einem klaren ›Auftrag‹ im Hinterkopf durchgehen, sinkt die Gefahr, dass Sie sich verlieren und zwischen verschiedenen Wahrnehmungen hin- und hertaumeln. **Sie gewinnen Abstand**. Der Text wird zum Objekt, und Sie haben ein Kriterium, an dem Sie sich orientieren können. Sie achten ausschließlich auf diese eine Sache. Alles andere dürfen und können Sie außer Acht lassen, denn Sie wissen: Das kommt später auch noch dran, bei einem der nächsten Überarbeitungsschritte.

In der folgenden Übung können Sie diesen Effekt ausprobieren. Sie werden sehen, wie anders Sie Ihren Text sehen, wenn Sie **systematisch** vorgehen.

Den ›handwerklichen‹ Blick an einem Stück Fließtext ausprobieren   *Übung*

Nehmen Sie ein Stück Rohtext zur Hand, das Sie selbst verfasst haben. Am besten eine Textpassage, in der Sie argumentieren. Nehmen Sie sich höchstens zwei Seiten vor. Diese Übung dient nur dem Ausprobieren.

Schritt 1: Unterteilen Sie Ihren Text in Sinnabschnitte (ein Sinnabschnitt ist eine Reihe von Sätzen, die zusammen einen Gedanken ausmachen).

Schritt 2: Notieren Sie am Rand des Textes neben jedem Sinnabschnitt, was das Thema und was die Hauptaussage dieses Abschnitts ist. Wenn Sie die Hauptaussage nicht im Text finden, schreiben Sie sie auf und fügen Sie sie in den Text ein, möglichst an zentraler Stelle.

Schritt 3: Überprüfen Sie nun die Reihenfolge Ihrer Sinnabschnitte. Fehlt ein gedanklicher Schritt? Ist im Hinblick auf den roten Faden etwas überflüssig? Sollten Abschnitte umgestellt werden? Falls nötig, sortieren Sie, streichen Sie und füllen Sie Lücken!

Das Vorgehen, das wir in der Übung vorschlagen, gleicht dem **Aufräumen** einer Wohnung. Alles beginnt damit, dass man das herumliegende Zeug identifiziert und klassifiziert. Dann kann man die einzelnen Sachen an die Stellen bringen, an die sie gehören (Bücher zu Büchern, CDs zu CDs, Klamotten zu Klamotten). Manchmal, wenn Zeug herumliegt, für das es noch keine Ordnung gibt, muss man einen Platz dafür schaffen, z.B. eine Schublade für das Nähzeug freimachen. Außerdem muss man Sachen wegwerfen, die man nicht in seiner Wohnung haben will. Beim Aufräumen fängt man in der Regel mit den großen Sachen an (Pizzakartons, Sofakissen, Tabletts und Kleidungsstücke), um sich später den kleineren zu widmen (CDs, Orangenschalen etc.). Ähnlich kann man auch bei der Textüberarbeitung vorgehen.

→ Sinnvolle Reihenfolge der Überarbeitungsschritte   *Tipp*

- **Erst grob:** Gesamtstruktur, Kapitelstruktur, Unterkapitelstruktur.
- **Dann fein:** Absatzstruktur, Satzstruktur, Wortwahl.

Überlegen Sie, wie es wäre, wenn Sie umgekehrt vorgingen. Dann könnte es passieren, dass Sie feststellen: Ein Abschnitt, dessen Sprache Sie gerade akribisch überarbeitet haben, muss gelöscht werden, weil er z.B. den roten Faden stört. Die Zeit, die Sie darauf verwendet haben,

67

hätten Sie sich sparen können. Deshalb ist die Reihenfolge »von grob nach fein« sehr zu empfehlen.

Nach diesem Grundgedanken ist die Schrittfolge in der folgenden Checkliste organisiert.

Checkliste

Eine längere Studienarbeit schrittweise überarbeiten

→ Für die ganze Arbeit überprüfen:
- Ist meine Fragestellung/Hauptaussage klar? Steht sie in der Einleitung? Im Schluss? Sind die Kapitel sinnvoll darauf bezogen?

→ Für die Abfolge der Kapitel klären:
- Folgen die Kapitel sinnvoll aufeinander? Gibt es einen roten Faden?
- Sind die Kapitelüberschriften aussagekräftig? Kann ein unbeteiligter Leser die Logik ihrer Abfolge erkennen?

→ Für die Binnenstruktur eines jeden Kapitels (Unterkapitels, größeren Sinnabschnittes) klären:
- Was ist das Thema?
- Was ist die Hauptaussage?
- Abfolge: Folgen die Unterkapitel bzw. größeren Sinnabschnitte sinnvoll aufeinander? Fehlt etwas? Sind einzelne Unterkapitel evtl. überflüssig?

→ Für jeden Absatz klären:
- Was ist das Thema?
- Was ist die Hauptaussage?
- Hauptaussagen ggf. deutlicher formulieren und zentral platzieren.

→ Für die Abfolge der Absätze klären:
- Grundfrage: Welche Funktion hat die jeweilige Aussage/der jeweilige Absatz im Gesamtzusammenhang? Wohin in der Abfolge der Gedanken/Absätze gehört sie/er?
- Fehlt ein gedanklicher Schritt/eine Aussage?
- Gibt es überflüssige Gedanken/Aussagen?
- Ist die Abfolge der Aussagen/Absätze nachvollziehbar? Sollte sie geändert werden?

→ Innerhalb der Absätze:
- Sätze sortieren: Aussage(n) und Argumente in eine sinnvolle Reihenfolge bringen.
- Überleitungen prüfen/schreiben.

→ Syntax:
- Möglichst klare Sätze.
- Nachgeordnete Gedanken an nachgeordnete Satzpositionen.
- Passivkonstruktionen wo möglich (bzw. wo unnötig) vermeiden.
- Verschachtelte Genitivkonstruktionen auflösen

→ Wortgebrauch:

- Überflüssige Wörter & Füllwörter: Was passiert, wenn ich ein Wort oder eine Wortverbindung streiche? (Wenn eine Streichung den Sinn des Satzes nicht ändert, ist sie in der Regel angemessen.)
- Substantivierte Verben: Ist es möglich, sie zu vermeiden oder zu ersetzen?
- Wortwiederholungen: Terminologische Worte/Begriffe müssen durchgehalten werden. Für nichtterminologische Wörter können Synonyme gefunden werden.
- Abstraktionen/Begriffe: Sind sie angemessen und klar? Kann ich bzw. der potentielle Leser den Gedanken verstehen, den sie ausdrücken? Oder verdecken sie eine Unklarheit?

Erste Hilfe: Profitipps

Manchmal sitzt man vor einem Satz, den man selbst geschrieben hat, und merkt: Er ist zu lang, zu kompliziert, aber man weiß auch nicht so richtig, wie er verbessert werden könnte. Unlust und Müdigkeit machen sich breit. Geben Sie nicht auf! Testen Sie unsere Erste-Hilfe-Methode zur Entwirrung komplizierter Sätze.

→ Erste Hilfe bei komplizierten Schachtelsätzen   Tipp

1. Listen Sie alle einzelnen Aussagen auf, die in dem komplizierten Satz enthalten sind.
2. Überlegen Sie, was die Hauptaussage ist.
3. Überlegen Sie, ob die Hauptaussage sich aktivisch und mit einem Vollverb ausdrücken lässt.
4. Überlegen Sie, welche Aussagen überflüssig sind.
5. Stellen Sie die Hauptaussage an den Anfang.
6. Bringen Sie die restlichen Aussagen in eine sinnvolle Reihenfolge und ergänzen Sie sie ggf. durch Überleitungen.

Eine weitere Überarbeitungstechnik, die immer und überall funktioniert und in allen Stadien der Textproduktion hilfreich ist, ist das laute Lesen.

→ Texte zum Überarbeiten laut lesen   Tipp

Sich den eigenen Text laut vorzulesen sensibilisiert für fehlende Übergänge und unstimmige Formulierungen. Wenn Sie die Satzzeichen mitlesen, unterstützt das laute Lesen auch bei der Endkorrektur. Zeichenfehler werden hörbar.

69

Noch ein Hinweis zum Schluss: Wer funktionierende Routinen entwickelt hat, eigene Texte zu überarbeiten, ist insgesamt entspannter bei der Formulierungsarbeit. Niemand hat das so ermutigend formuliert wie die Literaturnobelpreisträgerin Toni Morrison, die über das Überarbeiten sagt:

Toni Morrison
1980, S. 193

»Ich mag diesen Teil sehr gern; das ist der beste Teil, die Überarbeitung. Ich mache das sogar noch, wenn die Bücher schon gebunden sind! Darüber nachzudenken, bevor man es aufschreibt: das ist wunderbar. Wenn man es zum ersten Mal aufschreibt, ist es qualvoll, weil so viel davon schlecht geschrieben ist. Zu Anfang wusste ich noch nicht, dass ich es noch einmal bearbeiten, es besser machen könne: und es hat mich sehr bedrückt, schlecht zu schreiben. Nun macht es mir gar nichts aus, weil es diese wunderbare Zeit in der Zukunft gibt, in der ich es besser machen werde; wenn ich besser sehe, was ich hätte sagen sollen und wie ich es ändern kann. Ich mag diesen Teil sehr gern.«

2.7 | Endredaktion und Abgeben

Die Beendigung eines jeden Arbeitsschritts ist ein »**Abbruch**«. Sie merken das besonders, wenn die zur Verfügung stehende Zeit zu Ende geht. Man hätte ja noch dieses und noch jenes ... Oft kommen in dieser Phase noch einmal gute Gedanken, die man in einer ›Nachtschicht‹ umsetzt. Aber auch das hat seine Grenzen, und das ist gut so: Abgabetermine helfen dabei, sich von dem Gedanken zu verabschieden, die perfekte und alle Fragen und Aspekte abdeckende Arbeit zu seinem Thema schreiben zu können.

Tipp

→ Leiten Sie die Phase der Endredaktion dadurch ein, dass Sie den Text von Freunden Korrektur lesen lassen.

Andere einzubeziehen und sie darüber zu informieren, dass es jetzt nur noch darum gehen kann, den Text in eine gute und leserliche Form zu bringen, markiert auch psychologisch den Übergang zur Endredaktion. Dies ist der erste Schritt des Abgebens, den Text anderen zu geben, die dabei helfen sollen, die endgültige Abgabe des Textes vorzubereiten.

Keith Hjortshoj beschreibt das **Loslassen** (release) als eine eigene Arbeitsphase. Besonders wenn es keinen von außen gesetzten Abgabetermin gibt, braucht es einen Entschluss, den Moment, in dem man entscheidet: »Der Text bleibt jetzt so, wie er ist. Ich gebe ab« (vgl. Hjortshoj 2001, S. 25f.). Um diesen Sprung zu wagen, braucht man, wie so oft beim Schreiben, vor allem eines: **Mut**.

2.7.1 | Zur Wichtigkeit der Form

In der Wissenschaft konzentriert sich alle Aufmerksamkeit auf die Inhalte, auf die originelle Idee, die Kritik, die weiterführt, das neue Teilergebnis, auf das sich die Fachgemeinschaft beziehen kann. Dennoch wäre es unklug, die Form außer acht zu lassen.

Die Form gehört zum Inhalt: Die Gestalt, die eine Idee im Text, im Wort, im Bild annimmt, macht aus dieser Idee je Unterschiedliches: einen Appell, ein Angebot, eine Irritation. Die Form spricht mit dem Rezipienten, sie ist mehr als ein ›Behältnis‹, sie ›färbt‹ den Inhalt und macht ihn zu dem, was er ist.

Daran sollten Sie denken, wenn Sie mit dem Edieren Ihres Textes beschäftigt sind. Gespräche mit Professor/innen und Dozent/innen zeigen: Ein Text, der nicht sorgfältig korrigiert und formatiert ist, dessen Belegweise uneinheitlich und dessen Literaturverzeichnis unvollständig ist, wird in der Regel abgelehnt, noch bevor sein Inhalt zur Kenntnis genommen werden konnte. Viele Dozent/innen geben solche Texte zurück, bevor sie sie richtig gelesen haben, entweder mit der Bitte um Nachbesserung oder gleich mit einer schlechten Note.

Obwohl also die sogenannten »higher order concerns« – d.h. die Hauptaussage, Gedankenführung, Kohärenz einer Arbeit – das sind, worum es beim wissenschaftlichen Schreiben vor allem geht, sind die »lower order concerns« – die Korrektheit von Sprache und Form – elementar wichtig, um in die Kommunikation mit den mittelbaren und unmittelbaren Adressaten einzutreten.

Ein sorgfältig edierter Text zeugt von **Respekt** für die Adressat/innen. Achten Sie deshalb darauf, Zeit zu reservieren, um Ihren Text in Form zu bringen.

Checkliste

Endkontrolle
→ Habe ich in einheitlicher Form zitiert?
→ Ist das Literaturverzeichnis vollständig?
→ Falls vereinbart: Sind alle nötigen Anhänge beigefügt?
→ Sind die Überschriften meines Textes ›sprechend‹? Leiten sie durch den Text?
→ Entsprechen Zeilenabstand, Seitenränder, Schriftart und -größe sowie Zitierweise den geforderten Standards? (Vorgaben können mit den Dozent/innen selbst oder mit den Prüfungsämtern geklärt werden.)
→ Entspricht das Deckblatt den Vorgaben? Gibt es weitere Dokumente, die mit eingereicht werden müssen (z.B. bei Abschlussarbeiten die unterschriebene Erklärung, dass die Arbeit eigenständig verfasst wurde)?
→ Welche Art von Bindung oder Heftung des Textes ist gewünscht? Muss ich mehrere Kopien abgeben?

3. Schreibprojekte managen – Allein und mit anderen

3.1 | Arbeitsplanung und Zeitmanagement

Das Wichtigste in Kürze

Das Schreiben von Studienarbeiten ist ein ergebnisoffener, selbstgesteuerter Arbeitsprozess, in dem komplexe Probleme gelöst werden. Deshalb ist es hier besonders wichtig, sorgfältig zu planen und das Gesamtprojekt auf einzelne Arbeitsschritte herunterzubrechen, die nacheinander vollzogen werden können.

Die Fähigkeit zur Zeitplanung ist Erfahrungssache und eine der Kompetenzen, die man sein Leben lang weiterentwickelt.

Es ist 23.00 Uhr und Sie haben der freundlichen Dozentin, bei der Sie die Arbeit zu Paul Celans *Todesfuge* schreiben, gesagt, dass Sie Ihren Text am nächsten Vormittag vorbeibringen werden. Aber wo, fragen Sie sich, ist bloß die Zeit geblieben? Es bleibt Ihnen nichts anderes übrig, als die Abgabe noch ein zweites Mal zu verschieben oder eine Nachtschicht einzulegen, um am nächsten Vormittag eine nur flüchtig Korrektur gelesene Erstfassung abzugeben. Ärgerlich.

Die Unzufriedenheit, die in solchen Situationen entsteht, kann ein Ausgangspunkt dafür sein, an den eigenen Zeitplanungsstrategien zu arbeiten.

Um Ihre Arbeits- und Lebenszeit im Studium effektiv zu planen, brauchen Sie Zeit, um **Erfahrungen** zu machen:

Erfahrung **mit der Art von Arbeit**, die auf Sie zukommt: Sie können umso besser einschätzen, wie lange Sie für eine Studienarbeit brauchen, je mehr Sie wissen, welche Tätigkeiten dabei konkret anfallen und in welchen Schritten Sie sie hinter sich bringen können.

Erfahrung **damit, wie Sie selbst am besten arbeiten**: Wenn Sie sich selbst, Ihre Arbeitsweise, Ihre ganz eigenen Geschwindigkeiten kennen, können Sie abschätzen, wie lange Sie für verschiedene Arbeiten brauchen. Jede Person hat ihre eigenen Geschwindigkeiten. Beobachten Sie, wie und wann Sie gut denken können, wann und wie viel Erholung Sie brauchen.

Erfahrung **mit der Spezifik ergebnisoffener Prozesse**: Beim wissen-schaftlichen Arbeiten ist Zeit nicht so sicher planbar wie bei Arbeits-prozessen, bei denen von vornherein feststeht, wie das fertige Produkt (ein aufgebautes Regal, ein Tisch o.Ä.) aussehen wird. Je länger und komplexer die Arbeiten sind, die Sie schreiben, desto wahrscheinlicher ist es, dass Sie merken: Die Bewältigung von Komplexität ist verbunden mit Eigendynamiken, die den Prozess von sich aus verlangsamen. Sie werden vermeintlich unproduktive Zeiten durchmachen, in denen es irgendwo tief in Ihnen arbeitet, ohne dass Sie selbst sich als produktiv wahrnehmen – Anlaufphasen, Fehlversuche, Phasen des Herumprobie-rens, in denen Sie das Gefühl haben, auf der Stelle zu treten. Und dann wird es Momente geben, in denen sich – ohne dass Sie das Gefühl ha-ben, dazu aktiv beigetragen zu haben – plötzlich etwas klärt.

Zeitplanung im Studium heißt in erster Linie, nach der Methode von **Versuch und Irrtum** Pläne zu machen und, wenn diese im größeren oder kleineren Maßstab scheitern, über die Ursachen nachzudenken und zu überlegen, was Sie beim nächsten Mal anders machen können. Was ha-ben Sie nicht bedacht? Was hat länger gedauert als erwartet?

> → Lassen Sie sich nicht entmutigen, wenn Zeitpläne scheitern! | Tipp

Pläne über den Haufen zu werfen gehört zum Planen genauso dazu wie Pläne auszuführen. Sie sollten sich also auf keinen Fall entmutigen las-sen, wenn Zeitpläne sich als ›überarbeitungsbedürftig‹ erweisen, son-dern einfach erneut planen, und zwar so realistisch wie möglich. Nach und nach bekommen Sie Übung darin, sich umsetzbare Ziele zu setzen und entsprechend zu planen. **Realistisch planen zu lernen, ist die Arbeit eines ganzen Lebens**.

Auch in vielen Berufen müssen umfangreiche Informationen und Materialien be- und verarbeitet werden. Im Studium können Sie lernen, der unersättlichen **Dynamik von ›Themen‹** etwas entgegenzusetzen. Denn ›Themen‹ neigen dazu, ins Riesenhafte zu wachsen und größere Portionen Ihrer Lebenszeit zu verschlingen, als Ihnen lieb sein kann.

Wenn Sie von allen äußeren Bedingungen wie z.B. dem Abgabeter-min absehen, können Sie jeden einzelnen Arbeitsschritt im Grunde un-endlich lange weitertreiben. Das gilt z.B. für das Lesen und Auswerten von Quellen und Fachliteratur: Fast zu jedem Thema werden Sie mehr Literatur finden, als Sie verarbeiten können, und je intensiver Sie sich eingearbeitet haben, desto mehr Literatur werden Sie finden, die in ir-gendeiner Hinsicht wichtig und relevant erscheint.

Um **das Ausufern zu verhindern**, sollten Sie jeden Arbeitsschritt be- | Das bringt
grenzen. Sie können nur so viel tun, wie in der zur Verfügung stehenden | Sie weiter
Zeit möglich ist. Von diesem Zeitrahmen her gilt es, Arbeitsinhalte ak-tiv, bewusst und realistisch zu planen. Wenn Sie sich daran gewöhnen, den Zeitaufwand für konkrete Arbeiten bewusst zu kalkulieren, und

wenn Sie die Erfahrungen, die Sie dabei machen, bei der Weiterarbeit oder beim nächsten Projekt berücksichtigen, wird Ihre Zeitplanung nach und nach immer realistischer und besser.

3.1.1 | Tipps zur Zeitplanung

Machen Sie zunächst eine grobe Zeitplanung. Setzen Sie für den Abschluss einer jeden Arbeitsphase einen **Zwischentermin**, an dem Sie die jeweilige Tätigkeit unterbrechen, um Bilanz zu ziehen und nächste Schritte zu planen.

Planen Sie ausreichend **Pufferzeiten** ein. Damit können Sie kleinere oder größere Ausreißer, Fehlkalkulationen und Unerwartetes auffangen.

Berücksichtigen Sie bei der Planung auch die **Rahmenbedingungen**. Einiges können Sie selbst gestalten, mit manchem müssen Sie sich jedoch arrangieren:

Rahmenbedingungen für Zeitplanung im Studium

- Studienbedingungen: Wie sieht Ihr Semesterplan aus? Wann haben Sie überhaupt Zeit, sich auf eine Arbeit zu konzentrieren? Bis wann sollten Sie welche Arbeit geschafft haben?
- Verpflichtungen anderer Art: Jobs, Freizeit, Freunde?
- Ihre eigenen Ziele: Mit welchem Ehrgeiz verfolgen Sie welche Projekte? Wo setzen Sie Prioritäten? Wo können Sie Abstriche machen?

In der folgenden Liste finden Sie einige praktische Tipps zur Zeitplanung. Schauen Sie einfach, was Sie davon gebrauchen können:

Tipp

→ Tipps zur Zeitplanung
- **Abgabetermin festsetzen** und von da aus rückwärts planen.
- **Eine Liste der anstehenden Tätigkeiten** für das gesamte Schreibprojekt anfertigen.
- **Herunterbrechen, portionieren und planen**, was als nächstes ansteht.
- **Zwischentermine setzen** für einzelne Arbeitsschritte und Phasen (unter Berücksichtigung aller Vorerfahrungen mit den entsprechenden Arbeitsschritten).
- **Zeitbegrenzung nutzen, um Inhalte zu begrenzen:** Realistisch planen, was Sie in Ihrer Arbeit tun werden und was nicht. Das heißt: die Material- und Literaturmengen begrenzen, die Sie verarbeiten müssen, denn hier lauern die größten Verzettelungsgefahren.
- **Arbeitsschritte und -phasen bewusst abschließen:** Bedenken Sie, dass die Beendigung eines jeden Arbeitsschritts immer auch eine Art ›Abbruch‹ ist. Denn man kann alles immer noch perfekter

machen. Wenn Sie merken, dass ein Arbeitsschritt oder eine Arbeitsphase zum geplanten Termin noch nicht annähernd beendet ist, führen Sie ein Krisengespräch mit Ihrem Betreuer/Ihrer Betreuerin.

- **Einzelne Arbeitsportionen konkret und realistisch planen:** Leitfrage: Was können Sie innerhalb einer Stunde schaffen? Was ist ein realistisches Tagewerk?
- **Eigene Geschwindigkeit und Vorlieben berücksichtigen:** Wann kann ich gut arbeiten? Was schaffe ich in welcher Zeit? Welche Tageszeiten sind gut für welche Tätigkeiten? Wie lange halte ich am Tag durch? Achtung! 4 Stunden konzentrierte geistige Arbeit ist viel. Nicht den 8-Stunden-Tag als Maßstab anlegen.
- **Pufferzeiten reservieren:** Auf keinen Fall zu eng planen, denn etliches dauert ohnehin länger, als Sie bei der ersten Planung dachten.
- **Prioritäten setzen!** Was ist für das Thema, was ist Ihnen wichtig? Was nötig? Worauf können Sie verzichten?
- **Gesamtplanung immer wieder aufnehmen:** Was habe ich schon geleistet? Bin ich im Zeitplan? Was sollte ich weglassen, damit ich im Zeitrahmen fertig werde? Was steht als Nächstes an?
- **Routinen entwickeln – und immer wieder überprüfen**, z.B. das Aufräumen des Schreibtischs am Ende eines Arbeitstages, ein Brainstorming am Morgen, Pausen zu festgelegten Zeiten. Routinen entlasten, stabilisieren, motivieren. Von Zeit zu Zeit sollte man allerdings prüfen, ob sie noch förderlich sind, und sie wenn nötig verändern.
- **Regelmäßig arbeiten:** Den Kontakt zum Schreibprojekt nicht abreißen lassen.
- **Bei Unterbrechungen die Wiederaufnahme der Arbeit planen:** Bei der Beendigung eines Arbeitsgangs den nächsten Arbeitsgang planen. Den Schreibtisch aufräumen und sich zurechtlegen, was Sie für die Wiederaufnahme der Arbeit brauchen.
- **Freie Zeit zur Erholung einplanen!** Freie Zeit ist auch wichtig, um immer wieder Distanz zu gewinnen, sich nicht im Arbeitsprojekt zu verlieren.
- **Andere Verpflichtungen berücksichtigen** (Klausuren, Prüfungen, Familie, Jobs, Freunde)! Haben Sie kontinuierlich viele Verpflichtungen, die Sie für die Dauer des Schreibprojekts nicht verringern können, ist es hilfreich, feste Arbeitszeiten für das Schreiben einzuführen oder Zeitblöcke dafür im Kalender zu reservieren.
- **Flexibel bleiben:** Mitunter ist es sinnvoller, zwischendurch mal spazieren zu gehen, als sich am Schreibtisch zu quälen. Wichtig: Sich bewusst entscheiden, eine Ausnahme zu machen und vom Arbeitsplan abzuweichen.
- **Würdigen, was Sie schon geschafft haben:** Jeder Arbeitsschritt ist ein Schritt zum Ziel.

Gabriela Ruhmann empfiehlt Schreibenden, sich regelmäßig einer **Selbstprüfung** zu unterziehen und zu klären, ob die Arbeit, mit der sie gerade beschäftigt sind, im Verhältnis zu anderen Verpflichtungen und Tätigkeiten genügend Aufmerksamkeit bekommt (vgl. Ruhmann 1996, S. 110). Die folgende Übung können Sie nutzen, um Ihren Arbeitsplan zu überprüfen:

Übung Was nehme ich mir vor?
Dieser Selbstprüfung unterziehen Sie sich am besten gemeinsam mit einer/einem Studienkollegin/en oder in einer Schreib- oder Studiengruppe, mit der Sie vertrauensvoll zusammenarbeiten.
  Jede/r Teilnehmende macht für sich zu den folgenden drei Fragen jeweils ein fünfminütiges Brainstorming. Es ist wichtig, dass Sie dabei gut in sich hineinhorchen, ehrlich sind und nichts vergessen.

Was wollen Sie

- ... neben der Studienarbeit machen? (Haben Sie zum Beispiel Familie, müssen Sie jobben, wie sieht Ihre Freizeitplanung aus?)
- ... mit der Studienarbeit erreichen? (Welchen Stellenwert hat die Arbeit in Ihrer Lebensplanung? Streben Sie mit der Arbeit eine bestimmte Qualifikation an, wollen Sie sich vielleicht damit bewerben? Wem soll die Arbeit gefallen, wen wollen Sie damit beeindrucken?)
- ... in der Studienarbeit realisieren? (Welche Ziele verfolgen Sie in der Arbeit? Welche inhaltlichen Aspekte sind für Sie zentral? Was wollen Sie aussagen? Welchen Umfang soll die Arbeit haben?)

Die Ergebnisse notieren Sie – am besten in Form einer Liste.
  Nachdem Sie Ihre Liste geschrieben haben, tauschen Sie sich mit einer anderen Person darüber aus, was Sie notiert haben. Führen Sie ein **wohlwollendes, konstruktives Beratungsgespräch**. Dabei zeichnet sich ab, ob die Vorhaben, die Sie zu allen drei Fragen notiert haben, überhaupt miteinander vereinbar sind, oder ob Zeitnot, überhöhte Ansprüche etc. den Arbeitsprozess zwangsläufig belasten müssen.
  In einem abschließenden Schritt überlegen Sie, welches Ihre wichtigsten und unverzichtbaren Vorhaben oder Ansprüche sind und ob es Vorhaben gibt, von denen Sie sich verabschieden könnten oder sollten. Wenn Sie Ihrem Entschluss, etwas aufzugeben oder sich von etwas zu verabschieden, Gewicht verleihen möchten, schreiben Sie das Vorhaben, das Sie aufgeben, auf eine Karteikarte und werfen diese in den Papierkorb.

Zeit- und Arbeitsplanung können Sie gut **visualisieren**. Wenn Sie Ihre Planung vor sich sehen, erkennen Sie besser, ob sie realistisch ist. Die Übung »Die Arbeit realistisch planen« unterstützt dabei (vgl. Ruhmann 1996, S. 119–120).

Die Arbeit realistisch planen

Bei dieser Übung geht es darum, Ihre Zeitplanung in einer Übersicht darzustellen. Sie können diese Übung gut nutzen, wenn Sie z.B. in einer Studiengruppe arbeiten. Sie können sie aber auch allein durchführen und eine Person Ihres Vertrauens um ein Feedback bitten. Machen Sie zunächst ein Brainstorming: Welche einzelnen Tätigkeiten und Arbeitsschritte fallen im Rahmen Ihres Arbeitsprojekts an? Horchen Sie gut in sich hinein und schreiben Sie alles auf, was Ihnen einfällt.

Nun zeichnen Sie als erstes einen Zeitpfeil waagerecht unten auf einen großen Bogen Papier; der Zeitpfeil beginnt heute (bzw. mit dem geplanten Anfangszeitpunkt) und endet mit dem Termin, an dem die Arbeit fertig sein soll. Notieren Sie nun links vom Startzeitpunkt alle Arbeiten, die Sie schon erledigt haben. Die verbleibenden Arbeiten ordnen Sie so detailliert wie möglich auf der Zeitleiste an. Denken Sie daran, freie Tage/Wochenenden einzuplanen.

Übung

Ihre Visualisierung könnte so ähnlich aussehen :

Woche 1	Woche 2	Woche 3	Woche 4	Woche 5	Woche 6	Woche 7
Thema abgesprochen	Zeitplanung	Termin mit Betreuer wg. Literatur; Eingrenzung auf xy	Lesen, Exzerpieren	Material strukturieren Gliederung?	Schreiben	Ausdruck
Erste Literatursuche				Schreiben	Sabine: Gegen lesen	Korrektur
		Umzug Peter				Abgabe

77

Sie können verschiedene Farben nutzen, um verschiedene Arten von Tätigkeiten (Arbeit an Ihrem Schreibprojekt, Planungs- und Klärungsgespräche, andere Verpflichtungen im Studium, Jobs, Freizeit) zu markieren.

Danach stellen Sie Ihre Planung einer oder mehreren wohlwollenden Person/en vor, die Ihnen ein Feedback auf die Frage geben, ob die Planung realistisch scheint.

Auf diese Weise können Sie die Planung Ihrer Studienarbeit einmal **konsequent bis zum Endtermin durchdenken** und überprüfen, ob die Fertigstellung im geplanten Zeitraum realistisch ist. Eventuell merken Sie, dass es nicht möglich sein wird, die Arbeit in der vorgegebenen Zeit fertig zu stellen.

Mit diesem Ergebnis können Sie auf verschiedene Art umgehen: die Ansprüche senken, die Arbeit vom Umfang her kürzen oder den Termin hinausschieben. Eine solche Planung hilft dabei, **sich nicht in einzelnen Arbeitsschritten zu verlieren**.

Wenn deutlich wird, dass Motivationsprobleme oder Zeitdruck das Weiterkommen behindern, kann der Einsatz dieser Übung die Problemlösung fördern. Sie können die **Motivationshemmer** (z.B. ungelöste inhaltliche Probleme oder eine zu enge Deadline) aufspüren und sich daranmachen, sie zu beseitigen, indem Sie z.B. das Gespräch mit Ihrem/Ihrer Betreuer/in suchen.

3.2 | Das Schreiben vor dem Schreiben

Das Wichtigste
in Kürze

In diesem Kapitel stellen wir Ihnen Schreibstrategien vor, die Sie vor, während und neben der Planung, Niederschrift und Überarbeitung des Textes Ihrer Arbeit nutzen können.

Sie dienen dazu, die Gedanken, aus denen nach und nach Rohtext entstehen wird, einzufangen, vorzubereiten, zu entwickeln und zu ordnen.

Dieses Schreiben ›hinter der Bühne‹ hilft Ihnen, den ›Auftritt‹ des Textes gut vorzubereiten.

Bevor Sie Ihren Text abgeben, haben Sie jede Menge Möglichkeiten, an ihm zu arbeiten und mit ihm zu experimentieren. Anders als in der gesprochenen Sprache ist beim Schreiben ›gesagt nicht gesagt‹. So lange der Text auf dem Schreibtisch liegt oder im Computer gespeichert ist und die Entscheidung noch nicht gefallen ist, ihn aus der Hand zu geben, können und dürfen Sie verschiedene Varianten und Formulierungen **testen** und sich zunächst einmal die Bedingungen schaffen, die Ihren eigenen Mitteilungsbedürfnissen entgegenkommen. **Nutzen Sie die Freiheit**, die sich hier öffnet: Sie können den bewertenden Blick Ihrer Leser/innen aus Ihrem Arbeitszimmer verbannen und an Ihrem

Schreibtisch Dinge produzieren, die allein für Ihre eigene Denkarbeit bestimmt sind.

Wenn Sie früh damit beginnen, sich mit Ihrem Arbeitsprojekt zu beschäftigen, können Sie sich davor bewahren, erst bei der Niederschrift in der Nacht vor der Abgabe Ihrer Hausarbeit zu merken, dass Ihnen die Idee oder Aussage, die Sie ins Zentrum Ihrer Arbeit stellen wollten, doch noch nicht so klar ist, wie Sie dachten.

Schreiben Sie Ihre Überlegungen auf, bevor Sie mit der Niederschrift beginnen. Und beginnen Sie mit dem Schreiben, bevor Sie Ihre Gedanken bis ins Letzte geklärt haben. Schreiben ist ein Mittel, mit dem Sie klären können, was Sie sagen möchten und wie Sie es aufschreiben können: »Vieles versteht man nicht, solange man nicht versucht hat, es zu schreiben. Und vieles glaubt man verstanden zu haben, bis man versucht hat, es zu schreiben« (Kruse 2005, S. 219).

Sie mögen sich nun fragen: Was? Ich soll noch mehr schreiben als den Text meiner Arbeit? Aus unserer Sicht: Ja. Versuchen Sie es. Es wird Ihnen langfristig Arbeit und Mühe ersparen. Es wird Ihre Formulierungsfähigkeit trainieren. Es wird Ihnen helfen, Ihre eigene Stimme als Autor/in zu finden. Und es wird Ihrer Studienarbeit zugutekommen.

3.2.1 | Schreiben heißt Denken, Planen, Klären ...

Wissenschaftliche Fragen und Probleme liegen nicht einfach bereit und warten darauf, gelöst bzw. beantwortet zu werden. Sie müssen aufgeworfen und in eine Form gebracht werden, in der sie bearbeitet werden können.

Während Sie eine Studienarbeit schreiben, befinden Sie sich in einem **anhaltenden Klärungsprozess**: Sie sammeln, ordnen, begreifen, orientieren sich, versuchen, Ihre Position zu bestimmen. Sie ›zoomen‹ hin und her zwischen dem Gesamt Ihrer Arbeit (worauf will ich hinaus?), vielen Details (Daten, Informationen, Begriffe, Argumente) und den Positionen anderer zum Thema Ihrer Arbeit.

Ausprobieren, auswählen, Entscheidungen vorbereiten

Eine typische Begleiterscheinung dieser intensiven Denkarbeit ist allseits bekannt: Sie sehen den Wald vor lauter Bäumen nicht mehr und sind unsicher im Hinblick auf Ihren eigenen Beitrag zum Thema. Was am Anfang ganz klar schien ist nun überhaupt nicht mehr klar. Es kann aber auch einfach so sein, dass Sie – im Gespräch und beim Lesen – viele gute Ideen zu Ihrer Arbeit haben, dabei aber immer weniger wissen, wie Sie diese Ideen in den Text Ihrer Arbeit bekommen sollen.

An dieser Stelle können Sie das Schreiben für zwei gegenläufige und gleichermaßen wichtige Bewegungen nutzen: Für das Ordnen und Sortieren Ihrer Gedanken und für das **»Schreibdenken«** selbst (Scheuermann 2012). Der Vorteil dabei: Sie kommen nicht nur gedanklich voran, Sie dokumentieren und speichern auch Formulierungen, Ordnungsideen und Fragen, die Sie noch klären müssen. Das Schreiben hilft Ihnen, auf dem Boden der Buchstaben und Wörter, Tabellen, Visualisierungen, Zeilen und Absätze zu landen. Das ist der Boden, auf dem Ihre Arbeit entsteht.

In diesem Kapitel finden Sie einige Methoden für das Schreiben vor dem Schreiben. Sie können – z.B. mit Hilfe des **Clusterns** oder des **Free-writings** – die Bewegungen der eigenen, spontanen Gedanken aufzeichnen, um zu erproben, welche Verknüpfungen sich ergeben, wie tragfähig sie sind und ob sich dabei Fokussierungen und Ansätze eines ›roten Fadens‹ abzeichnen.

Sie können ein **Schreibtagebuch** führen, in dem Sie alles notieren, was Ihnen zu Ihrem Thema durch den Kopf geht.

Sie können – z.B. mit der Methode des **Mind-Mapping** – Ordnungen und Strukturen für Gedanken und Material ausprobieren.

Sie können mit Hilfe von **Bildern oder Zeichnungen** versuchen, Hierarchien (z.B. zwischen Begriffen), Wirkungsverhältnisse (z.B. zwischen Faktoren), kurz Zusammenhänge aller Art festzuhalten und herauszufinden, wie diese sich am besten abbilden lassen.

Natürlich ist auch das Sprechen ein gutes Mittel, um Gedanken zu erproben und auszuarbeiten. Sie können Ihre **Überlegungen anderen erzählen** und sehen, ob sich im Dialog eine Struktur ergibt, die überzeugt, in der das Material in Ordnung und zum Sprechen gebracht werden kann. Doch auch hier sollten Sie sich dabei oder danach **Notizen machen**!

All diese ›Maßnahmen‹ dienen dazu, bei der Beschäftigung mit einem Arbeitsthema bei sich selbst zu bleiben, Ideen und Gedanken herbeizuführen und gedankliche Entscheidungen vorzubereiten.

Wann Ihnen eine entscheidende Idee kommt, ist nicht planbar. Oft stellen sich die entscheidenden Gedanken gerade dann ein, wenn wir sie nicht erwarten. **Wichtige Ideen kommen oft wie zufällig**, im Halbschlaf beim Aufwachen, beim Sport, während man Wäsche aufhängt, duscht oder spazieren geht. Fast immer jedoch geht solchen Momenten, in denen sich ein ›Knoten‹ löst oder in denen man gedanklich einen Schritt weiterkommt, eine intensive Beschäftigung mit Wissen, Theorien, Material und gedanklichen Möglichkeiten voraus.

Tipp

→ Tragen Sie möglichst immer einen Stift und ein Ideenheft bei sich, wenn Sie mit einer wissenschaftlichen Arbeit beschäftigt sind!

Das Schreiben vor dem Schreiben			
Ziel(e)	Zeitpunkt im Schreibprozess	Strategie/Technik	Strategien und Techniken im Überblick
Ideen sammeln; an eigenes Wissen anknüpfen	bei der inhaltlichen Planung vor dem Schreiben	Clustern Freewriting	
über Gelesenes und Gehörtes nachdenken; Beratungsgespräche nachbereiten	in allen Phasen des Schreibprozesses	Schreibtagebuch führen Freewriting	
Sinn klären; Gedanken sortieren	in allen Phasen des Schreibprozesses	Freewriting Schreibtagebuch führen	
Übersicht über Material gewinnen; Material analysieren	bei der Literaturrecherche; bei der inhaltlichen Planung; vor dem Schreiben der Rohfassung	Mind-Mapping	
über die Struktur der Arbeit nachdenken; Gliederung entwickeln	bei der inhaltlichen Planung; vor dem Schreiben der Rohfassung	Mind-Mapping	
ins Schreiben kommen	zu Beginn der Formulierungsarbeit und wenn es stockt	Freewriting	

Nutzen Sie die Techniken, die wir im Folgenden beschreiben: Hier können Sie ohne Rücksicht auf den bewertenden Blick der Leser/innen **experimentieren**. Hier können Sie **be- und überdenken**, was Sie sagen möchten und wie Sie es ausdrücken können. Das Formulieren selbst kann der Akt sein, in dem Sie Verknüpfungen und **Ordnungen finden** für die Probleme, Fragen, Informationen, Ideen und Gedanken, um die es in Ihrer Arbeit gehen soll.

Freewriting

Wenn Sie nicht wissen, wie Sie mit einem Stück Text oder einer bestimmten Arbeit anfangen sollen, wenn Ihr Kopf übersprudelt von Leseeindrücken, wenn Sie das Gefühl haben, den Boden unter den Füßen zu verlieren, dann kann die Technik des Freewriting Ihnen helfen, sich selbst und Ihre Gedanken wiederzufinden und zu sortieren. Freewriting kann überaus hilfreich sein, wenn Sie blockiert oder verwirrt sind. Es kann helfen zu klären, was das Schreiben hemmt, wo Sie stehen und was Sie als nächstes tun können, um den Arbeitsprozess wieder in Gang zu bringen.

Peter Elbow, der sich intensiv mit dem Arbeitsprozess beim wissenschaftlichen Schreiben beschäftigt hat, beschreibt Freewriting als die Lösung für das Problem, das man hat, wenn einem die richtigen Wörter (Gedanken, Ideen) nicht einfallen.

Beim Freewriting erlaubt man sich, alles aufzuschreiben, was einem durch den Kopf geht. Wenn man nur ›falsche‹ Wörter im Kopf hat, schreibt man sie einfach auf. Dadurch löst sich irgendwann die Denk- bzw. Formulierungsblockade auf, und die ›richtigen‹ Wörter oder Ideen kommen zum Vorschein.

Das Freewriting ist eine Vorgehensweise, die es Ihnen erlaubt, den **Graben zwischen Nichts und Etwas** auf dem Papier in kleinen, unordentlichen (›messy‹) Schritten zu überqueren. Mit dieser Technik können Sie sich an Ihre eigenen Gedanken, an die ›richtigen‹ Wörter und Sätze ›heranschreiben‹ (vgl. Elbow 2000).

Freewriting ist privates Nonstop-Schreiben. Man tut es, indem man die inhaltlichen und formalen Regeln, Maßstäbe und Standards vorübergehend einfach ignoriert, die das Schreiben so oft hemmen. Es geht einfach darum, für einen begrenzten Zeitraum Wörter zu Papier zu bringen. Für ein Freewriting gibt es nur ein einziges Qualitätskriterium: Wenn ununterbrochen geschrieben worden ist, war das Freewriting gut.

Das Freewriting zielt darauf, das Denken mit dem Schreiben zu synchronisieren. Der Stift (oder die Hand auf der Tastatur) folgt einfach dem Fluss der Gedanken. Alles wird aufgeschrieben, egal ob es sinnvoll oder sinnlos erscheint. Wenn Sie es zum ersten Mal versuchen, merken Sie vielleicht, wie viele Gedanken Ihnen durch den Kopf gehen und dass Sie gar nicht in der Lage sind, alle aufzuschreiben. Das kann unangenehm sein. Wenn Sie es jedoch immer wieder versuchen, können Sie mit der Zeit entdecken, dass **die Sprache selbst beginnt, Ihren Gedankenfluss zu kanalisieren**: Begonnene Sätze weisen in eine bestimmte Richtung, der Sie sich einfach anvertrauen sollten. Ein Satz lockt den nächsten hervor. Ein Gedanke entsteht.

Vorgaben

- Es gibt eine Zeitbegrenzung. Man schreibt z.B. 5 Minuten lang (stellen Sie ggf. den Wecker).
- Man muss während der vorgegebenen Zeit immer weiter schreiben. Man darf nicht aufhören, Wörter zu Papier zu bringen.

Freiheiten

- Man muss das Geschriebene niemandem zeigen (außer man bekommt zu einem späteren Zeitpunkt Lust dazu).
- Man muss nicht bei einem Thema bleiben.
- Man braucht sich keine Gedanken über Rechtschreibung, Grammatik oder formale Anforderungen zu machen.
- Man braucht keinen Gedanken darauf zu verwenden, wie gut man schreibt, ob das Geschriebene Sinn macht oder verständlich ist.

82

- Freewriting bringt das Schreiben in Gang. Die Schwelle zum Schreiben wird überwindbar. Die Erlaubnis, konfus und chaotisch zu schreiben, fördert Spreu und Weizen zutage. Den ›Weizen‹ kann man dann weiterverwenden. (Manchmal ist es eine gute Investition, wenn man nur ein einziges Wort des Geschriebenen weiterverwenden kann.)
- Freewriting erlaubt, versunkenes Wissen zutage zu fördern. Man kann es auch zum Brainstorming nutzen. Manchmal erfährt man dabei etwas über sich selbst.
- Freewriting macht das Schreiben reflexiv: Wenn ein Problem entsteht, stockt man nicht, sondern schreibt das Problem einfach nieder. Günstigenfalls beginnt man schriftlich über die Ursache einer Stockung nachzudenken. Das ist häufig der erste Schritt zur Lösung des Problems, das das Weiterdenken und -schreiben behindert hat.
- Freewriting macht das Schreiben lebendiger. Es hilft dabei, die eigene Stimme als Autor/in zu finden und zu festigen.

Das Freewriting ist nicht mit dem Schreiben der Rohfassung gleichzusetzen, auch wenn dabei häufig Gedanken und Formulierungen entstehen, die sich für die Rohfassung der Arbeit verwenden lassen. Wie oben schon gesagt, funktioniert es nur, wenn der Anspruch, dass dabei etwas ›Verwertbares‹ herauskommt, ganz niedrig bleibt. Das einzige Ziel sollte sein, zu sich selbst zurückzukehren und zu sehen, welche Gedanken sich zum eigenen Thema, zum Arbeitsstand, zu einem Buch o.Ä. entwickeln, wenn man von allen Anforderungen und Rücksichten absieht.

Freewriting können Sie an allen Punkten des Arbeitsprozesses nutzen. Vor der Lektüre eines Textes (Was erwarte ich? Was suche ich? Was will ich wissen?), während der Lektüre (Was fällt mir hierzu ein?), wenn Sie merken, dass Sie sich beim Schreiben an Ihrer Arbeit verkrampfen, oder wenn Ihnen nichts mehr einfällt.

Clustern

> »Das Cluster inspiriert uns zu Gedanken und organisiert sie zugleich. Wir brauchen uns nicht den Kopf über Reihenfolge und syntaktische Anordnung der Einfälle zu zerbrechen, denn während sich das Cluster wie von selbst entfaltet, schaffen wir gleichzeitig auf unkomplizierte Weise Verbindungen und Beziehungen zwischen seinen Elementen.«

Gabriele Rico
1984, S. 49

Das Clustern ist eine **Technik des Brainstorming**, mit deren Hilfe man Ideen entwickeln oder sammeln kann. Ziel des Clusterns ist es, mit Hilfe von **freien Assoziationen** die spontane Ordnung des Denkens vor uns zu bringen und sichtbar zu machen, und zwar ohne Druck und Zwang. Diese Technik wird dem Umstand gerecht, dass Gedanken und Vorstellungsbilder immer in Zusammenhängen entstehen. Eine Vorstellung oder ein Gedanke zieht assoziativ andere nach sich, regt neue Vorstellungen an.

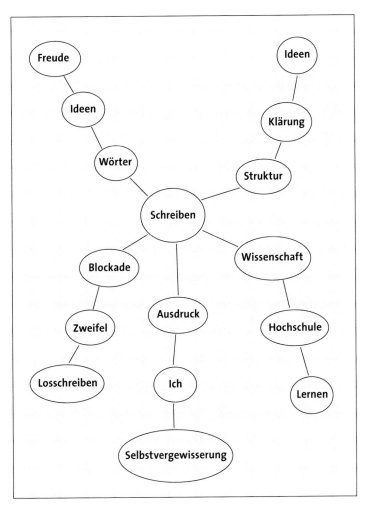

Die Methode des Clusterns entspricht der Art, in der wir denken. Die Informationen stecken nicht ordentlich in irgendwelchen kategorialen Schubladen, sondern stehen in Verbindung mit Emotionen, Bildern, Erinnerungen und anderen Informationen. Dieses variable und höchst **subjektive Netz von gedanklichen Zusammenhängen** kann man schlecht mit ›wissenschaftlich‹ ordnendem Zugriff zutage fördern. Die Methode des Clusterns hilft dabei, Blockaden zu vermeiden, die entstehen würden, wenn man versuchte, die eigenen Gedanken gleich in einer sinnvollen, logischen Struktur zu Papier zu bringen.

Wichtig ist es, beim Clustern alle Gedanken zuzulassen und aufzunehmen, egal in welcher Ordnung sie erscheinen. Hier kommt es gerade darauf an, nicht mit einer vorgefertigten Ordnung an das Ideen- oder Gedankensammeln heranzugehen. Alles, was in den Sinn kommt, ist zugelassen. Während die Assoziationen auftauchen, gilt es, sie einfach nur zu notieren und dabei im wahrsten Sinne des Wortes ›locker zu bleiben‹. **Clustern ist, als schütte man eine Schublade voller Krimskrams auf den Tisch**. Mehr nicht. Das Ordnen und Analysieren der Dinge, die zum Vorschein gekommen sind, gehört nicht zu diesem Arbeitsschritt. Das Clustern kann ein kleiner, ganz niedrigschwelliger Einstieg in das Schreiben sein. Danach sitzt man zumindest nicht mehr vor einem leeren Blatt, sondern vor einer Art Momentaufnahme des eigenen, spontanen und ungeordneten Denkens. Damit kann man meist weiterarbeiten.

Clustern Schritt für Schritt

- Man beginnt mit dem Kern des Clusters, dem Ausgangsbegriff oder dem Ausgangssatz. Dieser sollte in der Mitte der Seite stehen. Man schreibt ihn auf und kreist ihn mit dem Stift ein.
- Danach schreibt man die Assoziationen, die folgen, schnell auf, ohne sie in eine logische Reihenfolge bringen zu wollen.
- Jeder Einfall, jede Stichwortnotiz wird wiederum mit einem Kreis umgeben und durch eine Linie mit dem vorherigen Gedanken verbunden. Bei Einfällen, die in eine neue inhaltliche Richtung führen, beginnt man einfach mit einer neuen Assoziationskette, die wieder vom Kern des Clusters ausgeht.
- Wenn der Gedankenstrom vorübergehend versiegen sollte, ist es nicht sinnvoll, die Weiterführung zu erzwingen. Am besten schaut man auf das Cluster, umkreist mit dem Stift den Ausgangsbegriff und wartet dabei auf weitere Einfälle.
- Beim Clustern entsteht oft ein Schreibimpuls – die Lust, einen Gedanken aufzuschreiben. Wenn ein solcher Impuls auftaucht, kann man das Sammeln von Begriffen beenden und beginnen zu schreiben. Der Anspruch sollte sein, nur das zu notieren, was einem gerade eingefallen ist.

Das Clustern kann hilfreich sein, um

- vorhandenes Wissen sowie persönliche Bezüge zu Tage zu fördern,
- das inhaltliche Spektrum eines Themas zu erkunden,
- erste Zusammenhänge zu finden,
- Zusammenhänge zu erproben, die man sich schon erarbeitet hatte,
- Fragestellungen zu entwickeln,
- ins Schreiben zu kommen.

Schreibtagebuch

Walter Benjamin:
Einbahnstraße
[1928], 1955, S. 47$

»Lass dir keinen Gedanken inkognito passieren und führe dein Notizheft so streng wie die Behörde das Fremdenregister.«

Ein Schreibtagebuch kann man nutzen, um zu klären und zu planen, Informationen, Wissen, Literatur, gute Formulierungen zu dokumentieren, Fragen aufzuschreiben, denen man später nachgehen will, Wünsche und Enttäuschungen zu registrieren und zu verarbeiten, Ideen zu notieren, Aufgabenlisten zu führen usw.

Denen, die ohnehin Tagebuch führen, wird es nicht fremd erscheinen, in einem Schreibtagebuch über das nachzudenken, was sie im Zusammenhang mit einer Studienarbeit beschäftigt. Diejenigen, die noch nicht daran gewöhnt sind, ihre Erfahrungen schreibend zu dokumentieren und zu reflektieren, können sich mit dem Schreibtagebuch neue Möglichkeiten erschließen.

Viele ›Profis‹, d.h. Menschen, die konzeptionell, wissenschaftlich, literarisch oder journalistisch arbeiten, führen ein Schreibtagebuch. Das ›Arbeitsjournal‹ genannte Schreibtagebuch von Bertold Brecht zum Beispiel ist heute eine der wichtigsten Quellen für die Brecht-Forschung. Hier kann man studieren, wie Ideen auftauchen, durchdacht und ausgearbeitet werden. Hier führt der Autor seine Selbstgespräche und speichert Lese- und Gesprächsfrüchte.

Für ein Schreibtagebuch ist es hilfreich, Hefte oder Bücher zu nutzen, die man, genau wie Tagebücher, ins Regal stellen kann, wenn sie voll sind. Diejenigen, die lieber am Computer schreiben, können selbstverständlich auch eine eigene Schreibtagebuch-Datei führen. Viele bevorzugen allerdings das Schreiben von Hand, weil es den Prozess verlangsamt, weil es dabei leichter ist, Skizzen und Kritzeleien einzufügen, und weil handschriftliche Notizen ›sinnlichere‹ und damit mehrdimensionalere Spuren hinterlassen.

Manche Schreiber/innen strukturieren ihre Tagebücher, indem sie Rubriken oder Farben für verschiedene Themen oder Reflexionsebenen nutzen. Viele finden es angenehmer, einfach chronologisch vorzugehen, d.h. jeden Eintrag mit einem Datum und einem kurzen Hinweis zum Kontext zu versehen, in dem er entstanden ist (z.B.: Gespräch mit Dr. Schmidt nach dem Seminar »Richard III.«, 11. Juni 2006).

Um ein Schreibtagebuch anzufangen, kann es hilfreich sein, mit Leitfragen zu arbeiten. Wenn man dranbleibt, kristallisiert sich irgendwann eine eigene Form heraus, das Schreibtagebuch zu führen.

Leitfragen für den Anfang (Vorschlag):

- Was ist mir, z.B. in einer Gesprächs-, Lese- oder Lernsituation, auf- oder eingefallen? Was folgt daraus für meine Arbeit?
- Was habe ich, z.B. beim Lesen oder im Gespräch mit dem/der Betreuer/in, nicht verstanden? Was hat mich geärgert oder gefreut? Warum?

86

- Was habe ich heute getan? Wie habe ich es getan? Was war schwierig? Was hätte ich gern anders gemacht? Welche Fragen haben sich ergeben? Mit wem kann ich sie klären?
- Was nehme ich mir vor? (in der nächsten Dreiviertelstunde, heute, diese Woche) Welche Ziele setze ich mir?

Mind-Mapping

Wenn Sie bei der inhaltlichen Planung Ihrer Arbeit, während und vor allem nach der Auswertung von Literatur und Material oder bei der Überarbeitung Ihres Textes über die Struktur Ihrer Arbeit nachdenken und überlegen, in welcher Ordnung und Reihenfolge Sie Ihre Überlegungen und Materialien aufbereiten und präsentieren können, kann die Technik des Mind-Mapping helfen. Eine Mind-Map ist eine Visualisierung wie ein Cluster (s.o.). Anders als die Methode des Clusterns, das eine Brainstorming-Methode ist, dient die Methode des Mind-Mapping dazu, Ordnungen zu entwickeln, z.B. kann sie genutzt werden, um eine vorläufige Gliederung zu erstellen.

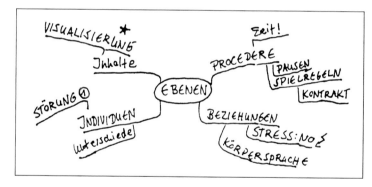

Beispiel für eine Mind-Map

Mind-Mapping eignet sich besonders gut dazu, Inhalte, Materialien, Gedanken, Ideen usw. zu **ordnen** und zu **strukturieren** (vgl. Kap. 2.4). Es ist eine kreative Technik, mit der Sie Ordnungen entwickeln können. Das Neue, das Sie dabei hervorbringen, sind nicht ›Inhalte‹, sondern Strukturen und Verknüpfungen – sinnvolle Zusammenhänge zwischen Inhalten sowie Ideen und Möglichkeiten für ihre Darstellung. Gleichwohl können einem beim Zeichnen der Mind-Map selbstverständlich auch neue inhaltliche Ideen kommen.

Das Mind-Mapping ist eine Kreativitätstechnik, die seit den 1970er Jahren insbesondere von dem Engländer Tony Buzan empfohlen und vermarktet wird. Eine Mind-Map ist eine **Landkarte des Denkens** (vgl. Buzan/Buzan 2002, S. 24ff.).

Sie können Mind-Maps in zahlreichen Etappen des Schreibprozesses, ja sogar beim Mitschreiben von Diskussionen und Vorträgen gut nutzen. Es bietet sich immer dann an, **wenn Sie mit Fülle und Komplexität konfrontiert sind**, also mit vielen Informationen, Daten, Gedanken und

Perspektiven, und diese so aufbereiten möchten, dass Sie damit weiterarbeiten können.

Folgende Grundregeln sind beim Mind-Mapping zu beachten:

- Das Papier wird im **Querformat** genutzt. In die Mitte der Seite wird das Thema (ein Schlüsselwort) geschrieben (oder eine kleine Skizze gezeichnet) und eingekreist.
- Vom Mittelpunkt ausgehend werden nun die verschiedenen Aspekte **im Uhrzeigersinn** auf Linien eingetragen wie Äste um einen Baumstamm. Es kann hilfreich sein, die Hauptäste in logischer Reihenfolge durchzunummerieren.
- Je nach Bedarf werden an den **Hauptästen** Unteräste angebracht. Von diesen weiterführenden Ästen können wieder Nebenzweige ausgehen und davon wieder neue Zweige usw. usw.
- Auf die einzelnen Linien (Hauptast, Ast, Nebenzweig etc.) werden **Stichwörter** geschrieben, die jeweils für einen Gedankenkomplex stehen. Die Stichwörter werden kurz und präzise als Substantive formuliert und in Druckbuchstaben eingetragen, um die Lesbarkeit und Einprägsamkeit der Mind-Map zu erhöhen.
- Es können unterschiedliche **Farben** benutzt werden, um die Übersichtlichkeit zu erhöhen, z.B. zusammengehörende Gedanken und Ideen durch Verwendung der gleichen Farbe zu verdeutlichen.
- **Symbole** wie z.B. Pfeile, geometrische Figuren, kleine Bilder, gemalte Ausrufe- oder Fragezeichen und selbst definierte Sinnbilder sollten so oft wie möglich genutzt werden; sie erleichtern die Erfassung des Inhalts und können helfen, einzelne Bereiche abzugrenzen oder hervorzuheben.
- Jedes Wort sollte in der Mind-Map **nur einmal** auftauchen. Falls es an einer neuen Stelle angebracht werden soll, wird es zuvor an der alten Stelle mit einer Wellenlinie eingekreist und durch eine Schraffur ausgestrichen. Erst dann wird es an die neue Stelle geschrieben.

3.3 | Stockungen im Schreibprozess und was dahinterstecken kann

›Die‹ Schreibblockade gibt es nicht. Wenn es mit dem Schreiben nicht so vorangeht, wie Sie sich das wünschen, kann das vielfältige Ursachen und Gründe haben. Das Wichtigste ist deshalb, in einer solchen Situation innezuhalten und darüber nachzudenken, womit genau es an welchem Punkt im Arbeitsprozess nicht weitergeht. Das folgende Kapitel soll Ihnen dabei als eine Art Sehhilfe dienen, die Ihren Blick dafür schärft, warum Sie nicht weiterkommen.

Das Wichtigste in Kürze

> »Kratz an einem Wissenschaftler, und es kommt ein Mensch mit Schreibschwierig-
> keiten zum Vorschein.«

Peter Elbow

Sogenannte ›Schreibblockaden‹, also Stockungen im Schreibprozess, sind äußerst verbreitet. Sie können vielfältige Ursachen haben. Manche haben gar nichts damit zu tun, wie die Person arbeitet, die darunter leidet. Sie macht grundsätzlich gar nichts ›falsch‹ und kann die Faktoren, die ihr Schreiben hemmen, deshalb auch nicht durch den Einsatz anderer ›Techniken‹ ändern.

Störungen und Hindernisse, die nichts mit der Schreibaufgabe selbst zu tun haben:

- Unterbrechungen, Ablenkungen und Störungen, die von außen kommen,
- eigene Fragen, Probleme und Zweifel, die grundsätzlich in Frage stellen, ob das Schreibprojekt gerade ›dran‹ ist.

Wenn solche Umstände das Schreiben behindern, sollten Sie nach entsprechenden **Lösungen suchen** und sich erst einmal mit den Problemen beschäftigen, die Sie daran hindern, sich an Ihr Schreibprojekt zu setzen.

Stockungen des Arbeitsprozesses:

Doch auch wenn Sie sich auf Ihr Arbeitsprojekt eingelassen haben und ohne äußere Störungen konzentriert daran arbeiten, wird es möglicherweise Phasen geben, in denen Sie den Eindruck haben, nicht weiterzukommen. Das ist normal. Solche Phasen gibt es in jedem kreativen Arbeitsprozess. Es sind diejenigen Zeiten, in denen man das Gefühl hat, völlig unproduktiv zu sein, während man doch eigentlich intensiv mit seiner Arbeit beschäftigt ist, weil man – bewusst oder unbewusst – über einem ungelösten Problem brütet.

Bei nahezu jedem größeren Schreibprojekt macht man Phasen von Unruhe, Widerstand und Konfusion durch. Solche Phasen können sehr unangenehm sein – selbst wenn man aus Erfahrung weiß, dass irgendwann ein ›Durchbruch‹ kommen wird. Das Unangenehme dabei ist, dass man in der Regel nicht weiß, ob und wann sich der Knoten lösen wird.

In solchen Zeiten ist man – scheinbar – völlig untätig. Der Abgabetermin rückt immer näher, und es ist qualvoll, nicht voranzukommen. Unbewusst passiert in solchen Phasen in der Regel eine ganze Menge. Irgendwann löst sich meist ein Knoten, ein ›fehlender Mosaikstein‹ wird sichtbar, eine Struktur deutet sich an, und Sie wissen plötzlich, wie Sie weitermachen können.

Solche kreativen Brütphasen enden meist rechtzeitig. Es ist, als habe das Wissen um den Abgabetermin eine Wirkung auf die unbewusste Klärung, die sich in solchen Phasen vollzieht. Der Mathematiker Henri Poincaré hat Anfang des 20. Jahrhunderts eine Phasenabfolge der Kreativität skizziert, an die wir mit der folgenden Tabelle anknüpfen (vgl. Poincaré 1914, S. 40–46).

Stadien des kreativen Prozesses	**Vorbereitung**	Ideen, Zutaten sammeln, Raum schaffen, Unterstützung organisieren, Brainstorming, Übersicht, Kontext klären (für wen, wann, wo?).
	Unruhe, Widerstand und Konfusion	Unlust, Gefühle von innerer Hektik und Überlastung, Zweifel, Neigung zum Verschieben.
	Inkubation	Beruhigung kehrt ein (keine bewusste Arbeit am Vorhaben – Anbrüten): Nichts oder etwas anderes tun, schwätzen, Ideen reifen lassen.
	Zündung	Eine Idee, Erkenntnis stellt sich ein, zusammen mit dem Impuls, sie zu realisieren.
	Ausarbeitung	10 % Inspiration, 90 % Transpiration: Die Arbeit beginnt und muss durchgehalten werden: Werten, Sortieren, Probieren, Strukturieren usw. (handwerkliche Realisation).

Momente der Frustration und Phasen scheinbarer Unproduktivität gehören also dazu. Wer sich auf sein Thema einlässt, wird sie – mehr oder weniger intensiv – durchmachen.

3.3.1 | Wenn Sie auf der Stelle treten

Neben den Hindernissen und Störungen, die normale Begleiterscheinungen des Schreibens sind, gibt es auch Stockungen, die durch ein Problem bei der Koordinierung der vielen Teiltätigkeiten des Schreibens entstehen. Nach einer Phase, in der Sie produktiv gearbeitet haben, kommen Sie plötzlich nicht weiter. Sie haben den Eindruck, dass Sie auf der Stelle treten. Irgendetwas sollte anders sein, aber Sie wissen nicht was.

Diese Art von Stockungen tritt häufig beim Übergang von einer Tätigkeit zur nächsten auf:

- Sie haben Ihre Arbeit umsichtig geplant. Sie haben wirklich viel gelesen. Aber Sie können einfach nicht anfangen zu schreiben, sondern beginnen immer wieder von vorn mit der Planung Ihrer Arbeit.
- Sie lesen und lesen und sehen kein Ende. Es taucht immer mehr Literatur am Horizont auf, die Sie lesen müssten. Ihr Thema wird immer umfassender. Die Grenzen verfließen.
- Sie haben schon viel geschrieben, sind aber nicht zufrieden mit dem Ergebnis. Sie ändern Textstellen, finden zusätzliches Material, das noch im Text untergebracht werden muss. Der Text ist aus Ihrer Sicht einfach nicht fertig. Und das wird nicht besser, obwohl Sie sich intensiv damit befassen.

Im Folgenden möchten wir Sie dabei unterstützen, diese Arten von Stockungen in Ihrem Arbeitsprozess zu überwinden, indem wir drei wichtige Ansatzpunkte für das zielorientierte Navigieren durch den Arbeitsprozess vorstellen:

1. Unproduktive durch produktive Vorstellungen ersetzen
2. Die Perspektive wechseln
3. Anforderungen klären und Entscheidungen treffen

1. Unproduktive durch produktive Vorstellungen ersetzen: Wenn man eine Tätigkeit erlernt, erwirbt man bestimmte Vorstellungen davon, wie diese Tätigkeit ausgeübt wird, was dazu gehört und wie sie grundsätzlich funktioniert. Diese Vorstellungen haben meist viel mit dem Kontext zu tun, in dem man zum ersten Mal mit der Tätigkeit zu tun gehabt hat. Sie entstehen durch das, was andere – anscheinend Erfahrenere – sagen. Solche Vorstellungen sind oft nicht einmal bewusst, und manchmal behindern sie das Schreiben. Im Folgenden nennen wir einige dieser hinderlichen Vorstellungen und schlagen Alternativen vor:

Produktive Vorstellungen entwickeln

Manche sind blockiert, weil sie denken, es gebe nur **den einen ›richtigen‹ Weg zum Text**, und sie hätten ihn nur noch nicht gefunden. Da könnte es schon helfen, sich zu vergegenwärtigen, dass viele Wege zu einem gelungenen Text führen können. Es kommt darauf an herauszufinden, welcher Weg für Ihre Arbeit der richtige ist. Trauen Sie Ihrem eigenen Denken und Ihren eigenen Erfahrungen!

Manche meinen, dass sie mit dem Schreiben nicht beginnen können, solange sie nicht in der Lage sind, ihre Gedanken **auf Anhieb gut zu formulieren**. Falls diese Annahme Sie behindert, sollten Sie einfach ausprobieren, Ihre Überlegungen erst einmal so hinzuschreiben, wie Sie sie schreiben können. Der Formulierungsprozess ist immer auch ein Klärungsprozess. Gelungene Formulierungen sind in der Regel das Ergebnis mehrerer Überarbeitungsgänge. Wenn Sie nicht mit dem Aufschreiben beginnen, kommen Sie womöglich niemals zu einem Text.

Manche denken, sie müssten spüren, wann sie mit einer Tätigkeit, z.B. dem Lesen, **wirklich fertig** sind. Deshalb kommen sie nicht gut von einer Phase des Arbeitsprozesses in die nächste. Hier kann es helfen, sich zu vergegenwärtigen, dass Sie die einzelnen Arbeitsportionen von sich aus begrenzen müssen. Die Beendigung eines jeden Arbeitsschrittes ist immer auch ein – notwendiger – Abbruch.

Manche **trauen sich nicht, Textentwürfe anderen zu zeigen**, bevor sie selbst sie nicht ziemlich perfekt finden. Entsprechend brüten sie lange über ihren Entwürfen, ohne die Distanz, die zu ihrer Weiterentwicklung nötig ist. Wer einmal erfahren hat, wie schnell sich Fragen im Gespräch mit anderen klären, die man allein oft nicht einmal klar zu formulieren wusste, wird diese Möglichkeit in Zukunft wahrscheinlich häufiger nutzen.

Wenn Sie sich vergegenwärtigen, dass der Arbeitsprozess beim Schreiben in der Wissenschaft **nicht linear, sondern rekursiv** verläuft, ist es leichter, von einem Arbeitsschritt in den nächsten überzugehen. Sie können immer wieder zurückkommen zu vorherigen Schritten und dort aus einer neuen Perspektive Änderungen vollziehen.

2. Die Perspektive wechseln: Sie selbst wissen zwar, dass Sie irgendwie nicht weiterkommen, aber im Hinblick auf die Ursachen der Stockungen und Schwierigkeiten haben Sie wahrscheinlich einen ›blinden Fleck‹. Sie selbst können nicht sehen, was Sie behindert, so wenig wie Sie Ihren eigenen Hinterkopf sehen können. Jemand anders kann um Sie herumgehen und Ihnen vielleicht sagen, wie es auf Ihrer Rückseite aussieht. Jemand anders oder – Sie selbst, und zwar mit Hilfe einer Variante des Schreibdenkens.

Übung   **Ihr Schreibprojekt gerät ins Plaudern**
Versetzen Sie sich einmal in das Schreibprojekt hinein, mit dem Sie gerade beschäftigt sind. Stellen Sie sich vor, es geht einen Kaffee trinken und trifft dabei zufällig ein paar andere Schreibprojekte. Es beginnt eine Unterhaltung, und die Schreibprojekte beginnen – ein bisschen indiskret – über ihre Bearbeiter/innen zu sprechen. Das könnte etwa so klingen:
»Nein wirklich, es ist schon großartig, von XY geschrieben zu werden, aber unter uns, – ich hab' es auch nicht immer ganz leicht mit ihm/ ihr. Sie ist manchmal schon sehr speziell. Gestern z.B. ...«
Lassen Sie auf 1 bis 2 Seiten Text Ihr Schreibprojekt sprechen. Schreiben Sie einfach locker drauflos. Achten Sie dabei nicht auf sprachliche Korrektheit und gute Formulierungen. Nehmen Sie sich einfach 10 Minuten Zeit, um zu sehen, was Ihre Arbeit erzählt.
Hilfreich ist es, sich danach mit einem Freund/einer Freundin darüber auszutauschen, was Sie geschrieben haben. Fragen und Antworten können dazu führen, dass sich für Sie etwas klärt.

Diese Schreibübung kann dabei helfen, aus einer anderen Perspektive auf Ihre Situation und Ihre Arbeitsweise zu blicken. Möglicherweise gelingt es Ihnen, Fragen und Probleme zu erkennen, die Ihnen zuvor nur vage bewusst waren. Manchmal entstehen sogar Ansätze für einen konstruktiven Umgang mit Problemen und Hindernissen. Denn: In der Formulierung einer Schwierigkeit steckt oft schon die halbe Lösung.

3. Anforderungen klären und Entscheidungen treffen: Wenn man eine wissenschaftliche Arbeit schreibt, muss man permanent Entscheidungen treffen.

Das ist nicht immer leicht, denn es gibt so viele Anforderungen, die man selbst oder andere an das stellen, was man tut. Man hat im Kopf, was die Lehrenden erwarten, welche Maßstäbe ›die‹ Wissenschaft hat, was die Eltern wollen, wie man selbst sich sehen möchte etc. Viele der Anforderungen, mit denen man täglich umgeht, sind implizit, und einige stehen im Widerspruch zueinander.

Wenn es zu Stockungen kommt, ist es manchmal nötig, sich diese Anforderungen bewusst zu machen, um Entscheidungen darüber treffen zu können, welche man berücksichtigen wird und welche nicht. Wenn Sie z.B.

- ... mit der Frage hadern, ob Sie bei der Bearbeitung Ihres Themas **mehr in die Breite** (möglichst viele Autoren oder Aspekte berücksichtigen) **oder in die Tiefe** (einen Autor, einen Aspekt, den aber gründlich behandeln) gehen sollen. Da hilft nur eines: Sich entscheiden und die Fragestellung in die eine oder andere Richtung präzisieren.
- ... **alles perfekt machen möchten, aber ahnen, dass die Zeit dafür einfach nicht ausreichen wird**. Da hilft nur eines: Sich entscheiden, ob Sie eine Verlängerung aushandeln möchten, oder ob Sie bereit sind, Abstriche an der Perfektion in Kauf zu nehmen. Oft werden Arbeiten, an denen mit geringerem Perfektionsanspruch gearbeitet wurde, sogar besser als die, die sehr perfektionistisch bearbeitet wurden.
- ... **nicht nur eine gute Note erreichen** (also den wissenschaftlichen Ansprüchen genügen), **sondern auch zugleich etwas in der Welt bewegen** möchten (und deshalb ständig hin und her schwanken zwischen Hausarbeit und Flugblatt). Da hilft nur eines: Sich entscheiden, was Sie zuerst machen: erst die Hausarbeit oder erst das Flugblatt. Hier gilt nun wirklich: Eins nach dem anderen.
- ... **Vorstellungen haben, die mit denen Ihres/Ihrer Dozent/in nicht zusammenpassen**. Hier gibt es mehrere Möglichkeiten: Sie können sich den Anforderungen anpassen, Sie können in Verhandlung gehen und für Ihre Vorstellungen eintreten, Sie können sich eine/n andere/n Dozent/in suchen oder – als letzte aller Möglichkeiten – sogar das Schreibprojekt abbrechen. Wichtig ist, eine Entscheidung zu treffen – und zwar möglichst rasch nachdem Differenzen sichtbar werden.

Schwierigkeiten gehören dazu

In der Regel bekommt man von den Schreibschwierigkeiten anderer nichts mit. Denn mit den Schwierigkeiten gehen oft Selbstzweifel und Scham einher. Viele, die an der Universität schreiben, ob Studierende, Doktorand/innen oder Professor/innen, verbergen sie deshalb sorgfältig vor ihrer Umgebung. Umso befreiender, wenn mal einer wie der berühmte Pädagoge Hartmut von Hentig, dem man Unfähigkeit nicht vorwerfen kann, von den typischen Schwierigkeiten beim Schreiben spricht:

Hartmut
von Hentig
1999, S. 19

Schreiben »hat mir immer Pein bereitet, ist mir eine Verlegenheit geblieben bis zu diesem Augenblick. Ja, Schreiben macht nicht Schwierigkeiten, Schreiben ist Schwierigkeit, genauer: es ist die eigentliche Erschwerung der mir jeweils gestellten Aufgabe, der jeweils anfallenden Sache«.

Hentig bricht hier ein Tabu, indem er über die Fehlbarkeit, das »Elend der prinzipiellen Imperfektion« (ebd., S. 20), spricht, über die selten öffentlich gesprochen wird.

Würde die »prinzipielle Imperfektion« im Sinne der Prozesshaftigkeit des wissenschaftlichen Produzierens und Kommunizierens zur anerkannten Größe, gäbe es womöglich weniger Blockaden beim Schreiben, und vielleicht würden dadurch sogar die Produkte an Qualität gewinnen.

3.3.2 | Schreiben unter Druck

Eine Prüfung jagt die nächste, die Hausarbeit sollte schon längst abgegeben sein, das Fahrrad geht kaputt, und Sie haben Streit mit Ihrem besten Freund. Ein Alptraum? Nein. Das ganz normale Leben, das auch vor dem Schreiben nicht Halt macht. Immer wieder gibt es Situationen, in denen man mit dem Schreiben unter Druck gerät. Unwillkürlich tendiert man dann oft dazu, den Druck noch weiter zu erhöhen, indem man unrealistische Ansprüche an sich stellt. Das Wichtigste ist deshalb, zu versuchen, sich für einen Moment zu besinnen und die Situation zu klären.

Im Folgenden finden Sie Anregungen, wie Sie mit zwei Situationen umgehen können, die häufig mit Druck verbunden sind: dem Zeitmangel und der Ablenkung durch Befürchtungen, Probleme oder Kummer.

Tipp

→ Drucksituationen erkennen

Wenn Sie in einer Schreib- und Arbeitssituation unter Druck geraten, sollten Sie dem Impuls widerstehen, möglichst schnell zu handeln. Wer unter Druck handelt, hat nur eingeschränkten Zugang zu seinen Kompetenzen. Deshalb ist es wichtig, zunächst ein wenig Abstand zu gewinnen: Können Sie benennen, was Ihnen Druck macht? Schreiben Sie in einigen Stichworten auf, was Ihnen gerade durch den Kopf geht.

Schreiben in kurzer Zeit (nach Belanoff/Elbow 1999, S. 463f.):
Sie haben gelesen und gelesen, aber noch keine Zeile zu Papier gebracht.
Nun bleibt nur noch eine Nacht, um den Essay zu schreiben. In einer
solchen Situation kann es nicht mehr das Ziel sein, einen möglichst
guten Text zu schreiben, sondern nur noch einen Text zu verfassen, der
funktioniert. Mehr nicht.

Vorgehen Schritt für Schritt
Notieren Sie den Grundgedanken oder die Fragestellung, zu der Sie
schreiben: Gibt es mehr als einen Gedanken bzw. mehr als eine Frage?
Stecken dahinter noch andere Fragen bzw. Ideen? Notieren Sie diese.
  Überlegen Sie sich eine Textstruktur.
- Wenn Sie noch nicht wissen, was Sie mit welchem Ziel sagen wollen, listen Sie zunächst alle Punkte, die Ihnen einfallen, in belie-
  biger Reihenfolge auf. Sortieren Sie diese Punkte dann nach ihrer
  Wichtigkeit.
- Wenn Sie wissen, was Sie mit welchem Ziel sagen wollen, listen Sie
  zunächst die einzelnen Gliederungspunkte in entsprechender Reihenfolge auf und formulieren Sie daraus vollständige Sätze. Die
  Gliederung sollte sich ›locker‹ heruntererzählen lassen. Ein Schema
  aus Stichworten ist deshalb nicht hilfreich. Wenn Sie den Eindruck
  haben, dass die einzelnen Punkte nur sehr abstrakt miteinander verbunden sind, sollten Sie noch einmal überlegen, was Ihre Hauptaussage ist und in welchen Schritten Sie sie begründen können.

→ Beim Erstellen der Textstruktur unter Zeitdruck ist es wichtig,
nicht nach der einzig gültigen und bestmöglichen Version zu
suchen, sondern sich einfach für die nächstbeste zu entscheiden,
die praktikabel erscheint.

Tipp

Formulieren Sie eine Rohversion, in der Sie so schreiben, als ob Sie auf
dem Papier reden oder erzählen würden. Informieren Sie Ihre/n Leser/
in über Ihr Vorgehen (»... definiere ich zunächst den Begriff X, komme
dann zu der Verwendung des Begriffs bei Y«) und strukturieren Sie den
Text sprachlich (»erstens«, »zweitens« etc.).
Lesen Sie den Text laut und prüfen Sie, ob die Struktur nachvollziehbar
ist. Nehmen Sie letzte Korrekturen vor.

Eine Alternative ist das **Schreiben nach Karten**. Es bietet sich besonders an, wenn Sie in einer Situation sind, in der rasch Text entstehen
muss, Sie sich aber durch Angst, Überlastung oder Kummer stark eingeschränkt fühlen. Der Grundgedanke dieser Vorgehensweise besteht
darin, immer nur eine Sache zu tun und sich auf diese Weise emotional
zu entlasten.

Tipp

→ Schreiben nach Karten

Alle Punkte, die irgendwie mit dem Thema zu tun haben, auf Karten schreiben. Immer ganze Sätze formulieren.

Dann alle Karten in Häufchen sortieren. Dabei nach Gefühl entscheiden, was zusammengehört.

Bestimmen: Wie gehören diese Karten zusammen? Pro Häufchen den zentralen Gedanken aufschreiben.

Häufchen mit Hauptgedanken in eine Reihenfolge bringen. Keine abstrakte Formel, sondern eine Denkgeschichte konstruieren.

Auf einer Extra-Karte die wichtigste Aussage notieren.

Hauptaussage mit der Gliederungsstruktur vergleichen. Wenn nötig, Reihenfolge der Kartenhäufchen anpassen.

– Kurze Pause –

Schreiben. Auch wenn die Sätze grauenvoll klingen.

Sich den Text dann laut vorlesen. Letzte Korrekturen.

Schreiben, wenn man nicht klar denken kann (nach Belanoff/Elbow 1999, S. 466f.):
Mit Angst, Überlastung oder Kummer kann niemand besonders gut denken. Die Aufmerksamkeitskapazität von Menschen ist begrenzt. Wenn Unklarheiten, Befürchtungen oder Probleme alle Aufmerksamkeit auf sich ziehen, bleibt für das Schreiben und Denken wenig übrig. In einer solchen Situation ist es wichtig, sich wo immer möglich zu entlasten, damit wieder Kapazitäten für konzentriertes Arbeiten frei werden.

- Machen Sie eine Pause, wenn das möglich ist, und verbringen Sie diese Pause auf möglichst angenehme Weise (Badewanne, Torte, Spaziergang ...).
- Rufen Sie einen Freund oder eine Freundin an und bitten Sie ihn/sie, einfach nur zuzuhören. Meist braucht man in einer solchen Situation gar keine Ratschläge, sondern ein offenes Ohr. Ratschläge können dagegen wieder Druck erzeugen.
- Schreiben Sie in einem Freewriting oder Cluster (vgl. Kap. 3.2.1) alles auf, was Sie belastet. Sortieren Sie die Schwierigkeiten und überlegen Sie: Was kann ich klären? Wann und wie kann ich es klären? Was kann ich nicht klären? Wenn Sie in Ihrem Kopf und in Ihrer Seele

›Ordnung gemacht‹ haben, entsteht unter Umständen wieder Raum für konzentriertes Arbeiten.

- Falls Sie feststellen, dass Sie einfach nicht schreiben können, machen Sie einen Plan B. Informieren Sie alle, die wissen müssen, dass Sie Ihren Text nicht termingerecht abgeben werden. Falls Sie selbst dazu nicht in der Lage sind, bitten Sie eine/n Freund/in oder eine/n Familienangehörige/n, dies zu tun. Das Leben geht weiter, und die Welt geht nicht unter, wenn Sie Ihren Text nicht schreiben können. Es gibt immer Alternativen, die man aber in der Regel unter Druck nicht sehen kann. Hilfe und Rat finden Sie in solchen Fällen auch bei der Studienberatung Ihrer Universität.

3.4 | Feedback und Beratung

Feedback ist hilfreich und kann Ihnen ersparen, viel Zeit für Zweifel, Verwirrung und Unklarheit zu verwenden. Hinweise, wie Sie es produktiv und professionell nutzen können, finden Sie in diesem Kapitel.

Das Wichtigste in Kürze

Studierende der Geistes- und Sozialwissenschaften haben oft den Eindruck, die Anforderung an das wissenschaftliche Schreiben bestehe darin, in ›Einsamkeit und Freiheit‹ großartige Werke zu produzieren. Sie schämen sich für die scheinbar banalen Fragen, die sich zu Hause am Schreibtisch auftun. Um in einer solchen Situation nicht in Ratlosigkeit zu versinken, hilft nur eines: **Raus mit den Fragen!** Quälen Sie sich nicht allein, sondern nutzen Sie die Unterstützung und das Feedback von Freunden, Kommiliton/innen, Arbeitsgruppen und professionellen Berater/innen, und fordern Sie die Beratung Ihres Betreuers/Ihrer Betreuerin ein, wenn es um Fragen geht, die nur er/sie beantworten kann.

Was oft nicht wahrgenommen wird: Nicht erst im Endstadium der Textproduktion, sondern gerade zu einem frühen Zeitpunkt ist die Rückmeldung von anderen besonders hilfreich. Feedback auf Ideen, Pläne, Gliederungsentwürfe und Texte unterstützt dabei, die **Betriebsblindheit** zu durchbrechen, die entsteht, wenn man sich ganz allein mit einem Thema beschäftigt.

Feedback unterstützt bei der
- Orientierung in der Fülle von Material, Gedanken und Ideen,
- Klärung und Entscheidung bei der Fokussierung und Strukturierung,
- Vorbereitung des nächsten Schrittes bei der Weiterarbeit.

Feedback und Ratschläge werden ganz unterschiedlich auf Sie und Ihren Arbeitsprozess wirken, je nachdem, von wem sie kommen und auf welche Weise sie gegeben werden. Überlegen Sie, wie anders es z.B. auf Sie wirkt, wenn ein Professor eine Ihrer Ideen kritisiert oder wenn ein Freund das tut. Und überlegen Sie, welchen Unterschied es macht, ob jemand Ihnen seinen persönlichen Eindruck zu Ihrer Idee oder Ihrem Text schildert (»Als ich das gelesen/gehört habe, dachte ich ...«) oder ob er bewertet (»Das ist falsch/richtig, weil ...«).

Feedback kann destruktiv und entmutigend sein, selbst wenn die Feedback-Gebenden es gut meinen. Es ist deshalb wichtig, diese besondere Kommunikationssituation gut vorzubereiten. Im Folgenden finden Sie dazu einige grundlegende Hinweise.

3.4.1 | Organisation von Feedback: Allgemeine Hinweise

Tipp

> → Präzisieren Sie Ihr Feedbackanliegen!

Sie selbst und Ihr/e Feedbackgeber/in sollten unbedingt wissen, was Sie wissen wollen und was Sie brauchen, um weiterarbeiten zu können. Es ist nicht hilfreich, zu viele Feedbackfragen auf einmal zu stellen. Eine Feedback- und Beratungssitzung sollte möglichst nur einen Fokus haben. Deshalb sollten Sie vorab genau klären, welche Feedbackfrage im Vordergrund stehen soll.

Feedbackanliegen Mögliche Feedbackfragen und -anliegen
- Ist meine Grundidee verständlich?
- Ist in diesem Text/in dieser Gliederung ein roter Faden erkennbar?
- Sind meine Sätze klar?
- Habe ich genügend relevante Literatur ausgewählt? Gibt es andere, bessere, relevantere Literatur?
- Ist in dem, was ich geschrieben habe, ein Hauptgedanke erkennbar?
- Ich habe bisher Aspekt A und Aspekt B meines Themas bearbeitet. Nun merke ich, dass das eigentlich zwei Arbeiten wären. Welchen Aspekt sollte ich weglassen?
- Ist interessant, was ich erzähle/schreibe?
- Kann ich die Arbeit in dieser Form zu Ende bringen? Oder sollte ich noch etwas hinzufügen/weglassen/ändern?
- Ist diese spezielle Passage verständlich? Wird klar, was ich da sagen möchte?
- usw.

Tipp

> → Wählen Sie den/die passende/n Feedbackpartner/in!

Möchten Sie eine Rückmeldung auf **fachliche Fragen**, ohne sich dabei schon dem beurteilenden Blick Ihres/Ihrer Betreuer/in auszusetzen? Dann wählen Sie **eine/n Kommilitonen/in, eine/n Doktoranden/in** oder eine andere Person, die fachlich qualifiziert ist und die Sie nach ihrer Einschätzung fragen können.

Möchten Sie wissen, ob die Gliederung oder die Schreibweise Ihrer Arbeit überhaupt **verständlich** ist? Dann fragen Sie **eine/n fachfremde/n Kommilitonen/in**, ob er/sie verstehen kann, wie die Abschnitte/Kapitel Ihrer Arbeit aufeinander aufbauen.

Möchten Sie wissen, ob Sie die Arbeit so zu Ende bringen und einreichen können, ob sie inhaltlich und strukturell **den Anforderungen genügt**? Für die Beantwortung solcher Fragen kommt nur **Ihr/e Betreuer/in** in Frage.

→ Versorgen Sie Ihre/n Feedbackgeber/in mit ausreichend Information!	Tipp

Wer Ihnen Feedback gibt, sollte vorher wissen:

- worum es in Ihrer Arbeit geht,
- wer die Arbeit am Ende lesen wird,
- was Sie mit Ihrer Arbeit erreichen möchten (das kann eine Note sein, aber auch ein inhaltliches Ziel),
- was für eine Arbeit Sie schreiben (Hausarbeit, Essay, Doktorarbeit usw.),
- in welchem Stadium sich Ihre Arbeit befindet (handelt es sich um eine Idee, eine Skizze, die erste Version eines Exposés, die schon mehrfach überarbeitete Version eines Textes?),
- wie viel Zeit Ihnen für die Weiterarbeit zur Verfügung steht,
- was Sie vom Feedback erwarten, worauf das Feedback gegeben werden soll (s.o.),
- in welchem Semester bzw. in welcher Studienphase Sie sind.

→ Ratschläge sind nur eine Form des Feedbacks. Nutzen Sie auch andere Feedbackformen!	Tipp

Peter Elbow (2000, S. 29) nennt die Möglichkeit, durch bloßes Zuhören ein Feedback zu geben (1). John Bean (2011, S. 296–302) unterscheidet Feedback durch Resonanz (2), in dem die Leser/innen bzw. Hörer/innen einfach nur sagen, wie sie persönlich auf den Text reagiert haben, von ratgebendem Feedback (3), in dem sie sagen, was mit dem Text gemacht werden müsste, damit er vor dem Hintergrund bestimmter Anforderungen ›besser‹ wird.

1. Zuhören: Dass bloßes Zuhören eine Form von Feedback sein kann, werden Sie merken, wenn Sie einer Person, die Ihnen aufmerksam zuhört, einen Text vorlesen. Der Effekt kann verblüffend sein. Manche Ungereimtheit wird allein dadurch plötzlich sichtbar, dass Sie beim Vorlesen die Perspektive eines/einer Zuhörer/in mitdenken. Sie lesen Ihren Text **mit anderen Augen** bzw. Sie hören ihn mit anderen Ohren. Und plötzlich ist eine Distanz da, die Sie beim ›einsamen‹ Durchlesen nicht hatten. Wenn Sie nur wissen möchten, wie Ihr Text klingt und ob es darin ›Stolperstellen‹ gibt, ist es oft nicht nötig zu hören, was Ihr Gegenüber denkt, sondern es reicht aus, ihn laut zu lesen. Markieren Sie die Stellen, an denen Sie merken, dass etwas nicht stimmt.

2. Feedback durch Resonanz: Wenn Sie eine/n Kommilitonen/in um diese Art von Feedback bitten, sollten Sie ihm/ihr deutlich machen, dass Sie vor allem wissen möchten, wie der Text auf sie/ihn gewirkt hat. Es geht darum, dass er/sie seinen/ihren Lese- oder Höreindruck möglichst präzise schildert, **ohne zu bewerten** oder eine Empfehlung auszusprechen. Diese Form des Feedbacks ist immer dann besonders hilfreich, wenn es darum geht, die Gedanken zu klären.

3. Ratgebendes Feedback: Ein häufiges stilles, d.h. unausgesprochenes Feedbackanliegen besteht darin, von der Schwere der Entscheidung für eine bestimmte Schreibweise, eine Grundidee, eine Gliederungsidee entlastet zu werden. »Soll ich es so oder so machen?« Bei solchen Entscheidungsfragen ist es naheliegend, eine Person um Rat zu fragen, deren Urteil man traut. Beachten Sie dabei: **Auch wenn Sie einen Rat annehmen, tragen Sie weiterhin selbst die Verantwortung für Ihren Text**. Die letzte Entscheidung kann Ihnen niemand abnehmen. Andere können Sie nur bei der Entscheidungsfindung unterstützen.

Tipp	→ Rechtfertigen Sie sich nicht!

Konzentrieren Sie sich darauf, das Feedback entgegenzunehmen und genau zuzuhören. Notieren Sie, was Ihr Gegenüber anmerkt. Ihre Haltung sollte sein: **Danke, ich werde darüber nachdenken**.

Warum ist es wichtig, sich nicht zu rechtfertigen? Ihre Energie sollte darauf gerichtet sein, Ihre Arbeit zu verbessern, nicht darauf, dem Feedbackgeber zu erklären, dass Sie gar nicht so dumm sind, wie der Text vermuten lässt. Denken Sie immer daran: **Nicht Sie sind dumm, sondern Ihr Text/Gedanke ist noch nicht ausgereift**. Die Rolle Ihres Feedbackgebers besteht darin, Sie dabei zu unterstützen, den Text weiterzuentwickeln und zur Reife zu bringen.

Manchmal kann es wichtig sein, etwas zu erklären oder eine Nachfrage zu stellen, z.B. wenn sich dadurch auch für Sie etwas klärt. Gegen gemeinsames Nachdenken spricht nichts, wohl aber dagegen, dass Sie sich rechtfertigen.

3.4.2 | Feedback geben: Was zu beachten ist

Wer anderen eine Rückmeldung gibt, um sie beim Schreiben zu unterstützen, kann sich dabei auf das Repertoire an freundlichem und wertschätzendem Kommunikationsverhalten verlassen, das jedem von uns zur Verfügung steht. In diesem Sinne sind die folgenden Regeln und Hinweise als eine Art Erinnerungsstütze zu verstehen. Sie sollen nicht mechanisch befolgt werden, sondern vielmehr dabei helfen, im ›Eifer des Gefechts‹ – sowohl Feedback geben als auch es bekommen ist eine sensible Sache – nicht zu vergessen, dass Feedback immer ein Service für den/die Autor/in sein soll.

Was sich für das Geben von Feedback als hilfreich erwiesen hat:
- Positives bewusst wahrnehmen und zuerst nennen.
- Subjektiv formulieren (»mir ist aufgefallen«, »habe ich nicht ganz verstanden«) und versuchen, sich vorzustellen, wie die Feedback nehmende Person das Feedback ›hört‹.
- Konstruktiv, auf Weiterarbeit und Wünsche der Feedback nehmenden Person gerichtet sprechen.
- Verantwortung für den Text, vor allem auch den Inhalt, bei der Feedback nehmenden Person lassen.

Tipp

- Konkret und auf den Text bezogen sprechen (nur mit schriftlicher Vorlage).
- Vor dem Beginn des Feedbacks jeweils warten, bis die Feedback nehmende Person die Textstelle gefunden hat, um die es jeweils geht.
- Dabei möglichst genau die Ebene benennen, auf die sich das Feedback bezieht (Wortwahl, Satzbau, Überleitungen, Ideen, Argumente etc.).

Anderen konstruktives Feedback zu geben, trägt zur eigenen Entwicklung bei, man lernt dabei viel über Texte, Textproduktion und über das Zusammenarbeiten.

3.4.3 | Feedback und Rat vom Betreuer/von der Betreuerin

Bereits wenn Sie mit der Person, die Sie betreuen wird, das Thema für eine Studienarbeit absprechen, sollten Sie klären, was sie von Ihnen erwartet und was Sie von ihr erwarten können: Können Sie ihre Zeit beanspruchen, wenn Sie Fragen haben? Ist sie bereit, Vorversionen Ihrer Arbeit zu lesen und Ihnen eine Rückmeldung zu geben? Haben Sie Gelegenheit, die Arbeit nach der Begutachtung noch einmal zu überarbeiten und damit die Note zu verbessern?

Manche Fragen kann nur die betreuende Person selbst beantworten, denn sie ist es in der Regel auch, die Ihre Arbeit beurteilen wird. Lehrende haben in der Regel viel zu tun und wenig Zeit. Deshalb ist es **wichtig, Beratungsgespräche mit Lehrenden möglichst gut vorzubereiten**. Zeigen Sie, dass Ihnen bewusst ist, wie kostbar die Zeit Ihres Gegenübers ist. Am besten sagen Sie gleich zu Beginn, wie viel Zeit das Gespräch aus Ihrer Sicht in Anspruch nehmen wird. Das entspannt die Atmosphäre und öffnet den Raum für eine ruhige, sachorientierte Besprechung.

Die Gesprächsanalytikerin Dorothee Meer hat untersucht, welche Schwierigkeiten in der Kommunikation zwischen Lehrenden und Studierenden in Sprechstunden auftreten, und daran anknüpfend Empfehlungen für die Gestaltung dieser besonderen Gesprächssituation formuliert (vgl. Meer 2003).

Tipp

→ Beratungsgespräch mit Ihrem/Ihrer Betreuer/in

Vorbereitung
- Notieren Sie alle Fragen, bei denen Ihnen ein/e Kommilitone/in bzw. ein/e fachfremde/r Berater/in nicht helfen kann und die nur Ihr/e Betreuer/in beantworten kann.
- Sortieren Sie Ihre Fragen. Bringen Sie sie in eine Reihenfolge, die für Ihre Arbeit sinnvoll ist (z.B. nach Wichtigkeit, nach Arbeitsschritten: Was muss zuerst geklärt werden, damit Sie weiterarbeiten können?).
- Notieren Sie auch, wozu Sie Unterstützung benötigen: »Kennen Sie einen Text, mit dem ich ...?«
- Versuchen Sie den Zeitbedarf des Beratungsgesprächs abzuschätzen.
- Vereinbaren Sie mit Ihrem/Ihrer Betreuer/in einen Termin mit fester Zeitbegrenzung (nicht mehr als 1 Stunde).
- Wenn Sie unsicher sind, ob Sie Ihrem/Ihrer Betreuer/in Ihre Fragen stellen können, ohne sich zu blamieren: Besprechen Sie Ihre Fragen vorher mit einem/einer Kommiliton/in oder einem/einer anderen Berater/in, z.B. aus der Studienberatungsstelle.

Durchführung
- Während des Gesprächs notieren Sie alle Anmerkungen, Ratschläge und Hinweise Ihres/Ihrer Betreuer/in.
- Wenn etwas nicht ganz klar ist, fragen Sie nach!
- Fragen Sie vor allem auch nach dem Status unerwarteter Ratschläge, z.B.: »Erwarten Sie, dass ich das mache, oder ist das nur eine Anregung/Idee?«
- Kommen Sie auf Ihre Fragen zurück, falls das Gespräch einen unerwarteten Verlauf nimmt.

3.4.4 | Feedback in Kolloquien, bei Tagungen und Konferenzen

Für Fortgeschrittene: Vor allem im Graduiertenstudium, wenn Sie an Kolloquien teilnehmen oder Ihr Arbeitsprojekt im Rahmen von Tagungen und Konferenzen vorstellen, setzen Sie sich Feedbacksituationen aus, die Sie wenig steuern können. Hier ist es hilfreich, sich zu vergegenwärtigen, was für eine Art von Feedback bevorsteht und aus welchen Motivlagen die Feedbackgeber/innen sprechen könnten. Mit welcher Autorität, in welcher Form und mit welchen Zielen wird man auf Ihre Ideen reagieren? Welchen Status haben die Kommentare, die Sie von anderen hören werden?

Situationen, in denen Fachwissenschaftler/innen derselben Qualifikationsstufe auftreten, um sich im Rahmen von Vorträgen über ihre Arbeit auszutauschen, sind immer Gelegenheit zur **Kooperation** und Weiterentwicklung. Ebenso spielt in solchen Situationen meist aber **auch unterschwellige Konkurrenz** eine Rolle. Oft nutzen andere solche Situationen, um sich über die geäußerte Kritik selbst zu positionieren. Dies sollten Sie sich vergegenwärtigen, wenn Sie einen Kommentar oder ein ›Feedback‹ nicht hilfreich finden.

Aber selbst in solchen Situationen können Sie versuchen, die Feedbacksituation zu gestalten: Sie können aus der Rolle einer Person aussteigen, die nur *beurteilt* wird. Ihre Haltung könnte sein: Ich stelle meine Arbeit zur Diskussion, um sie auf Basis des Feedbacks noch besser zu machen. Stellen Sie dem Publikum gezielt Fragen, nutzen Sie die Zuhörenden aktiv, um zu hören, wie sie auf Ihre Arbeit reagieren.

Über das
Studium hinaus

Ohne Feedback seine Schreibfertigkeiten zu verbessern ist nahezu unmöglich. Das bestätigt A. (Studium der Literaturwissenschaften, Geschichte und Germanistik), Autorin und Leiterin eines Redaktionsbüros. Ihr Tipp:

»Man braucht als Studierender und als Berufsstarter ständiges Feedback, einen Sparringpartner, der einem die Augen öffnet und dazu »zwingt«, das eigene Denken, Schreiben, eigene Ziele und Motivationen zu reflektieren, und der einem Hilfsmittel an die Hand gibt. Erst dann kann man sich wirklich weiterentwickeln. Suchen Sie sich einen »persönlichen« Mentor, Coach, Ausbilder, der sie anleitet, korrigiert und Ihnen Tipps gibt. »Nerven« Sie Ihren Praktikumsbetreuer, Redaktionsleiter, Textchef bei der Agentur etc., dass er Ihre Texte mit Ihnen bespricht. Sich abwimmeln lassen gilt nicht. Zeit hat nie jemand. Sie müssen beharrlich (aber nicht unverschämt) sein.«

3.5 | Schreiben im Team

Das Wichtigste
in Kürze
Wer im Team schreibt, sollte einige der Grundregeln kennen, die diese Art zu arbeiten befördern. Die wichtigste lautet: Nichts funktioniert ›einfach so‹: Das Schreiben im Team muss laufend vorbereitet und organisiert werden.

Allein zu schreiben ist ein Abenteuer. Es mit anderen zu tun, ist vielleicht sogar noch ein größeres. Denn hier kommt zu all den bereits genannten Anforderungen noch eine dazu: mit Co-Autor/innen zu verhandeln.

Wer im Studium vor der Wahl steht, eine Hausarbeit allein oder in Zusammenarbeit mit anderen zu schreiben, sollte sich vergegenwärtigen, dass sich der Wert einer Gruppenarbeit vor allem daran bemisst, ob man den Eindruck hat, die gestellte Aufgabe mit anderen besser bewältigen zu können als allein.

Wenn Sie keine Wahl haben, weil eine Gruppenarbeit im Studium vorgeschrieben ist, sollten Sie auf einer **sorgfältigen Vorbereitung** der gemeinsamen Arbeit bestehen. Denn wenn den einzelnen Teilnehmer/innen nicht klar ist, was sie für die und in der Gruppe leisten sollen, wirkt das demotivierend und führt manchmal zu Trittbrettfahrerverhalten. Dann macht eine/r die Arbeit und die anderen lernen nichts.

Sie finden im Folgenden Anregungen, wie Sie Ihre Zusammenarbeit im Team planen und Verbindlichkeit herstellen können.

Potentiale und
Chancen
Im Team zu schreiben, bringt die Potentiale und Chancen mit sich, die Teamarbeit grundsätzlich hat: Die Teilnehmer/innen profitieren von den unterschiedlichen Erfahrungen und Perspektiven. Einer kann gut

strukturieren, einer anderen fällt es leicht, Rohtexte zu produzieren, ein Dritter hat schon viel Erfahrung darin, die Zusammenarbeit in einer Gruppe zu organisieren etc. Gerade bei wissenschaftlichen Texten, wo **Perspektivenvielfalt** und eine gründliche Bearbeitung von Themen gefragt sind, kann die Arbeit im Team den kreativen Prozess sehr fördern, weil die begrenzte Sichtweise von Einzelnen in der gemeinsamen Diskussion erweitert und man im Gespräch mit den anderen dazu gezwungen wird, **Vorannahmen zu explizieren** und seinen Standpunkt zu begründen.

All diese positiven Effekte kommen jedoch nur zustande, wenn bestimmte Voraussetzungen erfüllt sind: Das Schreiben im Team bedeutet auch eine Investition. Wer sich darauf einlässt, sollte sich darüber im Klaren sein, dass es Zeit und Kraft kostet sowie Geduld und die Bereitschaft, sich auf andere, ihre Arbeitsweise und ihr Arbeitstempo einzulassen (vgl. auch Jakobs 1997, S. 16). Und was besonders wichtig ist: Es erfordert **Verbindlichkeit** und die Bereitschaft, **Verantwortung** zu übernehmen.

Voraussetzungen

Damit die gemeinsame Arbeit im Team nicht nach dem Motto »Toll, **e**in **a**nderer **m**acht's« verläuft, müssen alle die folgenden **Grundprämissen von Teamarbeit** akzeptieren (Herwig-Lempp 2000, S. 38/39):

1. Jede/r trägt zur Lösung der gestellten Aufgabe bei.
2. Jede/r trägt zur Organisation der Zusammenarbeit bei.
3. Jede/r achtet auf den gemeinsamen Arbeitsprozess und thematisiert Schwierigkeiten, die sie/er wahrnimmt.

Das heißt nicht, dass alle zu jedem Zeitpunkt auf allen Ebenen in gleicher Weise verantwortlich sind, aber alle achten darauf, dass geklärt ist, wer was übernimmt. Zur Vorbereitung sollten alle Teammitglieder zunächst jeweils einzeln für sich die folgenden Anforderungen reflektieren und überlegen, ob sie sie erfüllen können.

→ Verbindlichkeit: Worauf es ankommt

Jede/r Einzelne sollte

- vorbereitet zu jedem Teamtreffen kommen,
- übernommene Aufgaben innerhalb des vereinbarten Zeitraums fertigmachen bzw., falls sich das als unmöglich erweist, das Team rechtzeitig darüber informieren, damit die ursprüngliche Planung korrigiert werden kann,
- sich konstruktiv an der Diskussion beteiligen,
- den anderen gut zuhören,
- Schwierigkeiten ansprechen, die er/sie wahrnimmt.

Tipp

3.5.1 | Zusammenarbeit organisieren

Der Einstieg: Teamfindung

Das erste Treffen im Team ist besonders wichtig, weil hier die Grundlage für die weitere Zusammenarbeit gelegt wird. Alles, was hier geklärt wird, zahlt sich später in einer reibungsloseren Prozessabwicklung aus. Es lohnt sich also, in dieses Treffen zu investieren.

Die folgende Checkliste dient dazu, grundlegende Erwartungen an die gemeinsame Arbeit zu explizieren und miteinander zu verhandeln.

Checkliste

> **Klärung der Arbeitsgrundlage**
> → Welche Erfahrungen habe ich mit der Arbeit in Teams und Gruppen gemacht?
> → Welche Art von Kommunikation und Verhalten wünsche ich mir für die Zusammenarbeit (z.B. ausreden lassen, pünktlich sein etc.)?
> → Was bringe ich an Ressourcen, Fähigkeiten, Erfahrungen in die gemeinsame Arbeit ein? Was kann ich besonders gut?
> → Wofür und in welchen Phasen würde ich gerne die Verantwortung übernehmen?
> → Welche meiner Gewohnheiten und Eigenarten sollten die anderen kennen (z.B.: dass ich gut unter Druck schreibe oder was mich aus der Fassung bringt)?
> → Wie stelle ich mir die Arbeitsteilung vor?
> → Wie sollen die Treffen organisiert sein und ablaufen (z.B. in regelmäßigen Abständen, immer am selben Wochentag, nach einer festen Struktur, mit einer Agenda)?

Teamtreffen und Einzelarbeit

Damit mehrere Köche den Brei nicht verderben, müssen Einzelarbeit und Teamarbeit gut aufeinander abgestimmt werden. Manche Arbeitsgruppen versuchen, während der Teamtreffen die Formulierungs- und Schreibarbeit zu erledigen. Dies funktioniert manchmal in kleinen und extrem gut aufeinander abgestimmten Teams und dann, wenn es sich um kurze Texte handelt. Bei umfangreicheren Texten empfehlen wir, die Teamtreffen grundsätzlich nur für Absprachen zu nutzen und die Vor- und Nachbereitung sowie die Ausführung des Besprochenen arbeitsteilig jenseits der Teamtreffen zu erledigen.

Im Team	Allein
Brainstormings, Zeit- und Arbeitsplanung koordinieren, Textinhalte und -strukturen planen, Konflikte ansprechen und bearbeiten, die Arbeit aufteilen, Feedback, alle Arten von Besprechungen etc.	Recherchieren, protokollieren, Textteile verfassen, Vorschläge zur Strukturierung vorbereiten, gegenlesen, Überarbeitungsvorschläge vorbereiten, redigieren etc.

Arbeitsteilung beim Schreiben im Team

Es gibt unterschiedliche Möglichkeiten, die Arbeit unter den einzelnen Teammitgliedern aufzuteilen, um das Team-Schreibprojekt voranzutreiben. Die **inhaltliche Gesamtplanung** kann – und muss – von allen Mitgliedern des Teams bearbeitet werden, damit ein einheitliches Textprodukt entsteht. Das heißt vor allem: Die Fragestellung und Fokussierung, Eingrenzung des Themas und Planung der Struktur der Arbeit und ihrer Teile werden gemeinsam im Team erarbeitet.

Um das Arbeitsprojekt zu planen, kann in unterschiedlichen Phasen (vor der Recherche, nach der Recherche, vor dem Schreiben der Rohfassungsteile) jede/r Einzelne seine/ihre Vorstellungen unter Zuhilfenahme der Checkliste für ein Blitzexposé (vgl. Kap. 2.2.1) notieren. Auf der Basis der verschiedenen Ideen zur inhaltlichen Planung kann dann im Rahmen eines Treffens eine gemeinsame Planung entwickelt werden.

Die Recherche sollte im Rahmen eines Teamtreffens unter den Mitgliedern des Teams aufgeteilt werden. Hilfreich ist es, wenn die Einzelnen die Ergebnisse ihrer Recherchen für die Abstimmung im Team knapp schriftlich zusammenfassen und diesen Text den anderen Teammitgliedern zur Verfügung stellen. Im Rahmen eines Treffens führt man dann die Ergebnisse der Teilrecherchen zusammen und diskutiert sie im Hinblick auf das Gesamtprojekt.

Das Schreiben der Rohfassung kann unterschiedlich aufgeteilt werden. Hier gibt es drei Varianten:

- Jede/r schreibt einen Textteil (hier muss jede/r bereit sein, bei der Zusammenführung der Textteile ggf. umfangreiche Streichungen und Umstellungen in Kauf zu nehmen).
- Jeder Textteil wird von einer Person begonnen und der Reihe nach von den anderen weiterbearbeitet (erfordert ein hohes Maß an Vertrauen).
- Eine/r schreibt die Rohversion. Die anderen geben Feedback (im Studium nicht zu empfehlen, da die Lernchance des Formulierens hier sehr einseitig verteilt ist).

Für die Überarbeitung der Texte bildet die Gruppe eine unschätzbare Ressource. Gegenleser/innen, die am Gesamtprojekt Anteil nehmen, stehen von vornherein zur Verfügung, Rohfassungen der einzelnen

Textteile können getauscht, besprochen und aufeinander abgestimmt werden. Damit der Prozess des Redigierens und Homogenisierens der Textteile effizient verläuft, ist es nötig, sich immer wieder abzustimmen. Jede/r muss bereit sein, ›loszulassen‹ und sich von Textteilen, Ideen, Formulierungen zu verabschieden.

Tipp

Überarbeiten von Textteilen in der Gruppe

- Beim Tauschen der Texte die **Fragen und Ziele des Feedbacks so konkret wie möglich formulieren** (»Könntest Du nach Kürzungsmöglichkeiten Ausschau halten?«, »Gibt es Teile, die vielleicht in ein anderes Kapitel müssen?«, »Ist der Hauptgedanke klar auf die Frage bezogen, die Du in Deinem Textteil ausgearbeitet hast?«).
- Falls alle Gruppenmitglieder auf Ihren Textteil Feedback geben: **Verschicken Sie Ihren Text rechtzeitig** vor dem Treffen an das Team bzw. Ihre Feedbackpartner/innen. Erklären Sie in der E-Mail oder auf einem dem Text beigefügten Deckblatt, worum es in dem Textabschnitt geht, was Sie versucht haben zu tun, was Sie für gelungen halten, wo es Probleme und Schwierigkeiten gibt, worauf genau Sie eine Rückmeldung haben möchten.
- Falls Sie Texte anderer Gruppenmitglieder am Computer überarbeiten, nutzen Sie den **Überarbeitungsmodus**, so dass Ihre Eingriffe sichtbar sind und (zumindest) potentiell rückgängig gemacht werden können!
- Streichungsvorschläge immer mit einer **Würdigung** der jeweiligen Passage verbinden (»Hier sagst Du genau das, was auch Florian in seinem Textteil gesagt hat. Du hast das wirklich gut auf den Punkt gebracht, aber ich glaube, es gehört in Florians Abschnitt. Deshalb schlage ich vor, es hier zu streichen.«).
- Vor der Abgabe sollte jede/r noch einmal die Chance haben, alles zu lesen und letzte Vorschläge zu machen. Zentrale Textabschnitte sollten **gemeinsam** Schritt für Schritt durchgegangen werden. Man einigt sich dann im Team darauf, was an welcher Stelle gesagt werden soll, was noch fehlt und was wegfällt.
- Den letzten Schritt der Harmonisierung und Endkorrektur sollte eine Person übernehmen, der die anderen Teammitglieder vertrauen.

Zeit- und Arbeitsplanung für das Schreiben im Team

Schreiben in der Gruppe braucht meist mehr Zeit als das Schreiben allein. Hektik in letzter Minute oder in den letzten Tagen vor der Abgabe lässt sich kaum vermeiden, kann aber auf ein erträgliches Maß reduziert werden, wenn man frühzeitig Zwischendeadlines setzt und bereits zu Beginn eine Reihe von Gruppentreffen vereinbart.

Beispiel

Zeit- und Arbeitsplan für eine Gruppenhausarbeit
Woche 1: Erstes Treffen mit Vereinbarung von Spielregeln für Zusammenarbeit; erste Recherchen; weiteres Treffen zur Themenklärung und inhaltlichen Planung.
Woche 2 und 3: Recherche und Materialbearbeitung; kurze Treffen, bei denen über Fortschritte und Schwierigkeiten berichtet wird; ggf. inhaltliche Planung anpassen.
Woche 4: Rohfassungen für den Hauptteil werden geschrieben.
Woche 5: Rückmeldung auf Rohfassungen und erste Überarbeitung; Treffen, bei dem alles, was entstanden ist, gemeinsam durchgesehen wird; Rohentwürfe für Einleitung und Schluss.
Woche 6: Überarbeitung aller Textteile.
Woche 7: Übergänge glätten, Gesamtdokument vorbereiten, letzte Änderungswünsche berücksichtigen; Überarbeitung im Hinblick auf Layout, Rechtschreibung und Zeichensetzung etc.
Woche 8: Abgabeexemplar/e herstellen: ausdrucken, binden; Abgabe.

Wenn es schneller gehen muss, gilt es, den Zeit- und Arbeitsplan entsprechend anzupassen. Das Wichtigste ist, Zwischentermine zu setzen und genügend Gelegenheiten für Diskussion, Absprachen und Feedback einzuplanen.

Probleme klären im Team
Teamtreffen sind dazu da, gemeinsam die komplexen inhaltlichen und handwerklichen Probleme zu bearbeiten, die beim Schreiben einer Studienarbeit anfallen. Die zahlreichen Entscheidungen, die dabei anfallen, müssen nun gemeinsam getroffen werden anstatt allein. Was Sie in Einzelarbeit vielleicht intuitiv entscheiden würden, muss hier besprochen, diskutiert und ganz explizit zur Entscheidung gebracht werden.

Das Positive daran: Es wird klarer, was man im Einzelnen tut, wenn man eine wissenschaftliche Arbeit schreibt, und: In der Regel sind diskursiv getroffene **Entscheidungen** besser begründet als solche, die stillschweigend zustande kommen. Das Schwierige und Anstrengende daran: Alle Gruppenmitglieder sind gefordert, inhaltliche, methodische und andere **Konflikte** anzusprechen. Formen müssen gefunden werden, um mit ›Pattsituationen‹ umzugehen. Jede/r Einzelne muss lernen, Abstriche zu machen, wenn es um die Durchsetzung der eigenen Position geht, ›loszulassen‹, wenn eine Idee nicht mehrheitsfähig ist usw. Kurz: Bei einer Gruppenarbeit stellen sich Probleme ›wie im richtigen Leben‹.

Tipp

> → **Problembearbeitung ermöglichen**
>
> - Beginnen Sie jedes Treffen mit einer Runde, in der Themen gesammelt werden, über die gesprochen werden soll (kleine ritualisierte Formen wirken entlastend!).
> - Achten Sie bei jedem Treffen auf einen ›offiziellen‹ Anfang. Überlange Plaudereien können ein Indiz für verdrängte Schwierigkeiten sein.
> - Bestimmen Sie gegebenenfalls eine/n Diskussionsleiter/in.
> - Gehen Sie immer erst einmal grundsätzlich davon aus, dass niemand etwas Böses beabsichtigt, und suchen Sie das Gespräch.
> - Trauen Sie sich, alle Arten von – auch ganz individuellen – Schwierigkeiten anzusprechen!

Haben sich in der Gruppe verschiedene Auffassungen dazu entwickelt, wie die Arbeit gegliedert werden soll? Gibt es eine unausgesprochene Uneinigkeit darüber, wie das Thema der Arbeit eingegrenzt werden muss? Eine festgelegte Vorgehensweise schafft Raum dafür, dass auch diejenigen ihr kreatives Potential einbringen, die sonst eher zurückhaltend sind. Außerdem entspannt sie die Diskussion, weil jede/r weiß, dass ihre/seine Gedanken gehört und in den Problembearbeitungsprozess einbezogen werden.

Tipp

> → **Schritte der Problemlösung in der Gruppe**
>
> 1. Das Problem so klar und eindeutig wie möglich definieren (wenn aus der Sicht der Gruppenmitglieder mehrere Einzelprobleme vorliegen, sollten diese nacheinander bearbeitet werden).
> 2. Kriterien für die Entscheidung sammeln, gewichten, festhalten.
> 3. Brainstorming. Alle Ideen sind willkommen, keine Zensur und Bewertung. Wenn möglich: Gesammelte Ideen an einer Pinnwand oder Tafel festhalten.
> 4. Abwägen und Bewerten der gesammelten Lösungsvorschläge.
> 5. Entscheidung treffen: eine Lösung auswählen.
> 6. Schritte zur Umsetzung festlegen.

»Teamfähig« zu sein ist eine wichtige Anforderung in zahlreichen Berufen. Das Schreiben im Team können Sie nutzen, um diese Kompetenz weiterzuentwickeln.

In vielen beruflichen Kontexten ist das individuelle Verfassen von Texten die Ausnahme. Was mit einem Text erreicht werden und wie er jenseits bestimmter vorgegebener Standards gestaltet werden soll, muss mit Vorgesetzten, Kund/innen und Kolleg/innen verhandelt werden. Projekt- und Forschungsanträge, Dokumentationen und Geschäftsberichte werden arbeitsteilig geschrieben oder aber zumindest im Team geplant, diskutiert und überarbeitet.

Wenn Sie im Studium im Team schreiben, lernen und üben Sie:

- Anforderungen zu explizieren und zu verhandeln,
- mit anderen mündlich und schriftlich Texte zu planen, zu entwerfen und zu überarbeiten,
- mit Ziel- und Interessenkonflikten umzugehen,
- Schreibprozesse arbeitsteilig zu organisieren,
- sich von eigenen Textentwürfen und Vorstellungen zu distanzieren und nach vereinbarten Standards zu schreiben.

Über das
Studium hinaus

4. Flexibel umgehen mit Textarten und Darstellungsformen

Anna:	Was ist denn ein Exposé?
Bernd:	Das schreibt man am Anfang, bevor man eine große Arbeit beginnt, glaube ich.
Anna:	Also so wie ein Abstract?
Bernd:	Weiß ich nicht.
Anna:	Oder wie eine Einleitung? Was ist denn bei euch ein Summary?
Bernd:	Ich schreibe so was gar nicht.
Anna:	(wendet sich an Chris) Wo schreibst du denn ein Exposé?
Chris:	Das kommt bei uns sogar relativ häufig vor. Für jede mündliche Prüfung, vor jeder Prüfung im Grunde, die nicht eine Klausur ist oder eine Hausarbeit. Ja, selbst bei einer Hausarbeit, ja klar! Auch da reich ich dem Dozenten vorher ein 1- bis 3-seitiges Exposé rein.
Anna:	Ach, das heißt bei uns einfach nur Outline!
Chris:	Ja, oder Outline. Also Exposé heißt ja nichts anderes als erst mal...
Bernd:	Also bei uns heißt das Entwurf.
Anna:	Das ist das Gleiche, tatsächlich? Ja, okay, dann weiß ich auch Bescheid, was ein Exposé ist.

(Auszug aus einer Unterhaltung zwischen drei BA-Studierenden aus den Fächern Literatur-, Sport- und Politikwissenschaften)

Wer im Studium schreibt, betritt Neuland. Die Texte haben unbekannte Namen, sehen anders aus, klingen anders. Ist ein ›Exposé‹ das gleiche wie ein ›Outline‹ wie ein ›Entwurf‹ wie ein ›Summary‹?

Vor der Herausforderung, Texte zu verfassen, die Ihnen nach Form, Inhalt und Stil unbekannt sind, werden Sie im Studium (und auch in anderen Kontexten, z.B. im Beruf) immer wieder stehen. Sie haben solche Situationen auch schon vielfach erlebt: Irgendwann schreibt jeder den ersten Brief an seine Oma, den ersten Aufsatz in der Schule, das erste Bewerbungsschreiben oder die erste Antwort auf einen Brief vom Finanzamt.

Wie bewältigt man solche Situationen? Eine Möglichkeit besteht darin, sich Beispieltexte zu suchen und sie zu imitieren. Eine andere darin, Freunde, Bekannte, Verwandte zu fragen, sich Unterstützung zu suchen: Beim Brief an die Oma hat vielleicht die Mutter geholfen, beim Aufsatz der Lehrer, beim Bewerbungsanschreiben ein guter Freund ...

Ganz in diesem Sinne möchten wir Sie einladen, Ihr **Repertoire** im Umgang mit unterschiedlichen Darstellungsformen zu **erweitern** und zwar so, dass Sie in der Lage sind,

- Texte aktiv und bewusst zu gestalten,
- zu beurteilen, welche grundlegenden Anforderungen unbedingt beachtet werden müssen,
- Rückmeldungen und Hinweise von anderen einzuordnen und begründete Entscheidungen für die Umsetzung in Ihrem Text zu treffen,
- Modell- und Vorbildtexte gezielt zu nutzen.

4.1 | Niemand fängt bei Null an

Wenn es darum geht, im Studium Schreibaufträge zu bearbeiten, können Sie auf einen **reichen Fundus an Erfahrungswissen** mit Texten zurückgreifen. Der folgende Tagesablauf einer Studentin im Bachelorstudiengang Geschichte zeigt: Der studentische Alltag ist geprägt von einer ganzen Reihe von Textarten und Darstellungsformen, nicht nur den typisch wissenschaftlichen, sondern auch Alltagstexten wie E-Mails, Zeitungsartikeln, Kochrezepten etc.:

Ein Tag im Leben der Erstsemesterstudentin Marie (BA Geschichte)	Beispiel

6.45 Der Wecker klingelt. Marie steht auf, duscht, macht Kaffee. Beim Frühstücken blättert sie in der Tageszeitung und ärgert sich über den *Leitartikel*. Dann überfliegt sie den *wissenschaftlichen Zeitschriftenartikel*, der heute im Seminar als Diskussionsgrundlage dienen soll.

7.50 Marie fährt mit der Bahn zur Uni. Auf dem Weg bekommt sie eine *SMS* von einer Freundin, die sie zum gemeinsamen Kinobesuch am Abend einlädt. Marie schreibt zurück, sie könne leider nicht kommen, sie habe noch ein *Referat* vorzubereiten.

8.15 In der Überblicksvorlesung zu »Methoden und Disziplinen in der Geschichtswissenschaft« bemüht sich Marie, alles mitzuschreiben. Sie weiß, dass sie am Ende des Semesters eine *Klausur* schreiben wird und ihre *Mitschrift* dafür braucht.

9.50 Marie nutzt die Zeit zwischen Vorlesung und Seminar, um im Rechenzentrum ihre *E-Mails* zu checken.

10.15 Im Grundseminar zur »Höfischen Gesellschaft im Mittelalter« halten zwei Kommilitonen von Marie ein *Referat*. Sie findet es schwierig zu folgen, obwohl die Kommilitonen zu Beginn der Sitzung ein *Thesenpapier* verteilt haben. Die anschließende Diskussion verläuft schleppend. Marie bedauert, dass sie den wissenschaftlichen Artikel, der zur Vorbereitung gelesen werden sollte, nur überflogen und kein *Exzerpt* angefertigt hat. Der Dozent kündigt am Ende der Sitzung an: Fortan lasse er *Seminarprotokolle* schreiben – das würde hoffentlich zu besseren und lebendigeren Diskussionen im Seminar führen.

11.45 Auf dem Weg zur Mensa schaut Marie am schwarzen Brett mit den *Praktikumsanzeigen* vorbei. Sie überlegt, ob sie sich für die Semesterferien um eine Praktikumsstelle im Stadtarchiv bewerben soll, und denkt dabei an das notwendige *Bewerbungsschreiben*.

12.30 Marie sitzt in der Bibliothek am Computer und recherchiert Literatur für das *Referat*, das sie in zwei Wochen halten soll und das zugleich die Grundlage für ihre erste *Hausarbeit* sein wird. Sie findet: *Lehrbücher, Monographien* sowie Aufsätze und Rezensionen in unterschiedlichen *wissenschaftlichen Zeitschriften*.

15.00 Beim Kaffeetrinken in der Cafete überfliegt Marie ein *Interview* mit dem Hochschulrektor in der aktuellen Uni-Zeitung.

16.15 Im Tutorium erläutert der Tutor, worauf es beim Verfassen von *Thesenpapieren* ankommt. Ein weiteres Thema sind die Zitierregeln, die beim Schreiben der *Hausarbeiten* zu beachten sind.

18.00 Marie fährt nach Hause und sieht dort ihre Post durch. Sie wirft die *Reklame* weg, öffnet einen *Brief* ihrer Mutter, dem ein *Kochrezept* beigefügt ist.

19.30 Marie liest ihre *Mitschrift* von der Vorlesung am Vormittag. Viele Passagen sind ihr unverständlich. Sie blättert im *Vorlesungsskript* des Dozenten und notiert sich eine Reihe von Fremdwörtern, die sie im *Lexikon* nachschlagen möchte. Dann greift sie zu einem Artikel aus dem Stapel von Kopien, die sie heute in der Bibliothek angefertigt hat, und beginnt zu lesen. Dabei macht sie sich *Notizen* und verarbeitet diese anschließend systematisch in einem *Exzerpt*.

22.00 Das Telefon klingelt. Eine Kommilitonin bittet Marie um Rat: Sie müsse für eine Veranstaltung in Literaturwissenschaft einen *Essay* schreiben und wisse nicht, wie man das macht. Marie erinnert sich daran, dass im Tutorium ein *Ratgeber* zum Schreiben im Studium genannt wurde, den sie der Kommilitonin empfiehlt.

22.30 Marie zappt durch die Fernsehkanäle, bleibt bei einem französischen Film mit *Untertiteln* hängen, liest und schließt die Augen weil die Buchstaben flimmern.

23.00 Vor dem Einschlafen schreibt Marie noch einige Sätze in ihr *Tagebuch*.

Das implizite und selbstverständliche Wissen darüber, wie Texte auszusehen haben, beschreibt die Linguistin Ulla Fix als **Musterwissen**: Ohne sich die Merkmale im Einzelnen bewusst zu machen, merkt man sich, wie ein Text gegliedert ist, was der angemessene Ton ist usw. (Fix 2005). Bei Bedarf wird dieses Wissen spontan abgerufen: In der Zeitung ist ein Artikel erschienen, über den sich ein Leser ärgert. Er schreibt einen *Leserbrief*, um seine Position zum Thema darzulegen. Die Ergebnisse einer Arbeitsbesprechung sollen dokumentiert werden, die Praktikantin schreibt daraufhin ein *Protokoll*. **Es gibt also für bestimmte Anlässe etablierte Formen und Muster, auf die man zurückgreifen kann.** Wir alle verfügen mehr oder weniger bewusst über einen reichen Fundus an Erfahrungswissen im Umgang mit unterschiedlichen Darstellungsformen, und zwar schlicht deshalb, weil wir alle mit Texten leben.

Anhand der folgenden Übung können Sie einmal für sich ausprobieren, wie Sie intuitiv auf Ihr Musterwissen für unterschiedliche Darstellungsformen zurückgreifen:

> **Schreiben in Variationen** (vgl. Kruse 2005, S. 72/73)   Übung
> Erinnern Sie sich an ein Ereignis in der letzten Woche und schreiben
> Sie einige Sätze dazu im Stil
> - einer Tagebuchaufzeichnung,
> - eines Artikels in einer Tageszeitung,
> - eines wissenschaftlichen Textes.

Schauen Sie sich die entstandenen Texte einmal näher an: Wie unterscheiden sie sich? Welche Worte und Formulierungen haben Sie beim Schreiben ganz unwillkürlich gewählt?

Wir führen diese Übung häufig in Workshops durch, und dabei wird deutlich, dass alle Teilnehmer/innen über ein intuitives Textwissen verfügen, an das sie anknüpfen können. Wenn es darum geht, eine neue Art von Text zu verfassen, steht auch Ihnen dieses implizite Wissen zur Verfügung. Jede/r hat ein Auge und ein inneres Ohr dafür, wie ein Text aussehen und klingen sollte. Wenn jemand eine Rückmeldung auf einen Text gibt, kann man gut beobachten, wie dieses implizite Wissen aktiviert wird: »Das klingt irgendwie unpassend« ist eine typische Reaktion, die deutlich macht: Hier weiß jemand, worauf es ankommt, auch wenn er/sie es nicht gleich benennen kann.

Intuitives Textwissen steht zur Verfügung

Es ist wichtig, sich dieses Gespür im Studium zu bewahren und daran anzuschließen. Schon durch das viele Lesen wissenschaftlicher Texte eignet man sich **Textwissen** an. Manchmal gelingt es allein mit dem wachsenden impliziten Wissen, das man durch das Lesen erwirbt, selbst immer bessere Texte zu produzieren, ohne sich jemals explizit damit befasst zu haben, was einen wissenschaftlichen Text eigentlich auszeichnet und was im Wissenschaftskontext angemessen ist.

Es kann aber auch passieren, dass einem inmitten von zahlreichen unklaren oder widersprüchlichen Anforderungen jedes Gefühl dafür verloren geht, wie ein Text geschrieben werden sollte. Gerade beim Verfassen wissenschaftlicher Texte im Studium kann das leicht passieren, weil die Anforderungen von Wissenschaftlichkeit nicht so klar auf der Hand liegen wie z.B. die für einen Brief.

Prinzipiell unterscheiden sich wissenschaftliche Texte in ihrer Machart und Logik aber nicht von anderen Texten. Sie dienen wie andere Texte auch der **Kommunikation in einem bestimmten Kontext**. Und weil das so ist, müssen sie auf bestimmte Weise konzipiert und gestaltet werden.

Sich Texte bewusst erschließen
Im Folgenden gehen wir auf grundlegende Anforderungen ein, die für *alle* Arten von Texten gelten, die der Kommunikation in einem bestimmten Kontext dienen. Das umfasst auch die Texte, die Sie im Studium schreiben. Indem wir Ihnen zunächst das Prinzipielle verdeutlichen, das beim Verfassen von Texten wichtig ist, geben wir Ihnen Handwerkszeug, um jeweils selbst zu klären, worauf es ankommt, wenn Sie vor einer neuen Schreibaufgabe stehen. Dazu gehören die Schreibaufgaben im Studium, aber auch andere Schreibherausforderungen in Gegenwart und Zukunft, im Studium und im Beruf.

Für alle diese Situationen gilt: Sie beginnen nicht bei Null. **Vertrauen Sie auf Ihre bereits erworbenen Fähigkeiten**. Sie können die folgenden Ausführungen und Hinweise nutzen, um die Erfahrungen, die Sie beim Lesen und Verfassen von Texten in einem Kontext gemacht haben, auf neue Kontexte zu übertragen.

4.2 | Texte konzipieren und gestalten: Worauf es ankommt

Aurel Gergey
»Ein Text ist ein Mobile, ziehen Sie an einem Faden, wirkt sich das auf das ganze Gebilde aus.«

Stellen Sie sich vor, Sie erhalten eine E-Mail von Ihrem Dozenten mit den Worten: »Mensch, jetzt lass' endlich mal die Hausarbeit rüberwachsen. Ich habe schließlich nicht endlos Zeit.« Das Ziel dieser Nachricht ist eindeutig (Sie sollen die Hausarbeit abgeben), aber die Botschaft ist weder adressatengerecht (Sie sind kein Kumpel des Professors und dürfen eine respektvolle und höfliche Behandlung erwarten), noch ist sie dem Kontext angemessen formuliert (es geht um Kommunikation im Rahmen einer Arbeitsbeziehung, die durch sachlich-inhaltliche Fragen bestimmt ist). Was folgt daraus?

Es ist notwendig, Texte bewusst entsprechend ihrer Funktion, dem Kontext und den Adressat/innen inhaltlich, formal und sprachlich zu gestalten.

116

Anders als Texte, die Sie nur für sich allein schreiben (Brainstormings, private Notizen), müssen Texte, die für andere geschrieben werden, eine Reihe von grundlegenden Anforderungen erfüllen. Sie sollten problemorientiert, ziel- und funktionsgerichtet, adressatengerecht sowie formsicher sein (vgl. Perrin/Böttcher/Kruse 2003, S. 8).

Grundlegende
Anforderungen

- **Problemorientiert** heißt: Der Text hat einen klaren Fokus. Es wird deutlich, was das Thema ist.
- **Ziel- und funktionsgerichtet** heißt: Der Autor weiß, was er mit seinem Text erreichen möchte, und ist in der Lage, dieses Ziel inhaltlich, sprachlich und formal umzusetzen.
- **Adressatengerecht** heißt: Der Text ist so geschrieben, dass er an die (vermuteten) Erwartungen eines oder mehrerer Adressaten anknüpft und deren Bedürfnissen und Interessen entgegenkommt.
- **Formsicher** heißt: Der Text entspricht in Satzbau, Wortwahl, Aufbau und Layout den Erwartungen, die an eine bestimmte Textart gestellt werden.

Was diese grundlegenden Anforderungen im Einzelnen bedeuten, hängt vom **Kontext** ab, in dem ein Text rezipiert wird – z.B. gelten im Journalismus andere Grundsätze und Spielregeln als in der Wissenschaft. Der Kontext bestimmt, was eine legitime Frage oder ein Problem sein kann, welche Funktionen Texte erfüllen, wie eine Zielgruppe genau angesprochen werden sollte und welche Konventionen berücksichtigt werden müssen. Vom Kontext hängt es auch ab, als wer man schreibt, welche **Rolle und Haltung** man als Autor/in einnimmt.

Schreiben heißt kommunizieren, und Kommunikation findet nicht im luftleeren Raum statt. Will man verstanden werden, sind die Möglichkeiten dessen, was man wie sagen kann, begrenzt; man muss sich auf eine Reihe von Bedingungen und Erwartungen einstellen. Beim Schreiben ist das besonders wichtig, weil Textproduktion und -rezeption raum- und zeitversetzt stattfinden. Die Angesprochenen können bei Bedarf nicht ohne Weiteres nachfragen und auch kein unmittelbares Feedback geben (z.B. durch Stirnrunzeln).

Schriftliche Kommunikation ist
kontextspezifisch

So wie Sie sich beim Sprechen in besonderen Fällen gründlich auf die Gesprächssituation (z.B. eine Rede oder ein Bewerbungsgespräch) vorbereiten, ist es beim Schreiben in der Regel notwendig, sich den **kommunikativen Rahmen** zu vergegenwärtigen und daraufhin den Text entsprechend zu gestalten. Das Modell auf Seite 118 zeigt, welche Dimensionen bei der Planung und Gestaltung von Texten eine Rolle spielen.

Mit Hilfe dieser Dimensionen können Sie Ihren Text bewusst konzipieren und gestalten. Sind die einzelnen Punkte inhaltlich gefüllt, fällt das Formulieren leicht(er) (vgl. Hjortshoj 2001, S. 76). Selbstvertrauen und eine gewisse Leichtigkeit stellen sich ein, wenn geklärt ist,

- in welchen Handlungszusammenhängen der eigene Text steht (Kontext),
- was man schreibt (Thema und Inhalt) und

- wozu (Ziel/Funktion),
- an wen man sich wendet (Adressaten),
- als wer man schreibt (Rolle und Haltung) und
- wie der Text gestaltet sein soll (Form).

Dimensionen der Textkonzeption

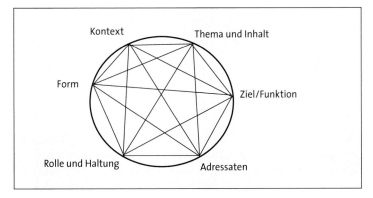

Wenn Sie über ein konkretes Schreibprojekt nachdenken, werden Sie merken: **Alles hängt mit allem zusammen** (und deshalb verweist in unserem Modell jede Dimension auf jeweils alle anderen). Für wen man in welchem Kontext schreibt, wird Einfluss darauf haben, mit welcher Haltung man formuliert, die Ziele sind nicht unabhängig von den Adressaten zu denken, bestimmte Formen legen bestimmte Inhalte nahe etc. Für die Konzeption und Gestaltung eines Textes ist es dennoch hilfreich, analytisch zwischen diesen Dimensionen zu unterscheiden. Im Arbeitsprozess ist die Aufmerksamkeit unwillkürlich immer mal auf die eine, mal auf die andere Dimension gerichtet – je nachdem in welcher Situation Sie sich befinden.

Wenn Sie Ihren ersten Text an der Universität schreiben, sollten Sie sich Gedanken darüber machen, in welchem Kontext Sie eigentlich schreiben und mit welcher Haltung Sie es tun, während das Thema durch die Aufgabenstellung eines Lehrenden vorgegeben sein kann. Wenn Sie schon einige Jahre als Redenschreiber berufstätig sind, ist es Ihnen wahrscheinlich schon in Fleisch und Blut übergegangen, den jeweiligen Kontext in den Blick zu nehmen und zu überlegen, welche Schreibhaltung hier eingenommen werden kann. Entsprechend präzisieren Sie, was Sie für wen mit welchem Ziel schreiben.

Text als Mobile   Wenn wir im Bild vom Text als Mobile bleiben, dann bedeutet Texte gestalten, mal an dem einen und mal an dem anderen Faden zu zupfen und zu schauen, was passiert. Es lässt sich nicht ohne Weiteres in Regeln fassen, was getan werden muss, um komplexe Gedankenmobiles zu konstruieren. Aber man kann lernen, Fingerspitzengefühl zu entwickeln, um die Fäden mit Bedacht zu ziehen und bei Bedarf nachzujustieren, wenn das Mobile schief hängt.

Wie Sie die Dimensionen der Textkonzeption als Klärungs- und Formulie-rungshilfen nutzen können: Nehmen wir an, jemand bittet Sie, spontan einen dreizeiligen Text zu verfassen. Und zwar jetzt. Versuchen Sie es mit der folgenden Übung:

Schreiben Sie einen kurzen Text, der folgende Anforderungen erfüllt: In der ersten Zeile besteht der Text aus fünf Silben, in der zweiten Zeile aus sieben Silben und in der dritten Zeile wieder aus fünf Silben.

Übung

Die Art von Text, die Sie eben verfasst haben, ist an eine japanische Gedichtform angelehnt: das Haiku. Haikus haben in Japan eine lange Tradition. Seit Jahrtausenden greifen Dichter/innen immer wieder das Spiel mit den siebzehn Silben auf. Ein Haiku des Altmeisters Issa aus dem 18. Jahrhundert lautet (aus: Ulenbrook 1995, S. 24):

Sogar mein Schatten
Ist munter und kerngesund
Am Frühlingsmorgen

Beispiel

Und Ihr Text? Wie klingt er, wenn Sie ihn laut lesen? Haben die klaren Vorgaben Ihnen geholfen, kreativ zu werden? Wir meinen: Erst wenn der Raum des Möglichen begrenzt ist, entstehen Gestaltungsspielräu-me, wird unsere Phantasie in Bahnen gelenkt und kann sich so frucht-bar entfalten.

Darum geht es im Umgang mit allen Arten von Texten: **Gestaltungs-spielräume zu erkennen und sie bewusst zu nutzen**.

Bei vielen Texten, die Sie schreiben, genügt es, wenn Sie sich zur Orientierung die genannten Dimensionen der Textkonzeption (Kontext, Thema und Inhalt, Ziele/Funktion, Adressaten, Schreibhaltung und Form) kurz vergegenwärtigen.

Wenn Sie mit einer bestimmten Art von Text wenig Erfahrung haben oder wenn Sie für eine Ihnen bislang unbekannte Zielgruppe oder in einem neuen Kontext schreiben, empfehlen wir Ihnen, sich einzelne Dimensionen gesondert vorzunehmen. Das heißt nicht notwendig, sie streng der Reihe nach abzuarbeiten! Vielmehr können Sie sich fragen: Was bedeutet es für die Darstellung, wenn ich mir die Adressaten ver-gegenwärtige? Bringt mich diese Frage auf gute Ideen? Oder ist der Ge-danke an die Adressaten eher hinderlich? Um welches Problem geht es in dem Text? Bringt es mich auf Ideen, darüber nachzudenken? Fallen mir Formulierungen ein? Nach und nach gewinnt Ihr Text durch dieses prüfende Hin- und Herpendeln seine Gestalt.

Tipp

→ Um die Dimensionen der Textkonzeption beim Schreiben präsent zu haben, können Sie das Schaubild von S. 118 kopieren und gut sichtbar an die Wand neben Ihrem Schreibtisch pinnen. So können Sie immer wieder den konkreten Rahmen klären, in dem Sie Ihren Text schreiben.

4.2.1 | Kontext: Der Blick auf das Ganze

Auf den Kontext zu schauen heißt, den Text in seinem größeren Zusammenhang in den Blick zu nehmen, sich zu fragen: In welchen Handlungszusammenhängen muss mein Text funktionieren? Und welche Gestaltungsanforderungen ergeben sich daraus?

Fragen dazu im Einzelnen:

Sich den Kontext
erschließen

- **Rahmen:** Schreiben Sie für ein/e bestimmtes/n Fachdisziplin, Institution, Organisation, soziale/n Bewegung, Lobby, Konsumentengruppe, Internet-Chat, Branche, Unternehmen etc.?
- **Habitus:** Wie spricht/schreibt man in diesem Kontext? Fachsprache, Sprachniveau, Grad der Distanziertheit bzw. Direktheit etc.
- **Konventionen:** Welche unausgesprochenen Regeln und Grundannahmen gelten (vermutlich) im entsprechenden Kontext? Formen der Anrede, formale Gestaltung etc.
- **Rollen:** Als wer sprechen Sie zu wem in diesem Kontext? Als Freund/in, als Arbeitnehmer/in, als Repräsentant/in von etc.
- **Hierarchie:** Kommunizieren Sie von Gleich zu Gleich? Von unten nach oben (z.B. als Novize mit Erfahreneren) oder von oben nach unten?
- **Kommunikationssituation:** Wo und unter welchen Bedingungen wird der Text gelesen? Zeit? Ort?

Diese analytischen Kategorien können Sie dabei unterstützen, Texte von den Kontextanforderungen her zu gestalten. Nicht immer liegt auf der Hand, was diese Anforderungen konkret für das Schreiben bedeuten. Hier können Mustertexte helfen und der Rat von Autor/innen, die bereits Erfahrungen mit dem Schreiben im jeweiligen Kontext haben (vgl. Kap. 4.3 »Anforderungen klären und Vorbilder suchen«).

Haben Sie den Kontext einmal in den Blick genommen, können Sie sich in der Regel auf Ihr intuitives Wissen darum verlassen, was für einen bestimmten Kontext angemessen ist. Wenn Ihnen dann diese oder jene Formulierung ›komisch‹ erscheint, könnte es sinnvoll sein, sich erneut bewusst mit den Kontextanforderungen zu befassen.

Das **intuitive Wissen um Kontexte** und darum, was sich in einem jeweiligen Kontext ›gehört‹, kann mit dem intuitiven Wissen darüber verglichen werden, wie man sich bei einer bestimmten Gelegenheit und in einer bestimmten Gesellschaft am besten gibt und kleidet. Nicht umsonst spricht man auch davon, die ›Gedanken in Worte zu kleiden‹. Diese Metapher erinnert daran, dass Sie über ein implizites Wissen darüber verfügen, was in einem bestimmten Kontext als angemessen gilt. Wenn man im Bild bleibt, dann kleidet sich die E-Mail an einen guten Freund in Jeans und Schlumpfpulli. Das Bewerbungsanschreiben kommt im Anzug mit Krawatte oder im Kostüm mit Seidenschal daher: In einem sorgfältig durchkomponierten Text, der viele Male überarbeitet wurde, präsentiert man sich von der besten Seite. Und die Hausarbeit trägt eine eher neutrale Cordhose mit Hemd und Sakko oder Jeans und Bluse und demonstriert damit: Die Person tritt in den Hintergrund, es geht um Sachfragen und Expertise.

Gedanken in Worte kleiden

Und wie bei Kleidern gibt es auch bei der Gestaltung von Texten Moden und Konjunkturen. Immer aber bleibt – in unterschiedlichem Maße – Raum für individuelle Besonderheiten und Variationen. Diesen Raum können Sie ausloten und nutzen.

Gestaltungsspielräume ausloten

> → Wenn Sie unsicher sind, ob Ihr Text dem Kontext angemessen formuliert und gestaltet ist, empfehlen wir, die betreffenden Passagen laut zu lesen und den Klang und die Stimme darin zu überprüfen: Klingt das passend und angemessen für den Kontext, für den ich schreibe? In Zweifelsfällen kann man sich zu einzelnen Textpassagen gezielte Rückmeldung von erfahrenen Kommiliton/innen, Lehrenden und/oder anderen aufmerksamen Leser/innen holen.

Tipp

4.2.2 | Inhalt und Thema: Was schreibe ich?

Was will ich sagen? Was soll der Inhalt meines Textes sein? Manchmal ist das von vornherein klar, z.B. wenn man nur deshalb zur Feder greift, weil man etwas Bestimmtes loswerden bzw. jemandem mitteilen möchte. Manchmal klärt sich erst während des Schreibens, was genau man sagen muss, z.B. wenn man jemanden zu einer Veranstaltung einladen will, dann aber merkt, dass man erklären muss, warum gerade diese Person zu genau dieser Veranstaltung kommen sollte. Und manchmal wird die Frage nach dem Inhalt des Textes, den man schreiben will, zum Gegenstand expliziter Klärung, das heißt, es muss richtig daran gearbeitet werden zu klären, was man sagen wird, so z.B. beim Schreiben einer Hausarbeit (vgl. Kap. 5.1).

Klärung der Inhalte als eigener Arbeitsschritt

Je nach Schreibanlass und Situation kann die Dimension »Inhalt« also, wie jede der Dimensionen der Textkonzeption, ein Orientierungspunkt sein, an den man sich während des Schreibprozesses halten kann. Sie kann aber auch problematisch werden. Dann ist es sinnvoll, sich zur Klärung des Inhalts an der vorgegebenen Form, am Kontext oder an den Adressaten zu orientieren. Je klarer der kommunikative Rahmen ist, desto leichter ist es zu entscheiden, was gesagt werden soll. Anders als in der Schule, wo fingierte Schreibanlässe manchmal dazu führen, dass man sich ›etwas aus den Fingern saugen‹ muss, erleichtern reale Schreibanlässe die Entscheidung, was man wie sagen will.

Für Situationen, in denen Sie noch nicht so recht wissen, was Sie sagen wollen, gilt generell: Anstatt auf Eingebungen oder gar Wunder zu warten, sollten Sie einfach mit dem Schreiben beginnen. Denn:

Otto Kruse/
Eva-Maria Jakobs/
Gabriela Ruhmann
2003, S. 22

»Sprache ist [...] nicht eine Art Wachs, in das der Stempel unseres Wissens [der »Inhalt«, die Verf.] lediglich eingeprägt wird. Sondern Sprache ist ein aktives Medium, dessen gestaltende Möglichkeiten Sinn erst herstellen, ein Medium mit [...] wissensgenerierender Funktion.«

In Kapitel 3.2 »Das Schreiben vor dem Schreiben« finden Sie eine Reihe von Methoden, die dabei helfen, Gedanken schreibend zu entwickeln.

Vor allem beim Schreiben von wissenschaftlichen Arbeiten sollte man nicht von sich erwarten, den Inhalt vor der Niederschrift ganz und gar festzulegen, vielmehr sollte man bereit sein, ihn im Lauf des Arbeitsprozesses, beim Lesen, Strukturieren und Schreiben nach und nach zu entwickeln. Beim Schreiben einer wissenschaftlichen Arbeit durchzieht die Frage »Was will ich sagen?« den gesamten Arbeitsprozess. Deshalb ist es so wichtig, in regelmäßigen Abständen (und nicht nur am Anfang!) die inhaltliche Planung am Gesamtprojekt aufzunehmen und sich immer wieder mit sich selbst darüber zu verständigen, was Gegenstand und Fokus der Arbeit ist (vgl. Kap. 2.2).

4.2.3 | Ziel und Funktion: Wozu schreibe ich?

In Ihrem Studium werden Sie mit ganz **unterschiedlichen Schreibaufgaben** konfrontiert. In Klausuren sollen Sie zeigen, dass Sie in begrenzter Zeit zu einer vorgegebenen Frage Wissen reproduzieren können. In einer Hausarbeit sollen Sie unter anderem zeigen, dass Sie eine Fragestellung mit Hilfe wissenschaftlicher Literatur bearbeiten können. In einem Protokoll erwartet man, dass Sie in der Lage sind, Verlauf und Ergebnisse einer Diskussion für andere festzuhalten.

Wir greifen eine dieser Schreibaufgaben heraus und sehen sie uns näher an: Stellen Sie sich vor, Sie sollen für die nächste Sitzung eines Seminars ein Protokoll anfertigen. Dann ist es wichtig, dass Sie überlegen, was Sie mit dem Protokoll eigentlich erreichen wollen. Die entsprechenden Leistungspunkte zu bekommen, ist bei solch einem Anlass häufig der erste Gedanke. Dieses Kriterium ist abstrakt und hilft bei Gestaltungsfragen von Texten nicht weiter. Also: Was soll das Protokoll? Gemeinsam erarbeitetes Wissen dokumentieren? Anhaltspunkt für die weitere Seminardiskussion bieten? Mit dieser Art von Fragen sind Sie schon mitten in der Klärung der Aufgabe. Denn je nachdem, was Sie mit dem Protokoll erreichen wollen, werden Sie es so oder so gestalten, z.B. indem Sie den Verlauf einer Diskussion darstellen oder sich eher auf die Ergebnisse und offengebliebene Fragen konzentrieren (vgl. Kap. 5.4 »Das Protokoll«).

In der Linguistik spricht man hier auch vom Zusammenhang von Funktion und Form – das heißt: Texte sollen so geschrieben und gestaltet werden, dass sie ihrer Funktion optimal gerecht werden. Dazu gehört, dass man weiß, wozu der Text dient und was man mit ihm erreichen will:

- Erfahrungen (mit)teilen,
- über etwas informieren, berichten etc.,
- Leser/innen zu etwas veranlassen (z.B. etwas zu kaufen, jemanden zu wählen, eine gute Note zu geben),
- Gefühle wecken (z.B. zum Lachen bringen oder Verständnis für etwas wecken).

In Alltagssituationen orientiert man sich beim Schreiben unwillkürlich an Zielen, ohne groß darüber nachzudenken. Wer etwas bestellen möchte, füllt ein Formular im Internet aus, wer zur Hochzeit gratulieren möchte, schreibt eine Grußkarte. Für viele Schreibziele gibt es konventionalisierte Textformate. Dennoch ist es in bestimmten Situationen nötig, sich nicht nur auf die Inhalte zu konzentrieren, sondern auch darauf, mit welchem Ziel man eigentlich schreibt. Das Bewusstmachen Ihrer Ziele kann Sie dabei unterstützen, Entscheidungen zu treffen. In wissenschaftlichen Texten ist die inhaltliche Planung (vgl. Kap. 2.2) eine Form, sich die Ziele bewusst zu machen, mit denen man schreibt.

Über Schreibziele nachzudenken heißt auch, **sich klar** zu **machen, dass man durch Texte und mit ihnen handelt**. Autor/innen sagen mit ihren Formulierungen nicht nur etwas, sie tun auch etwas (z.B. eine These stützen, eine Gegenposition aufbauen, Interesse wecken). Manchmal entgleitet einem beim Schreiben das Ziel, und man schreibt einen Satz und löscht ihn wieder, schreibt einen neuen und ist immer noch nicht zufrieden. Das ist ein Indiz dafür, dass Ziel und Fokus nicht mehr klar sind. Man weiß nicht, was man sagen soll, weil unklar ist, was man tun will.

> → Fragen Sie sich beim Formulieren immer wieder einmal, was Sie gerade tun. Etwas erklären? Etwas beschreiben?

Zusammenhang von Funktion und Form

Beispiele für Schreibziele

Tipp

4.2.4 | Adressaten: Für wen schreibe ich?

Virginia Woolf   »Zu wissen, für wen man schreibt, heißt, zu wissen, wie man schreiben muss.«

Je spezifischer Sie Ihre Leser/innen, deren Interessen, Gewohnheiten und Bedürfnisse vor Augen haben, desto leichter können Sie entscheiden, was Sie in Ihrem Text wie sagen werden. Briefe an Freunde lassen sich wohl unter anderem deshalb so schön flüssig herunterformulieren, weil man sehr präsent hat, für wen man schreibt. Bei anderen Anlässen und Textarten ist es oft schwieriger, zumal wie z.B. im Fall eines Praktikumsberichts (vgl. Kap. 5.10) gar nicht von vornherein klar ist, für wen man eigentlich schreibt – unter Umständen gibt es sogar mehrere Zielgruppen mit unterschiedlichen Interessen. Es kann deshalb nützlich sein, sich ein wenig ausführlicher mit den Adressaten zu befassen:

Sich Adressaten mit Hilfe von Fragen vergegenwärtigen

- Für wen schreibe ich?
- Was wünschen, brauchen, erwarten meine Leser/innen?
- Gibt es mehrere Zielgruppen mit unterschiedlichen Bedürfnissen? Wenn ja: welche?
- Wie kann ich diesen unterschiedlichen Bedürfnissen gerecht werden? Wo sind Kompromisse nötig? Für wen setze ich welche Prioritäten?
- Was wissen die Leser/innen bereits? Was ist das Neue?
- In welchen Punkten und Fragen stimme ich (vermutlich) mit meinen Leser/innen überein? Wo sind wir (vermutlich) unterschiedlicher Ansicht? Wovon will ich sie ggf. überzeugen?
- Mit welcher Stimme und Autorität spreche ich zu diesen Leser/innen?

Tipp

> → Unterscheiden Sie bei komplexen Themen bewusst zwischen dem Schreiben zum Formulieren Ihrer Gedanken und Überlegungen und dem Schreiben für Leser/innen. Sich in die Adressaten einzudenken und sich vorzustellen, wie sie das Geschriebene verstehen werden, gelingt leichter mit etwas Distanz zu den eigenen Gedanken.

Im besten Fall inspiriert es, an die Adressaten zu denken: Mit dem Blick auf die Zielgruppe wird deutlich, was gesagt werden muss und welche Formulierungen passend und welche weniger passend sind.

Umgang mit ›inneren‹ Kritikern

Eher hinderlich sind dagegen die – wie Peter Elbow sie nennt – »readers in the head«: Sie repräsentieren oftmals Personen, die in der Vergangenheit die eigenen Texte bewertet und kritisiert haben. Diese **Phantomadressaten** können als **innere Kritiker** sehr stark werden und das Formulieren so massiv behindern, dass man sich bisweilen gar nicht mehr traut zu schreiben (vgl. Elbow 2000, S. 93–112).

Wenn gedachte Adressaten (das Phantom, das der/die Schreiber/in im Kopf hat) oder auch reale (z.B. solche mit Macht und Autorität wie der Personalchef oder die Lehrende als Prüferin) das Schreiben behindern, sollte man sie während des Schreibens aus dem Kopf verbannen. Sie können ihnen in Ihrer Vorstellung einen Platz zuweisen, indem Sie sie ›einladen‹, den Text später, nach der Formulierungsarbeit noch einmal zu begutachten. Versuchen Sie, sich beim Schreiben einen freundlichen Adressaten vorzustellen, dem Sie gern etwas mitteilen möchten. Bei einer Hausarbeit kann das z.B. eine Kommilitonin sein, der Sie Ihre Argumente erklären wollen, bei einem Protokoll kann das ein Dozent sein, der aufgrund seines inhaltlichen Interesses für die Rekonstruktion der protokollierten Sitzung dankbar sein wird.

Denken Sie daran: Solange Sie den Text nicht abgegeben haben, können Sie sich Ihre Adressat/innen so zurechtlegen, wie es Ihnen passt. Bei der Überarbeitung haben Sie dann Gelegenheit und auch die Pflicht, die realen Adressat/innen und ihre Beurteilungskriterien noch einmal Revue passieren zu lassen und den Text mit diesen Kriterien im Hinterkopf zu redigieren.

Lehrende als Adressaten: Wenn Sie als Studierende/r schreiben, haben Sie in der Regel Ihre/n Dozent/in als Leser/in im Kopf. Diese/r Leser/in wird Ihren Text in der Regel nicht nur lesen, sondern auch bewerten. Das kann einschüchtern und den Schreibfluss hemmen. Weiß der/die Lehrende nicht schon alles, was ich hier schreibe? Wie wird er/sie meinen Text beurteilen und bewerten? Entspricht das, was ich schreibe, den Erwartungen? `Bewertungen wirken lähmend`

Lehrende repräsentieren als Leser/innen Ihres Textes die wissenschaftliche Fachgemeinschaft. Das mag zunächst nicht weniger einschüchternd klingen, es kann aber doch hilfreich sein, sich diesen Umstand zu vergegenwärtigen. Für die Scientific Community zu schreiben heißt, allgemein anerkannten Grundsätzen zu folgen, und die lassen sich explizieren (vgl. Kap. 5.1 »Die wissenschaftliche Abhandlung«). Wenn man weiß, worauf es ankommt, braucht man Bewertungen weniger zu fürchten.

Um sich das Formulieren zu erleichtern, können Sie sich auch zunächst Kommiliton/innen vorstellen, die sich nicht so eingehend mit Ihrem Thema beschäftigt haben wie Sie selbst. Ihnen können Sie etwas mitteilen, was sie nicht schon wissen. Im Übrigen wissen auch Lehrende lange nicht alles, was Sie bei der Beschäftigung mit einem Thema herausfinden können. Deshalb kann es durchaus sein, dass Sie auch Ihrem/Ihrer Dozent/in etwas Neues mitzuteilen haben.

4.2.5 | Rolle und Haltung: Als wer schreibe ich?

»Ich muss jemanden darstellen, der aus Erfahrung spricht. Gleichzeitig will ich, dass der Text lesbar und interessant ist; ich will weder eingemottet, noch altmodisch, noch engstirnig klingen; obwohl ich weiß, dass ich dieses Risiko eingehe.« `Frank Cioffi 2006, S. 43`

Sich auf eine bestimmte Leserschaft einzustimmen bedeutet gleichzeitig zu überlegen, in welcher Rolle und mit welcher Haltung man schreibt. Meist passiert das automatisch: Im Bewerbungsschreiben spricht man als potentielle/r zukünftige/r kompetente/r Mitarbeiter/in, im Leserbrief als Bürger/in, in einer Reportage als Berichterstatter/in.

Manchmal liegt es aber auch nicht auf der Hand, als wer man schreibt. Zum Beispiel können Rollen sich überschneiden und man kommt durcheinander. Sie können eine solche Situation als Gedankenexperiment einmal durchspielen: Stellen Sie sich vor, Sie kennen Ihren Dozenten auch privat, weil Sie beide Tennis spielen. Wie würden Sie ihn in einer Mail ansprechen: als Tennispartner oder als Studierender? Wie auch immer Sie entscheiden, Sie sollten es in jedem Fall bewusst tun. Sonst geraten Formulierungen und Wortwahl leicht daneben, die Rollenunsicherheit drückt sich sprachlich aus.

Über das
Studium hinaus

> Im beruflichen Kontext ist es wichtig, beim Schreiben Hierarchien in Organisationen zu berücksichtigen und besonders sorgfältig darauf zu achten, wem Sie von welcher Position aus etwas sagen.

Rollenunsicherheit kann auch bei der ersten Hausarbeit entstehen: Wissenschaftlich schreiben, heißt das, wie ein/e Wissenschaftler/in zu schreiben? Aber wenn man gerade erst mit dem Studium beginnt, ist man ja noch gar kein/e Wissenschaftler/in! Wo beginnt die Anmaßung, wenn man eine These aufstellt? Darf so etwas nicht nur jemand, der den Status eines/einer Lehrenden hat? Statusunsicherheit kann das Schreiben erschweren (vgl. Hortshoj 2001, S. 77). Jede Rolle verlangt einen anderen Ton, eine etwas andere Leser/innenansprache und Wortwahl. In einer Hausarbeit zu signalisieren, dass man der Aufgabe gemäß die Haltung eines/einer Wissenschaftler/in einübt *und gleichzeitig* ein/e ›bescheidene/r‹ Student/in ist, der/die sich keine unangebrachte Haltung anmaßt, das ist nicht immer einfach. Eine Schreibhaltung zu finden heißt deshalb auch, sich zu fragen, mit welcher Autorität man spricht. In einer Hausarbeit können Sie auf jeden Fall die Sachautorität beanspruchen, die Ihnen gründliches Recherchieren und Arbeiten verleiht. Diese Art von Autorität ist gut mit der Rolle eines/r Studierenden vereinbar. Unangemessen wäre es, die Rollenautorität zu beanspruchen, die z.B. der Status eines ausgewiesenen Gelehrten verleiht und die sich oft darin ausdrückt, dass bestimmte Verweise nur noch im Text und nicht mehr durch einen Literaturbeleg gegeben werden.

Schwierig wird es auch dann, wenn Ihre innere Einstellung zu einer Sache und die Anforderungen, die sich aus Ihrer Rolle ergeben, divergieren. In beruflichen Situationen kommt so etwas nicht selten vor; z.B. kann es passieren, dass Sie als Referent des Rektors eine geschliffene Argumentation für Studiengebühren verfassen müssen, obwohl Sie persönlich die Einführung von Studiengebühren für falsch halten. Eine solche Dissonanz kann lähmen.

Deshalb ist es wichtig, beim Verfassen von Texten **Rolle und Haltung in Einklang** zu bringen oder zumindest Dissonanzen zu klären und zu entscheiden, wie man damit umgehen möchte. Insbesondere wenn Sie merken, dass Sie mit Ihrem Text nicht weiterkommen, kann es lohnend sein, wenn Sie sich anhand der folgenden Fragen über Ihre **innere Einstellung** Rechenschaft ablegen:

- **Ihre Einstellung gegenüber den Leser/innen:** Halten Sie sie für kompetent? Allwissend? Allmächtig? Interessiert?
- **Ihre Einstellung gegenüber der Schreibaufgabe:** Halten Sie den Text für wichtig und relevant? Können Sie diese Aufgabe mit Zielen und Ideen, die Sie persönlich für wichtig halten, in Einklang bringen? Oder sind Sie insgeheim davon überzeugt, dass diese Aufgabe sinnlos ist?
- **Ihre Einstellung gegenüber dem Thema:** Spricht Sie das Thema an? Wenn ja: Warum? Wenn nein: Was stört Sie daran?

Wenn Sie Ihre Rolle und Haltung beim Verfassen von Texten klären, gewinnen Sie nach und nach eine immer klarere Stimme und Position als Autor/in. Dies gilt auch für wissenschaftliche Texte, in denen die Leseransprache gerade darin besteht, als Verfasser/in in den Hintergrund zu treten. Aber in den Hintergrund zu treten bedeutet nicht, als Autor/in zu verschwinden. Im Gegenteil: »Wissenschaft und wissenschaftliches Denken beginnen dort, wo ich bereit bin, meinem eigenen Denken zu trauen, es zu explizieren, auf die Meinungen anderer zu beziehen und seine Resultate in den wissenschaftlichen Diskurs einzubringen« (Kruse 2005, S. 72).

Eine **wissenschaftliche Schreibhaltung** verlangt also gerade nicht, die eigenen Gedanken zurückzustellen, wohl aber, sie in Beziehung zu setzen zu dem, was andere gedacht und geschrieben haben, sachlich zu kommunizieren und Autorität durch Fachwissen und sorgfältiges Argumentieren zu demonstrieren.

Haltung beim Verfassen wissenschaftlicher Texte

4.2.6 | Form: Textkonventionen berücksichtigen

Wer anderen etwas mitteilen möchte, kann auf standardisierte Formen zurückgreifen, die entlasten und es ermöglichen, sich im Alltag ohne allzu großen Aufwand schriftlich zu verständigen. Textbezeichnungen wie »Protokoll«, »Exposé« oder »Bericht« sind Beispiele für solche Formen mit »Wiedererkennungseffekt«: Leser/innen wissen auf einen Blick, um was für eine Art von Text es sich handelt.

Mit der Anforderung, eine bestimmte Art von Text zu schreiben, ist niemals bis in die letzte Formulierung vorgegeben, was im Einzelnen zu tun ist. *Die* Hausarbeit gibt es genauso wenig wie *das* Protokoll oder *das* Thesenpapier. Die Wahl einer Textart steckt einen Rahmen ab, in dem man kreativ werden kann. Gerade im Studium geht es immer um konkrete Arbeitsprojekte, die Sie in Absprache mit dem/der jeweiligen Lehrenden gestalten.

Grundfragen zur Erschließung stilistischer und formaler Anforderungen:
- Gibt es einen charakteristischen Aufbau?
- Muss in einer bestimmten Form zitiert und belegt werden?
- Gibt es ein charakteristisches Layout?
- Was ist der übliche Ton und Sprachgebrauch?

Texte sind in unterschiedlichem Maße standardisiert

Mit Hilfe dieser einfachen Fragen können Sie bestimmten, was der Rahmen ist, der durch eine bestimmte Textart abgesteckt wird. Nicht jede Frage ist für jede Textart eindeutig zu beantworten; z.B. zeichnet sich ein Essay (vgl. Kap. 5.7) gerade dadurch aus, dass es wenig formale Vorgaben gibt. Bewerbungsschreiben, um ein anderes Beispiel zu nennen, sind dagegen stärker formalisiert und eröffnen weniger Gestaltungsspielraum.

Informieren Sie sich frühzeitig, welche Anforderungen grundsätzlich zu berücksichtigen sind, wie lang der Text werden soll, welche Struktur gefordert ist und was im Hinblick auf Zitierweise und andere Formalia zu beachten ist. Das Wissen darum, welche Anforderungen im Lauf der Fertigstellung eines Textes erfüllt werden müssen, gibt einen Rahmen, um sich zunächst auf den Inhalt zu konzentrieren.

Nicht alle Anforderungen gleichzeitig umsetzen

Alle Anforderungen gleichzeitig umsetzen zu wollen kann überfordern und den Schreib- und Gedankenfluss hemmen. Deshalb empfehlen wir, Anforderungen schrittweise, an unterschiedlichen Stellen des Arbeitsprozesses zu berücksichtigen:
- Die Anforderungen an den **Aufbau** eines Textes sollten beim Strukturieren des Materials und bei der Erstellung der Gliederung und eines Schreibplans berücksichtigt werden und natürlich noch einmal bei der Überarbeitung des Textes.
- Die Anforderungen an den **Ton und Sprachgebrauch** kommen in den Blick, wenn Sie formulieren, vor allem aber bei der Textüberarbeitung.
- Die Anforderungen an eine korrekte **Zitier- und Belegweise sowie das Layout** kommen bei der Überarbeitung und vor allem bei der Endredaktion in den Blick.

4.3 | Anforderungen klären und Vorbilder suchen

Wenn Sie eine bestimmte Art von Text, wie z.B. einen Essay, zum ersten Mal verfassen oder vor der Aufgabe stehen, eine ›vertraute‹ Textart in einem für Sie neuen Kontext zu schreiben, beginnt ein Herantasten an die Anforderungen dieser Art von Text. Neben Ihrem bereits vorhandenen impliziten und expliziten Wissen können Sie verschiedene Informationsquellen nutzen, um sich mit den spezifischen Anforderungen an eine unbekannte Textart auseinanderzusetzen.

Beim Schreiben im Studium ist der/die Dozent/in Ihre erste/r Ansprechpartner/in: Es kommt vor, dass Lehrende die Anforderungen an die Texte, die Sie verfassen sollen, eher pauschal und allgemein beschreiben; sie scheinen ihnen so selbstverständlich, dass sie sie einfach voraussetzen. Das führt dazu, dass manche Studierende sich z.B. bis zur Abschlussarbeit nicht trauen zu fragen, was eine wissenschaftliche Hausarbeit eigentlich ausmacht. Wir empfehlen: Fragen Sie, wenn Ihnen etwas unklar ist! Klären Sie mit Ihrem/Ihrer Dozent/in genau, was jeweils erwartet wird. Hierzu können Sie die folgende Checkliste nutzen:

Anforderungen zur Darstellungsform mit dem/der Dozent/in klären

→ **Wie soll der Text (Essay, Referat usw.) aussehen?** Gibt es ein Muster, an dem ich mich orientieren kann? Gibt es ein Arbeitspapier, in dem die inhaltlichen und formalen Anforderungen erklärt werden? (Formale Anforderungen können von Dozent/in zu Dozent/in ganz unterschiedlich ausfallen.)

→ **Was ist die Funktion eines Textes dieser Art?** Welche Funktion soll dieser Text im Kontext der Lehrveranstaltung bzw. im Rahmen meines Studiums haben?

→ **Gibt es Richtlinien oder Hinweise** dazu, wie ich vorgehen sollte?

Checkliste

Eine zweite wichtige Informationsquelle sind **Beispiel- und Modelltexte**. Fragen Sie Dozent/innen oder Kommiliton/innen nach gelungenen Beispieltexten. Diese Fälle von »best practice« können Sie dann mit Hilfe der genannten Dimensionen der Textgestaltung (vgl. Kap. 4.2) analysieren: Wie hat der Autor/die Autorin sich das Thema zurechtgelegt? Ist erkennbar, worauf der Text zielt? Wie spricht der/die Autor/in die Leser/innen an? Welche sprachlichen und formalen Regeln werden angewandt? Wie sieht der formale Aufbau aus, folgt er einer erkennbaren Logik?

Gewöhnlich konzentriert man sich beim Lesen vor allem auf die Inhalte, aber man kann en passant immer auch einmal darauf achten, welche Texte einem besonders gefallen, und dann noch ein wenig genauer hinsehen und überlegen, wie diese Texte gemacht sind. Im Folgenden finden Sie einige Anregungen, wie Sie anhand guter Vorbilder Ihre Schreibfähigkeiten verbessern können (vgl. Montgomery 2002, S. 31–33):

■ Achten Sie beim Lesen auch darauf, wie Texte geschrieben sind. Achten Sie auch auf Unterschiede in Logik und Stil bei verschiedenen Textarten.

Beispiel- und Modelltexte auswählen

- Bewahren Sie Texte auf, die Ihnen in der Machart besonders gut ge-fallen, und wählen Sie bei Gelegenheit einige wenige Texte aus, die Sie als Vorbilder nutzen möchten, am besten Texte, die Sie gerne selbst geschrieben hätten.
- Wenn Ihnen ein Text besonders gut gefällt, schauen Sie sich weitere Texte desselben Autors an; vermutlich kristallisieren sich auf die-sem Weg ›Lieblingsautor/innen‹ heraus. Die Texte dieser Autor/innen können Ihren Stil prägen.

Nach und nach entsteht so ein Korpus mit Vorbild- und Lieblingstexten, die Sie für Ihr eigenes Schreiben nutzen können, z.B. wenn es darum geht, selbst einen Text zu formulieren, und wenn Sie »Sprache tanken« möchten (vgl. Kap. 2.5 »Die Rohfassung schreiben«).

So können Sie mit den gesammelten Beispiel- und Modelltexten arbeiten:

- Immer wieder einmal Abschnitte daraus lesen: gezielt (z.B. auf der Suche nach einem Einstiegssatz) und zwischendurch.
- Ausgewählte Textpassagen abschreiben und in einer persönlichen Formulierungsdatei sammeln.
- Ein kleines Stück auswählen. Satzlänge, Wortwahl, Zielsetzung ge-nau analysieren. Versuchen, diese Art zu schreiben zu imitieren; da-mit spielen, z.B. einzelne Wörter ersetzen oder umstellen.
- Auf die ersten Sätze achten: Wird das Problem und vielleicht auch schon die Lösung sofort erkennbar? Wie werden die Adressaten an-gesprochen und dazu angehalten, weiterzulesen? Wie tritt der/die Autor/in auf?
- Auf das Aufbauschema, die Absatzstruktur achten, diese beim Schreiben eigener Texte probeweise übernehmen.
- Eine Lesegruppe mit Kommiliton/innen etablieren. Beispiel- und Modelltexte austauschen. Über gut geschriebene Neuerscheinungen reden.

Über das
Studium hinaus

Wenn Sie im Beruf damit konfrontiert werden, eine unbekannte Textart zu verfassen (wie z.B. einen Antrag, einen Vermerk oder einen Geschäftsbericht), ist es ratsam, Kolleg/innen oder Vorge-setzte danach zu fragen, worauf es ankommt, oder sich Muster- oder Beispieltexte zu besorgen. Auch wenn Sie einen Text einer Ihnen bereits vertrauten Art verfassen sollen (z.B. ein Protokoll), sollten Sie sich durch einen Blick auf ein Muster versichern, wel-che Form der Gestaltung in der jeweiligen Einrichtung üblich ist, denn je nach Kontext können unterschiedliche Konventionen gel-ten.

Auch durch bewusstes Lesen lernen Sie viel darüber wie in unterschiedlichen Kontexten geschrieben wird. A., Autorin (Studium der Literaturwissenschaften, Geschichte und Germanistik) und Leiterin eines Redaktionsbüros, empfiehlt:

> »Lesen und Schreiben sind ein gutes Tandem. Aufmerksames Lesen
> schärft den Blick für die Struktur von Texten, für Schreibstile, die
> Dramaturgie ... Lesen Sie, was Ihnen in die Finger kommt: »gute«
> Literatur, hochwertige Magazine, Massenblätter, Internetportale –
> und vergleichen und analysieren Sie sie:
>
> Was gefällt Ihnen? Warum langweilt Sie ein Text? Was würden
> Sie anders machen? Machen Sie das Lesen und Analysieren von
> Texten zu Ihrem Hobby. Sie können es unentwegt betreiben. Egal,
> wo Sie gerade sind: Es liegt bestimmt irgendwo ein Magazin, eine
> Broschüre aus oder Sie haben am besten immer ein eigenes Buch
> mit Notizblick und Stift (für Anmerkungen, Unterstreichungen etc.)
> dabei.«

Tipp

5. Textarten und Darstellungsformen

In diesem Kapitel stellen wir Ihnen eine Reihe von Textarten vor, die im Studium häufig geschrieben werden. Dabei versuchen wir deutlich zu machen, was Sie jeweils dabei lernen können, wenn Sie diese verschiedenen Arten von Texten schreiben – für das Studium selbst, aber auch für Arbeit und Engagement jenseits des Studiums.

Schreiben heißt Entscheidungen treffen

Jede Textart und Darstellungsform hat ihre eigene Logik. Diese Logik auszuleuchten eröffnet Ihnen Spiel- und Handlungsräume. Lassen Sie sich die Konzeption und Gestaltung Ihrer Texte nicht aus der Hand nehmen. Sie können die im vorigen Kapitel dargestellten »Dimensionen der Textkonzeption« (siehe S. 118) nutzen, um sich den konkreten Zusammenhang zu vergegenwärtigen, in dem Ihr Text ›funktionieren‹ soll. Sprechen Sie mit Ihrem/Ihrer Dozent/in, um zu klären, was erwartet wird, und treffen Sie in diesem Rahmen Ihre eigenen Entscheidungen.

Repertoire flexibilisieren

Wenn Ihnen Ihr Studium die Gelegenheit bietet, verschiedene Arten von Texten zu schreiben, sollten Sie diese Möglichkeit unbedingt nutzen. Jede Art von Text stellt andere Anforderungen und gibt Ihnen Gelegenheit, etwas Neues zu probieren und zu üben. So erweitern Sie Ihr Repertoire und üben, flexibel mit neuen Schreibanforderungen umzugehen. Schreiben im Studium ist dann mehr als ›nur‹ eine Prüfungsform – es wird zum Trainingsfeld für das Schreiben problemorientierter Texte für Adressat/innen.

5.1 | Die wissenschaftliche Abhandlung: Hausarbeit, Bachelorarbeit und darüber hinaus

Die traditionelle Form, an deutschen Hochschulen das wissenschaftliche Arbeiten zu lernen, ist das Schreiben von Hausarbeiten (auch Seminararbeiten genannt). Meist werden Hausarbeiten im Zusammenhang mit einer Lehrveranstaltung geschrieben: Ein Referat, das man zu einem bestimmten Thema gehalten hat, soll in Form einer Hausarbeit ›ausgearbeitet‹ werden. Aber was heißt das? Und um was für eine Art von Text handelt es sich bei einer Hausarbeit?

> »Die Seminararbeit ist eine wissenschaftliche Abhandlung im Kleinen, gewissermaßen in Embryonalform: Sie soll in ihrer äußeren und inneren Gestalt möglichst weitgehend einem ›echten‹ wissenschaftlichen Text, einem Aufsatz oder einem Buch, entsprechen und stellt insofern eine Vorübung dar, solche Texte später selber einmal verfassen zu können.«

Zitat aus einem Handout von Paul Nolte

Für das Schreiben von Hausarbeiten gilt an den meisten deutschen Hochschulen das Motto ›Learning by doing‹, d.h. Sie sind dazu aufgefordert, vom ersten Semester an so zu schreiben, als würde es sich um einen ›richtigen‹ wissenschaftlichen Text handeln, und sich dabei an den ›Spielregeln‹ (Normen und Konventionen) zu orientieren, die auch Wissenschaftler/innen beachten müssen, wenn sie ihre Texte publizieren. Die Crux dabei: Die ›Spielregeln‹ sind nicht explizit, und zum Teil variieren sie von Fach zu Fach, manchmal sogar von Dozent/in zu Dozent/in.

Zugleich wissen Lehrende, dass kein/e Studierende/r gleich in der ersten Hausarbeit alle Anforderungen, die an eine wissenschaftliche Abhandlung gestellt werden, erfüllen kann. Jedoch erwartet man von Ihnen, dass Sie sich im Laufe Ihres Studiums die Fähigkeiten aneignen, die Sie benötigen, um wissenschaftliche Abhandlungen zu verfassen.

Fähigkeiten nach und nach aneignen

Wenn Sie in Ihrem Studium viele Gelegenheiten nutzen, Haus- oder Seminararbeiten zu schreiben, werden Sie immer besser verstehen, was es heißt, diese Art von Texten zu schreiben, die Wissenschaftler/innen publizieren. Nutzen Sie das Feedback Ihrer Betreuer/innen, um herauszufinden, nach welchen Kriterien Wissenschaftler/innen solche Texte beurteilen.

Klären Sie mit Ihrem Lehrenden vorab die **Rahmenbedingungen** (Umfang der Arbeit, Abgabedatum, Lernziele, formale Anforderungen etc.) und nutzen Sie die folgenden Ausführungen, um für sich zu klären, was Sie selbst mit der Hausarbeit erreichen wollen. Wenn für Ihre/n Lehrende/n deutlich ist, in welchem Semester Sie sich befinden, welche Erfahrungen Sie bereits haben und welche Ziele Sie verfolgen, wird es ihm/ihr leichter fallen, Ihnen eine Rückmeldung zu geben, die Sie weiterbringt.

5.1.1 | Hausarbeiten schreiben im Studium – wozu?

Wenn Sie sich mit Kommiliton/innen aus anderen Ländern unterhalten, werden Sie feststellen, dass manche von ihnen Seminar- oder Hausarbeiten nicht kennen und dass diese besondere Art, im Studium Texte zu verfassen, nicht überall praktiziert wird. Hausarbeiten spiegeln das **Humboldt'sche Konzept des »forschenden Lernens«** wider: den Grundgedanken, dass es an der Universität für Studierende nicht nur darum geht, sich Wissen anzueignen, sondern vor allem darum, sich aktiv mit Wissen auseinanderzusetzen und sich im Austausch mit den Lehrenden an Forschung zu beteiligen.

Forschen heißt zunächst einmal nichts anderes, als sich mit einer bestimmten Fragestellung eingehend zu befassen – ausgestattet mit dem, was eine Fachdisziplin dafür an Handwerkszeug zur Verfügung stellt. Hausarbeiten sind eine Einladung an Sie, genau dies zu tun. Sie haben hier also die Gelegenheit, selbst aktiv zu werden und wie ein/e Wissenschaftler/in zu handeln: Es geht darum, Fragen zu stellen und etwas herauszufinden. Viele Absolvent/innen berichten, dass Hausarbeiten zu den wichtigsten Erfahrungen in ihrem Studium überhaupt zählen. Sie erinnern sich an die Schwierigkeiten mit dieser Aufgabe, aber eben auch an die Glücksmomente, die damit verbunden waren, selbst etwas tun zu können, sich tiefergehend mit den Inhalten ihrer Disziplin auseinanderzusetzen und schrittweise in diese anspruchsvolle Tätigkeit hineinzuwachsen.

Wenn Sie sich ernsthaft auf eine Seminar- oder Hausarbeit einlassen, dann lernen Sie, was Sie in jedem akademischen Beruf in und außerhalb der Wissenschaft können müssen: sich problemorientiert mit einem Thema zu beschäftigen, Ziele zu formulieren, in angemessener Zeit zu Ergebnissen zu kommen und mit anderen über Sachthemen zu kommunizieren. Und Sie lernen, Ihrem Denken zu trauen und Ihre eigene (Forschungs-)Arbeit ernst zu nehmen. Diese übergreifenden Möglichkeiten ließen sich in eine lange Reihe von unterschiedlichen **Lernchancen** spezifizieren. Wir nennen nur einige davon:

- Informationen unterschiedlicher Qualität sortieren, bündeln und bewerten (Wesentliches von Unwesentlichem unterscheiden lernen),
- disziplinspezifische Fragen erkennen; (Forschungs-)Fragen formulieren,
- Fachsprache von wissenschaftlichem Jargon und Bluff unterscheiden,
- Literatur und Quellen in den eigenen Text integrieren und korrekt belegen,
- Spielregeln der Kommunikation unter Fachwissenschaftlern verstehen und damit umgehen,
- Gedanken, Überlegungen und Argumente logisch nachvollziehbar darstellen und auf die Argumente anderer eingehen,
- Selbstbewusstsein entwickeln: eine Stimme als wissenschaftliche/r Autor/in finden.

5.1.2 | Grundsätze wissenschaftlicher Kommunikation in Hausarbeiten

Im Unterschied zu Textsorten wie dem Protokoll oder der Mitschrift, die auch außerhalb der Universität eine wichtige Rolle spielen, sind Hausarbeiten als kleine wissenschaftliche Abhandlungen ein Schreibanlass, der so nur im universitären Kontext vorkommt.

Das Modell wissenschaftlicher Kommunikation, an dem Sie sich in Hausarbeiten orientieren sollen, ist der Aufsatz in einer Fachzeitschrift. Das heißt allerdings nicht, dass Sie in Ihrer Hausarbeit neue Erkenntnisse zu einer wissenschaftlichen Diskussion liefern müssen. In einer Hausarbeit kann das Aufwerfen oder Ausloten einer Frage oder auch die präzise Beschreibung eines Phänomens eine sehr gute Leistung sein. Wichtig ist, dass Sie nach und nach lernen, wie Wissenschaftler/innen in Ihrer Fachdisziplin mit Wissen umgehen und sich die üblichen ›Spielregeln‹ der wissenschaftlichen Kommunikation und Darstellung aneignen. Modell: wissenschaftlicher Zeitschriftenaufsatz

Wo immer der Schwerpunkt Ihrer Hausarbeit liegt: Es geht darum, sich sorgfältig damit zu beschäftigen, welche Ansätze und Positionen es zur Bearbeitung des eigenen Themas schon gibt, und dabei an vorhandenes Wissen anzuschließen. Sie finden in Kapitel 2.2 »Inhaltliche Planung« und 2.3 »Suchen, Finden, Auswerten von Material und Literatur« detaillierte Hinweise dazu, wie Sie eine Hausarbeit inhaltlich planen und sich wissenschaftliche Literatur erschließen können.

Die inhaltlichen und formalen Anforderungen an eine Hausarbeit spiegeln allgemeine Grundsätze wider, die jede Person, die wissenschaftliche Texte in Fachzeitschriften publiziert, beachten muss: Allgemeine Grundsätze

Es wird eine Frage oder ein Problem bearbeitet: In wissenschaftlichen Zeitschriftenaufsätzen geht es um Fragen und Probleme, die für fachspezifische Forschergemeinschaften relevant sind. In der Übungsform ›Hausarbeit‹ tritt Ihre Auseinandersetzung mit einem Thema an die Stelle der Diskussion mit einer Scientific Community. Dass Sie selbst eine Frage oder Hypothese klärungswürdig finden, ist ein guter Hinweis auf ihre Angemessenheit für eine Hausarbeit. Es kann auch um Fragen gehen, die Gegenstand einer Seminardiskussion waren.

Die Frage oder das Problem wird mit dem theoretischen und methodischen Handwerkszeug einer Disziplin bearbeitet: In Hausarbeiten geht es häufig darum, sich erst einmal ein Grundverständnis von Theorien und Methoden der eigenen Disziplin zu erarbeiten und Anwendungsmöglichkeiten zu reflektieren.

Fachliche Konzepte und Begrifflichkeiten werden definiert und eindeutig verwendet: In der Kommunikation unter Wissenschaftlern ist es wichtig, Begriffe und Konzepte zu definieren und sie dann konsequent in der definierten Bedeutung zu verwenden, um Missverständnisse zu vermeiden. Das ist anders als beim Aufsatzschreiben in der Schule, wo es wichtig war, für wiederkehrende Begriffe Synonyme zu finden, um stilistische Gleichförmigkeit zu vermeiden. In Hausarbeiten wird eine präzise Verwendung von Konzepten und Begriffen erwartet.

Es müssen aktuelle Veröffentlichungen gefunden, ausgewählt und genutzt werden: Eine Hausarbeit sollte, genauso wie ein wissenschaftlicher Zeitschriftenaufsatz, auf der Höhe der Diskussion zum Thema ansetzen. Egal ob Sie viel oder wenig Literatur verwenden – in einer Hausarbeit sollten Sie den aktuellen Stand der Forschung zu Ihrem Thema nutzen.

Eigene Erkenntnisse werden so dargestellt, dass für andere nachvollziehbar ist, wie man sie gewonnen hat: Es muss transparent sein, an welchen Stellen der eigenen Darstellung und Argumentation welche Literatur und welches Material genutzt wurde. Ideen und Gedanken gelten als geistiges Eigentum. Wer Ideen und Gedanken von anderen im eigenen Text nutzt, ohne sie kenntlich zu machen, begeht nach dem Ethos der Wissenschaft Diebstahl. Plagiate, so nennt man die stillschweigende Übernahme von fremdem Gedankengut, werden geahndet und der/die Autor/in muss mit Bestrafung rechnen. Entsprechend wird in Hausarbeiten viel Wert darauf gelegt, dass korrekt zitiert und belegt wird.

Der Text hat eine klare Struktur und ist verständlich geschrieben: Bericht und Argumentation des Autors stehen im Vordergrund und bilden den roten Faden. Das ist eine grundlegende Anforderung an alle Texte, die der Kommunikation dienen – also auch an alle Arten von wissenschaftlichen Texten.

Auch die **formale Gestaltung** spielt in wissenschaftlichen Texten eine große Rolle, von einem sorgfältig gestalteten Äußeren erwartet man gut durchdachte Inhalte. Wenn Lehrende Ihre Hausarbeit zur Hand nehmen, werden sie – bewusst oder unbewusst – zunächst darauf achten, ob das Deckblatt der Arbeit, das Inhaltsverzeichnis und eventuell auch das Anmerkungs- und Literaturverzeichnis den formalen Anforderungen genügen.

Sie finden Hinweise dazu, woran Sie sich bei der formalen Gestaltung orientieren sollten, in disziplinspezifischen Richtlinien, die von vielen Fachbereichen und Fakultäten herausgegeben werden. Darüber hinaus informieren viele Ratgeber zum wissenschaftlichen Schreiben über grundlegende formale Anforderungen (z.B. Meyer-Krentler 2012).

Das Vorbild für die folgende Checkliste mit »Standardfehlern« hat Rolf Parr, Literatur- und Medienwissenschaftler, als Hilfsmittel zum Verfassen und Überarbeiten von Hausarbeiten zusammengestellt. Beachten Sie allerdings, dass ›Ihr/e‹ Dozent/in möglicherweise nicht alle diese Hinweise für richtig hält. Fragen Sie im Zweifelsfall besser direkt bei ihr/ihm nach!

→ Standardfehler vermeiden

1. **Seminartitel:** Den Seminartitel vollständig und richtig wiedergeben.

2. **Inhaltsverzeichnis:** Keine Doppelpunkte am Ende von Kapitelüberschriften machen; nicht »S. 3–7«, sondern nur die Zahl der Seite angeben, auf der das Kapitel beginnt. Keine bloß formalen Kapitelüberschriften (»Einleitung«, »Hauptteil«, »Schluss«) verwenden, sondern ›sprechende Überschriften‹, die etwas aussagen.

3. **Absätze:** Absätze sollen nur da eingefügt werden, wo es wirkliche Sinnabschnitte gibt, nicht rein mechanisch hinter jedem Satz.

4. **Tempus:** Das gewählte Tempus darf nicht ständig gewechselt werden, vor allem nicht innerhalb eines Absatzes oder Satzes.

5. **Bindestrich** (kurz, ohne Leerzeichen davor oder dahinter) und **Gedankenstrich** (lang, mit Leerzeichen) sind zwei verschiedene Zeichen (auch auf der Computertastatur).

6. **Zitate und Quasi-Zitate:** Zwischen wirklichen Zitaten (kenntlich gemacht durch »« oder „") und indirekten Zitaten bzw. distanziertem Sprechen (kenntlich gemacht durch ›‹ oder ‚') muss unterschieden werden. Was in doppelten Anführungszeichen steht, muss als Zitat auch jeweils in einer Fußnote nachgewiesen werden.

7. **Zitate** im laufenden Text werden durch »« oder „" kenntlich gemacht. Werden **längere Zitate** vom Text abgesetzt, eingerückt oder in kleinerer Schrift wiedergegeben, so stehen sie **nicht noch zusätzlich in Anführungszeichen**.

8. **Zitate werden nicht durchgehend kursiviert,** da es ja auch im Original kursive Hervorhebungen geben kann, die damit verlorengehen.

9. Für **Auslassungen** innerhalb von Zitaten werden eckige Klammern und drei Punkte »[…]« verwendet, da es ja häufig auch schon bei den Primärtexten Auslassungen gibt, die in runden Klammern »(…)« stehen.

10. **Zitatnachweise:** Alle Zitate (alles, was zwischen »« steht) müssen nachgewiesen werden.

11. **Bibliographische Angaben:** Die bibliographischen Angaben müssen immer und vollständig gemacht / genannt werden.

12. Bei bibliographischen Angaben genügt die Angabe von Seitenzahlen. **Nicht üblich sind Zeilenangaben.**

13. Auch **Internetseiten** immer so genau wie möglich zitieren. Wenn es bei Internetseiten einen Verfasser und/oder Beitragstitel gibt, auch die anführen. Die URL ersetzt im Vergleich mit konventionellen gedruckten Quellen nur die Angabe des Buches oder der Zeitschrift. Unbedingt auch das Datum hinzufügen also z.B.: Abruf: 17.3.13, da Internetseiten häufig nur für kurze Zeit existieren.

14. **Direkte/indirekte Rede:** Direkte und indirekte Rede müssen korrekt verwendet werden.

5.1.3 | Die Teile der Hausarbeit: Standards und Spielräume

Die Hausarbeit gliedert sich in Einleitung, Hauptteil und Schluss. Alle Textteile erfüllen eine bestimmte Funktion, und Ihre Aufgabe ist es, sie dieser Funktion entsprechend zu verfassen. Hierbei müssen Sie Standards erfüllen, es gibt aber auch Spielraum für eigene Entscheidungen.

Die Einleitung · Die Einleitung leitet ein. Ihre kommunikative Funktion besteht darin, dem/der Leser/in deutlich zu machen, welches Thema bearbeitet wird, warum das wichtig ist und was sie/ihn in der Arbeit erwartet.

Im Einzelnen können Sie – je nach Thema und sonstigem Aufbau der Arbeit – in der Einleitung Folgendes tun:

- Den/die Leser/in an das Thema heranführen,
- die Fragestellung/Arbeitshypothese, das Ziel und den Anspruch der Arbeit nennen,
- einen Überblick über den Aufbau der Arbeit geben,
- zeigen, welche Relevanz das Thema hat, und es in einen Kontext einbetten,
- beschreiben, auf welcher Grundlage die Fragestellung bearbeitet wird (Literatur, Quellen, anderes Material),
- deutlich machen, welche Aspekte eines Themas behandelt werden und welche nicht.

Tipp · → Zwar steht die Einleitung am Anfang der Arbeit, geschrieben wird sie aber meist zum Schluss, weil man oft erst dann im Einzelnen benennen kann, warum man was geschrieben hat.

Der Schluss · Der Schluss hat die Funktion, die Leser/innen aus der Lektüre herauszuleiten und ihnen eventuell noch einmal zu sagen, was sie von all dem, was sie in der Hausarbeit gelesen haben, behalten sollen.

Der kommunikativen Funktion entsprechend kann man im Schluss einer Hausarbeit Folgendes tun:

- Zusammenfassen, welche Ergebnisse im Hinblick auf die Fragestellung erarbeitet wurden,
- Schlussfolgerungen ziehen,
- Grenzen der Arbeit benennen,
- aufzeigen, was künftig untersucht werden könnte oder sollte.

Der Hauptteil · Im Hauptteil bearbeiten Sie die Fragestellung Ihrer Arbeit. Sie zeigen, wie Sie in der Auseinandersetzung mit Literatur und/oder Material (Theorien, Quellen, Daten) schrittweise zu Erkenntnissen gekommen sind, die für Ihre Fragestellung aufschlussreich sind.

Der Hauptteil trägt natürlich nicht die Überschrift »Hauptteil«. Er hat – je nach Umfang der Arbeit – eine oder mehrere aussagekräftige

Überschriften; sie unterstützen die Leser/innen dabei, der inhaltlichen Logik der Darstellung zu folgen.

Achten Sie darauf, dass Sie alle Aussagen, die Sie treffen, argumentativ begründen oder mit Material oder Literatur belegen. Wenn Sie sich auf Aussagen von anderen berufen, müssen Sie außerdem deutlich machen, wer diese Aussage in welchem Zusammenhang gemacht hat, so dass die Leser/innen nachprüfen können, ob sie sie für plausibel halten.

Wie Sie Ihre Darstellung im Hauptteil der Arbeit strukturieren, hängt von Ihrer **Fragestellung** und der **Art der Bearbeitung** dieser Fragestellung ab. Es spielt dabei eine Rolle:

- was Sie in Ihrer Arbeit untersuchen (der Gegenstand/das Material),
- mit welchem Ziel Sie das tun (Fragestellung/Arbeitshypothese) und
- welche wissenschaftlichen Hilfsmittel Sie dabei nutzen (Methoden, Theorien, Sekundärliteratur).

5.1.4 | Die Sprache in Hausarbeiten – Einige Empfehlungen

Die rhetorische Ausgangssituation für Sprache und Stil in einer Hausarbeit ist folgende: Sie treten (fiktiv und zu Übungszwecken) als Expert/in in Ihrem Fach auf und erläutern einem Kreis von Kolleg/innen, wie Sie ein wissenschaftliches Thema angegangen sind und unter welcher Fragestellung Sie es mit welchen Ergebnissen bearbeitet haben. Eben weil es sich dabei um ein **fiktives Szenario** handelt, finden viele Studierende es schwierig und wohl auch ein wenig künstlich, so zu schreiben. Wir schlagen vor, es einmal so zu sehen: In der Auseinandersetzung mit der wissenschaftlichen Literatur zu einem Themengebiet erwerben Sie immer eine Expertise. Von dieser Expertise sollen andere nun profitieren. Wenn der Gedanke an die Scientific Community als – zugegebenermaßen sehr abstrakte – Zielgruppe Sie schreckt, dann stellen Sie sich Studienkolleg/innen vor, die knapp vor dem Wissensstand stehen, den Sie sich erarbeitet haben.

Unabhängig davon, wen Sie als Adressaten wählen – eine/n Lehrende/n, Studienkolleg/innen, die Scientific Community – bei der sprachlichen Gestaltung von Hausarbeiten kommt es vor allem darauf an, dass Sie sich nach und nach die Sprache aneignen, die Wissenschaftler/innen in Ihrer Disziplin verwenden. Wichtig sind hier vor allem **Fachbegriffe**, die dazu dienen, komplexe Sachverhalte so verdichtet zu erfassen, dass eine schnelle und präzise Verständigung möglich wird. Wenn Sie die Fachliteratur aufmerksam lesen, werden die Begriffe und Formulierungen zu einem Teil Ihres sprachlichen Repertoires.

Bei aller Fachsprache und Expertise bleibt die Devise beim wissenschaftlichen Schreiben: Es muss für Sie selbst und für andere erkenntnisfördernd sein. Deshalb nutzt es nichts, wenn Sie hochtrabend wissenschaftlich klingende Formulierungen und Fremdwörter benutzen, die Sie aber selbst nicht verstehen. »Unterstützt mich die Art und Weise, wie ich schreibe, darin, Zusammenhänge zu erkennen und sichtbar zu machen, wie ich es in meiner Alltagssprache nicht gekonnt hätte?« Das ist eine mögliche Kontrollfrage, um zu entscheiden, wie viel Fachsprache man im eigenen Text verwendet.

Tipp

> → Nehmen Sie in Ihrer Hausarbeit sprachlich die Haltung einer Person ein, die kritisch denkt und fragt und davon ausgeht, dass der eigene Text ebenfalls kritisch befragt werden wird.

Zur Haltung einer kritisch denkenden und fragenden Person gehört auch eine gewisse Distanz – zu den Inhalten, über die man schreibt, und zu den eigenen Wünschen, Bedürfnissen und Überzeugungen. Hanspeter Ortner schreibt: »Die *So-sehe-ich-den-Sachverhalt-und-das-meine-ich-dazu*-Perspektive muss aufgegeben werden zugunsten (der Fiktion) einer entpersönlichten *So-ist-das-ganz-unabhängig-von-mir*-Perspektive oder zumindest zugunsten einer Perspektive, die sich selbst reflektiert.« (Ortner 2006, S. 90) Eine ganz und gar neutrale Haltung ist nicht möglich und vielleicht auch gar nicht erstrebenswert. Sich aber über den eigenen Standpunkt im Klaren zu sein, verschiedene Perspektiven und Positionen zu berücksichtigen und in der Darstellung eine Gesamtschau anzustreben, die über die persönliche Meinung hinausgeht, ist wissenschaftliche Sorgfaltspflicht.

Grundlegende Anforderungen an die Sprache in Hausarbeiten:

- **Gedanken präzise ausführen:** In der Wissenschaft versteht sich so gut wie nichts von selbst. Anstatt also Ihre Aussagen zu ›verformeln‹, indem Sie sie in überkomplexe Sätze und abkürzende Fachwörter pressen, führen Sie sie erklärend aus. Das kann bedeuten, für einen Gedanken, der im Kopf ›ganz kurz‹ erscheint, mehrere Sätze zu formulieren.
- **Fachbegriffe definieren**, die für die Arbeit zentral sind: Bei der ersten Nennung erläutern, in welcher Bedeutung Sie sie verwenden, und diese Bedeutung im weiteren Text konsequent durchhalten.
- **Distanziert formulieren:** Im Zentrum einer wissenschaftlichen Arbeit steht die sachliche Diskussion. Sprachlich spiegelt sich das häufig in unpersönlichen Formulierungen wider wie z.B. »In dieser Hausarbeit geht es um die Frage ...«; »In diesem Zusammenhang erscheint insbesondere ... von Interesse.«; »ist zu kritisieren ..., denn es wird nicht offengelegt ...«. Manche Fachrichtungen und einzelne Lehrende verlangen, die Ich-Form vollständig zu vermeiden. Aus unserer Sicht ist das nicht zwingend notwendig, so lange in der Darstellung insgesamt nicht eine subjektive Erzählhaltung überwiegt. Sie als Studierende/r sollten sich aber, wenn das Ich-Verbot gilt, selbstverständlich daran halten.

Über das
Studium hinaus

Auch wenn Sie einen Beruf anstreben, in dem unmittelbar keine wissenschaftlichen Abhandlungen geschrieben werden, lernen Sie nicht nur für den Studienabschluss, wie man wissenschaftlich schreibt. Sie erwerben dabei Handwerkszeug im Umgang mit Wissen, das Sie für die meisten beruflichen Tätigkeitsfelder benötigen werden.

M., studierter Religionswissenschaftler, jetzt Kulturamtsleiter in einer deutschen Kommune, beantwortete unsere Frage, inwiefern ihn das Schreiben im Studium auf das Schreiben im Beruf vorbereitet hat: »Unterscheidet sich meine Schreibpraxis in der Verwaltung vom wissenschaftlichen Schreiben, von den akademischen Textsorten? Eigentlich kaum. Auch Verwaltungstexte reagieren auf Texte, es müssen Quellen und Referenzen recherchiert, Akten und sonstiges Material beschafft und verarbeitet werden. Dabei müssen Sachverhalte beschrieben werden, Entscheidungen müssen begründet, mögliche Alternativen abgewogen werden, darin besteht der argumentative Charakter der Texte. Fehler in Darstellung oder Argumentation haben Wirkungen. Jeder Text wird für multiple Adressaten verfasst. Kurzum, der Prozess der Herstellung eines Textes ist hier in seiner Komplexität und mit allen seinen Schwierigkeiten ungefähr derselbe wie im Wissenschaftsbetrieb.«

Egal in welchem akademischen Beruf Sie einmal tätig sein werden, Sie sollten in der Lage sein, die Entwicklung Ihres Faches weiterzuverfolgen. Egal ob Sie Lehrer/in werden, im Verlag arbeiten oder im Museum – um Veröffentlichungen in den für Ihre Arbeit einschlägigen Fachzeitschriften zu lesen und auszuwerten oder selbst welche zu schreiben, ist es nötig, die wissenschaftliche Form der Erkenntnisgewinnung und -darstellung grundsätzlich begriffen zu haben. Und die manifestiert sich im Studium beim Verfassen von Haus- und Seminararbeiten.

5.1.5 | Die Bachelorarbeit

Bei der Bachelorarbeit handelt es sich um eine umfangreiche Hausarbeit (25–50 Seiten), für die nach den Strukturvorgaben der Kultusministerkonferenz 6–12 ECTS-Punkte (ECTS = European Credit Transfer System) vorgesehen sind.

Manche Prüfungsordnungen sehen vor, dass die Bachelorarbeit in ein Modul eingebunden ist, das dann auch den inhaltlichen Rahmen für Ihr Thema vorgibt. Meistens ist es jedoch so, dass Sie sich eine/n Betreuer/in suchen und mit ihm/ihr das Thema absprechen (zur Themenfindung und -eingrenzung vgl. Kap. 2.1 und 2.2).

Ob Sie sich in Ihrer Bachelorarbeit mit einem völlig neuen Thema beschäftigen oder an ein Thema anknüpfen, mit dem Sie sich – z.B. im Rahmen eines Referats – bereits beschäftigt haben, hängt davon ab, wie sich Ihre inhaltlichen Interessen im Lauf des Studiums entwickelt haben und natürlich davon, worauf Sie sich mit Ihrem/Ihrer Betreuer/in einigen.

Anforderungen an die Bachelorarbeit wurden bisher in nur wenigen geistes- und sozialwissenschaftlichen Studiengängen explizit formuliert. Hier sind einige Beispiele, die darauf verweisen, welches Wissen und Können Studierende im Rahmen dieser Arbeit unter Beweis stellen sollen:

Beispiele

Anforderungen an Bachelorarbeiten

Uni Trier, Betriebswirtschaftslehre

»Die Bachelorarbeit soll alles andere als enzyklopädisch sein. D.h. sie soll nicht alles das enthalten, was man im Umkreis des Themas möglicherweise gelesen hat, sondern gezielt auf die Beantwortung der Fragestellung hinarbeiten.

Die Bearbeiterin/der Bearbeiter soll auch kritisch an das Thema in dem Sinne herangehen, dass sie/er nicht alles für bare Münze nimmt, was man aus der Literatur oder von Experten erfährt. Meinungen sollten nicht einfach nebeneinander gestellt werden; vielmehr sollte man Meinungen hinterfragen und selber begründet Stellung nehmen« (www.uni-trier.de/index.php?id=31385; Abruf: 29.1.2013).

Uni Düsseldorf, Philosophische Fakultät

»Die Kandidatinnen und Kandidaten sollen in der Bachelorarbeit nachweisen, dass sie imstande sind, eine Fragestellung des Fachs selbstständig nach wissenschaftlichen Methoden zu bearbeiten und die Ergebnisse sachgerecht darzustellen. Das Thema [...] muss nach Inhalt und Umfang so begrenzt sein, dass es bei angemessener Betreuung innerhalb der vorgesehenen Frist behandelt werden kann« (Abruf: 29.1.2013).

Uni Bielefeld, Deutsch als Fremdsprache

»Die Studierenden verfügen über die für die jeweilige Fragestellung und Zielsetzung benötigten Kenntnisse. Sie können die für ihre Arbeit einschlägige Fachliteratur recherchieren, rezipieren und im Hinblick auf die jeweilige Fragestellung und Zielsetzung auswerten, sich kritisch mit ihnen auseinandersetzen und sie in sachgerechter Form präsentieren. Sie können die Ergebnisse ihrer Arbeit zusammenfassen und im Forschungskontext diskutieren. Sie können ihre Ausführungen in konsistenter Gedankenführung und in angemessener Sprache präsentieren und die formalen Standards einhalten.

Sie sind in der Lage, einerseits kritisch-konstruktive Rückmeldungen zu Arbeitsvorhaben anderer zu geben und andererseits Rückmeldungen zu ihrem eigenen Vorhaben aufzugreifen und in die Weiterarbeit zu integrieren« (www.uni-bielefeld.de/lili/studium/faecher/daf/studium/bachelor_neu/BA_DaF-DaZ_Modulhandbuch_2011_vorlaufige-Version.pdf; Abruf: 29.1.2013).

Wie man an diesen Beispielen sehen kann, sind die Anforderungen nicht gering. Zwar muss kein eigener Beitrag zur Forschung geleistet werden wie in einer Doktorarbeit, aber es müssen Leistungen erbracht werden, für die eine vertiefte Auseinandersetzung mit fachlichen Inhalten nötig ist:

- Fachliteratur zielgerichtet auswerten und sich kritisch mit ihr auseinandersetzen,
- unterschiedliche Positionen verarbeiten und diskutieren,
- Ergebnisse zu einer Fragestellung erarbeiten,
- geeignete Methoden auswählen und anwenden
- usw.

Da Zeit in den meisten Bachelorstudiengängen ein knappes Gut ist, brauchen Sie für die Bachelorarbeit vor allem eines: ein **gutes Zeitmanagement**. Während die Schreiber/innen aus den Zeiten von Magister und Diplom über sehr viel Zeit verfügten – oft wurde an Diplom- und Magisterarbeiten in den Geisteswissenschaften länger als ein Jahr geschrieben – müssen Schreiber/innen von Bachelorarbeiten es häufig schaffen, in stark begrenzten Zeitfenstern konzentriert zu arbeiten.

5.1.6 | Zeitmanagement: das A&O bei der Bachelorarbeit

Das Zeitmanagement für die Bachelorarbeit hängt von den jeweiligen Studien- und Prüfungsordnungen ab, insbesondere davon, ob nicht nur der Bearbeitungsumfang (6–12 ECTS-Punkte) vorgegeben ist, sondern auch eine Bearbeitungszeit und damit verbunden eine Anmeldung der Bachelorarbeit sowie ein fester Abgabetermin. *Bearbeitungsumfang und -zeit beachten*

Da das Bachelorstudium pro Semester 30 ECTS-Punkte vorsieht, werden Sie auch im 6. Semester auf jeden Fall noch weitere studienbegleitende Prüfungen absolvieren (z.B. Klausuren oder Hausarbeiten schreiben) müssen. Sie müssen sich also überlegen, wie Sie die verschiedenen Anforderungen parallel organisieren und bewältigen können oder prüfen, ob Sie zunächst alle anderen Prüfungen ablegen und erst dann mit der Bachelorarbeit beginnen können.

Beim Schreiben erster Haus- und Seminararbeiten haben Sie wahrscheinlich ein Gefühl dafür bekommen, wie viel Zeit Sie benötigen, um in ein Thema einzusteigen, es auszuloten, Ihre Fragestellung und Zugangsweise zu klären, zu schreiben und zu überarbeiten. Gehen Sie von diesen Erfahrungen aus und suchen Sie Möglichkeiten, wie Sie die Bachelorarbeit frühzeitig vorbereiten können. Sprechen Sie mit Lehrenden, von denen Sie gern betreut werden würden.

Gerade wenn Sie nicht umhinkommen, die Bachelorarbeit parallel zu anderen Verpflichtungen zu schreiben, sollten Sie für diejenigen Etappen der Arbeit, in denen Sie sich vertiefen wollen, Zeiten reservieren, z.B. für die Planungs-, Lektüre- und Schreibphase. Zwischenziele und – wenn möglich – Termine zur Besprechung von Fragen und Ergebnissen mit dem/der Betreuer/in sind hilfreich, um der Bachelorarbeit in Ihrem Studienalltag die Priorität zu verschaffen, die nötig ist, damit Sie dieses Schreibprojekt und damit auch Ihr Studium erfolgreich abschließen.

In den meisten Berufen, in denen viel geschrieben wird, wird auch an mehreren Dingen gleichzeitig gearbeitet. Mehrere Projekte laufen parallel, die damit verbundene Kommunikation, Briefverkehr, Meetings, Planung neuer Vorhaben müssen neben mehr oder weniger umfangreichen Schreibprojekten (z.B. Anträgen, Berichten, Konzepten) bewältigt werden.

Pragmatisch und realistisch zu planen, und zwar so, dass ›Zeitfenster‹ entstehen, in denen man sich trotz mehrerer parallel laufender Arbeitsprojekte auf eine einzige Sache konzentrieren kann – auf diese Anforderungen bereiten Bachelorstudium und Bachelorarbeit vor.

5.1.7 | Masterarbeit und Doktorarbeit: die ›Nächstgrößeren‹

Masterarbeiten unterscheiden sich von Bachelorarbeiten zunächst durch die längere Bearbeitungszeit (15–30 ECTS-Punkte) und den größeren Umfang (60–100 Seiten). Sie werden mit dem Schreiben der Masterarbeit vermutlich erst beginnen, wenn Sie alle übrigen erforderlichen Studienleistungen erbracht haben, wenn auch Vorarbeiten hierzu bereits studienbegleitend erfolgen können. Vor allem zeichnet sich aber die Masterarbeit dadurch aus, dass in ihr ein **höheres Maß an eigenständiger Forschungsleistung** erwartet wird.

Beispiele

Anforderungen an Masterarbeiten

Uni Bonn, Philosophische Fakultät
»Der Textteil der Masterarbeit soll ca. **80** bis **100** DIN-A4-Seiten um-
fassen, sofern in den studiengangspezifischen Bestimmungen keine
anderen Vorgaben gemacht werden. Bei der Erstellung der Arbeit
muss hinsichtlich Inhalt und Form den Standards wissenschaftlichen Arbeitens auf dem Niveau des »Master of Arts« bzw. »Master of
Science« Rechnung getragen werden. Sie sollten sich daher bei Ihrer
Fachstudienberatung zu den spezifischen Anforderungen erkundigen.
Beachten Sie bitte auch, dass die Regelung der Anmeldung nach Erreichen der 60 LP es Ihnen grundsätzlich ermöglicht, die Masterarbeit **studienbegleitend** zu schreiben und bereits vor der Anmeldung im Laufe
des dritten Semesters durch nötige Recherchen und Lektüren gründlich
vorzubereiten« (www.philfak.uni-bonn.de/studium/pruefungsbuero/
download/handreichung-zur-masterarbeit; Abruf: 29.1.2013).

Uni Bielefeld, Master-Prüfungsordnung
»Mit der Masterarbeit soll die Kandidatin oder der Kandidat nachweisen, dass sie oder er im Stande ist, eine Fragestellung des Faches
selbstständig nach wissenschaftlichen Methoden zu bearbeiten und
die Ergebnisse sachgerecht darzustellen. Die Masterarbeit kann
studienbegleitend angefertigt werden« (www.zfl.uni-bielefeld.de/
bielefelder-modell/master/master-as/mpo.pdf).

Doktorarbeiten unterscheiden sich von Bachelor- und Masterarbeiten
durch den Anspruch, einen neuen Beitrag zur Forschung zu liefern, durch
ihren Umfang, durch die in der Regel erheblich längere Bearbeitungszeit und auch durch die Art von persönlichen und beruflichen Zielen,
die üblicherweise mit diesem Schreibprojekt verbunden sind. Wer sich
hier orientieren möchte, dem sei empfohlen: Helga Knigge-Illner (2009):
Der Weg zum Doktortitel; Claudia Koepernik u.a. (2006): *GEW-Handbuch*   Literaturtipp
Promovieren mit Perspektive; Ansgar Nünning/Roy Sommer (Hg.) (2007):
Handbuch Promotion. Forschung – Förderung – Finanzierung.

5.2 | Das Exposé

Ein Exposé schreibt man, um eine/n oder mehrere Adressaten von
einem Arbeitsvorhaben zu überzeugen: um Lehrende als Betreuer für
eine Arbeit zu gewinnen oder auch um sich bei Stiftungen um ein Sti-
pendium zu bewerben.

- klarzumachen, was man in seinem Arbeitsprojekt vorhat und wie man es realisieren wird,
- zu zeigen, inwiefern das geplante Arbeitsprojekt interessant und sinnvoll ist,
- glaubhaft zu machen, dass es im Rahmen der vorgegebenen oder selbst angesetzten Zeit realisiert werden kann,
- zu vermitteln, dass man selbst geeignet ist, es zu bearbeiten.

Ein Exposé ist eine Art »Bauplan« (Schwarzer 2001, S. 144) für die Arbeit, die man schreiben will. Man skizziert darin die Gestalt der geplanten Arbeit, stellt Anknüpfungspunkte in der aktuellen Forschungsliteratur dar, formuliert Fragestellung und Hypothesen und erläutert, welche Art von Material man mit welcher Vorgehensweise bearbeiten wird. Vor allem aber legt man einen Arbeitsplan vor für den Weg bis zur Fertigstellung. Hier benennt man die einzelnen Arbeitsschritte und legt fest, in welcher Zeit die einzelnen Etappen der Arbeit beendet sein sollen.

Mit der Fertigstellung eines Exposés hat man schon einen wichtigen Teil der Arbeit geleistet, die beim Schreiben einer wissenschaftlichen Arbeit anfällt: die erste **inhaltliche Planung** und auch schon einen Teil der Recherche.

Verlangt wird ein Exposé meist bei umfangreichen Arbeiten. Wenn man eine Doktorarbeit schreibt, ist das Exposé üblicherweise ›Verhandlungsgrundlage‹ für die ersten Absprachen mit dem/der Betreuer/in. Bei Promotionsstipendien- und Forschungsanträgen ist das Exposé der geplanten Arbeit das Herzstück des Antragstextes. Auch für Abschlussarbeiten und in manchen Lehrveranstaltungen sind Exposés oder »Outlines« (das englische Wort für einen Text mit der gleichen Funktion) mittlerweile üblich. Hier dient das Exposé bzw. Outline der Themenabsprache mit den Lehrenden und gibt diesen die Gelegenheit, den Studierenden ein Feedback auf die inhaltliche und organisatorische Planung ihrer Arbeiten zu geben.

5.2.1 | Aufbau und Inhalt von Exposés

Je nach Kontext und Adressaten können Exposés unterschiedlich aufgebaut sein und müssen bisweilen unterschiedlichen formalen Anforderungen genügen.

Die grundlegenden Inhalte sind aber immer dieselben, gleichgültig ob ein Exposé für die Deutsche Forschungsgemeinschaft, eine Studienstiftung oder den/die Betreuer/in einer Doktor-, Master-, Bachelor- oder Gruppenhausarbeit im zweiten Semester verfasst wird.

- Das Thema, das Problem, die Idee der geplanten Arbeit,
- die Fragestellung, die bearbeitet werden soll (möglichst klar, spezifisch, als Frage formuliert, *eine* Frage – und nicht mehrere!),

- die Zielsetzung des Arbeitsprojekts und die erwarteten Ergebnisse,
- die geplante Vorgehensweise (erläutern, begründen!),
- den Stand der für das Arbeitsprojekt relevanten Forschung und die Materiallage,
- die Arbeitsschritte und die Zeitplanung.

Weitere Punkte, die – je nach Kontext – in einem Exposé thematisiert werden sollten:
- die wissenschaftliche oder gesellschaftliche **Relevanz** des Projekts,
- die **Vorarbeiten und Erfahrungen**, auf die der/die Autor/in selbst zurückgreifen kann,
- ein **Kostenplan** (z.B. Reisekosten für einen Archivbesuch).

In der Regel wird an den Anfang des Exposés eine kurze, nur wenige Zeilen umfassende Zusammenfassung gestellt und ans Ende ein Literaturverzeichnis.

5.2.2 | Wie ein Exposé entsteht

Ein gutes Exposé zu schreiben, ist Arbeit, und deshalb entsteht es nicht in einigen wenigen Tagen (vgl. Alemann 2006, S. 67). Andererseits ist es auch nicht ratsam, sich für ein Exposé zu viel Zeit zu nehmen. Schließlich geht es nur darum, das Vorhaben darzustellen, und die eigentliche Forschungsarbeit soll dabei nicht aus dem Blick geraten. Das Verfassen eines Exposés ist ein Balanceakt. Es gilt, so tief einzusteigen wie nötig, um eine Vorstellung vom Gesamtprojekt zu bekommen und um die Adressaten vom eigenen Vorhaben zu überzeugen, dabei aber – und darin besteht die Kunst – im Auge zu behalten, dass man mit einer **provisorischen Skizze** beschäftigt ist, einer »gehärtete[n] Außensicht eines noch im Fluss befindlichen Schreibprojekts« (Krechel 2003, S. 71). Während Sie ein Exposé schreiben, können Sie noch nicht alle Probleme und Ergebnisse kennen, die im Verlauf der Arbeit entstehen werden, aber Sie können einige hypothetisch vorwegnehmen, um realistisch einzuschätzen, was auf Sie zukommen wird.

Machen Sie sich klar, was Sie genau mit dem Exposé erreichen möchten. Dient das Exposé zur Klärung von inhaltlichen und organisatorischen Fragen mit dem/der Betreuer/in einer Studien- oder Abschlussarbeit? Oder wollen Sie eine Förderorganisation davon überzeugen, Ihr Projekt zu finanzieren?

Zweck vergegenwärtigen

Das Exposé für den/die Betreuer/in: Im Exposé für Ihre/n Betreuer/in zeigen Sie, was Sie vorhaben und dass Sie konkrete Ideen und Überlegungen dazu entwickelt haben, wie Sie Ihr Projekt umsetzen werden. Das Exposé für den/die Betreuer/in darf auch Fragen und Unsicherheiten enthalten, denn es dient dazu zu klären, wie Sie Ihr Arbeitsprojekt im Rahmen der vorgegebenen Zeit erfolgreich durchführen können. Im Einzelnen zielt das Exposé darauf, die folgenden Fragen zu klären:

- Erscheint das Vorhaben realisierbar?
- Ist das Thema ausreichend (oder zu sehr) eingegrenzt?
- Ist die Fragestellung/Arbeitshypothese erkennbar und klar?
- Ist vorstellbar, dass sich die Fragestellung mit der angegebenen Literatur und auf der Grundlage des genannten Materials bearbeiten lässt?
- Ist die gewählte Literatur brauchbar? Wird zu viel Literatur zugrunde gelegt? Zu wenig?

Das Exposé in einem Projekt- und Stipendienantrag: Das Exposé, mit dem Sie die finanzielle Förderung eines Projekts beantragen, ist eine besondere Art von Sachtext. Zum einen geht es natürlich um die Klärung der Inhalte; zum anderen wollen Sie aber auch überzeugen, d.h. Sie müssen deutlich machen, warum gerade Sie (und niemand anders) der/die Richtige ist und warum gerade *Ihr* Projekt gefördert werden sollte.

Wie können Sie die **Stärken und Besonderheiten Ihres Vorhabens** herausstellen, ohne zu prahlen?

- Qualität zahlt sich aus: Die beste ›Werbung‹ besteht darin zu demonstrieren, dass Sie sich in Ihrem Thema gut auskennen und die Durchführung Ihres Projekts bezogen auf Ihr eigenes Vorgehen realistisch einschätzen. Sofern Sie Vorarbeiten geleistet haben, sollten Sie sie unbedingt nennen.
- Adressatenorientierung auch: Versetzen Sie sich in die Lage Ihrer Leser/innen: Diese haben hundert Antragstexte vor sich liegen und müssen sich für einige wenige Projekte entscheiden. Worauf werden sie achten? Was wird Interesse wecken, überzeugen? Wenn Sie sich bei einer Einrichtung oder Stiftung bewerben, heißt Adressatenorientierung auch, das Exposé sehr spezifisch auf die jeweilige **Ausschreibung** oder das **Profil der Einrichtung** zuzuschneiden.

Tipp

> → Wenn Sie Ihr Exposé im Rahmen eines Antrags bei einer Förderorganisation stellen, sollten Sie sich informieren:
> - über die **Förderkriterien**, nach denen diese spezielle Organisation in diesem speziellen Programm Ihr Projekt beurteilen wird,
> - über **Vorgaben zur Form** des Antragstextes (Länge, Gliederung, Art, wie belegt werden soll etc.)
>
> Achten Sie darauf, dass die Antragsunterlagen und Leitfäden, mit denen Sie arbeiten, immer aktuell sind!

Anforderungen für ein Exposé können sehr detailliert sein – das sehen Sie an dem folgenden Auszug aus einem Merkblatt der Deutschen Forschungsgemeinschaft (DFG).

Beantragung eines Forschungsstipendiums

Zur Zusammenfassung:
»Fassen Sie hier bitte die wesentlichen Ziele Ihres Vorhabens allgemeinverständlich und in nicht mehr als 15 Zeilen (max. 1600 Zeichen) zusammen. Die Zusammenfassung dient vor allem zwei wichtigen Zwecken: Sie orientiert die interdisziplinär zusammengesetzten Gremien der DFG, die die abschließende Entscheidung zu Ihrem Antrag treffen, über die Kernziele Ihres Vorhabens. Führt der Antrag zu einer Bewilligung, so soll diese Zusammenfassung über ein datenbankgestütztes Informationssystem im Internet der Öffentlichkeit zugänglich gemacht werden. Bitte achten Sie daher bei der Formulierung auf Kürze und auf Verständlichkeit für Nicht-Fachleute. Um die Recherchierbarkeit zu gewährleisten, vermeiden Sie nach Möglichkeit Abkürzungen und verwenden Sie themenrelevante Schlüsselbegriffe.«
(»Merkblatt Forschungsstipendien«,
www.dfg.de/forschungsfoerderung/formulare/stipendien.html#2,
Abruf: 30.1.2013).

Wenn Sie Anforderungen dieser Art ignorieren, müssen Sie damit rechnen, dass Ihr Antrag aussortiert wird, ohne dass Ihre eigentlichen Ideen und Überlegungen überhaupt zur Kenntnis genommen wurden.

Hinweise dazu, was der jeweilige potentielle Geldgeber für förderungswürdig hält, worauf er achtet und wie einzelne Fragen in Antragsleitfäden konkret zu verstehen sind, erhalten Sie von Referent/innen der jeweiligen Einrichtungen oder aber auch von erfolgreichen Antragsteller/innen in Ihrem Bekannten- und Freundeskreis. Sehen Sie sich wenn möglich auch Exposés an, die im selben Programm erfolgreich gewesen sind.

Und: Bitten Sie Ihre/n Betreuer/in und andere (fachlich) kompetente Personen um ein kritisches Feedback auf Ihren Antragsentwurf, bevor Sie ihn fertigstellen und abschicken.

Die folgende Checkliste informiert im Überblick über die grundlegenden Anforderungen an ein Exposé im Antrag:

Qualitätsmerkmale eines Antragsexposés

→ Das Projekt ist auf die Ausschreibung bzw. das Förderprogramm zugeschnitten.
→ Der Antrag greift die Terminologie der Ausschreibung bzw. des Förderprogramms auf.
→ Es wird deutlich, dass das Projekt im Rahmen der angegebenen Zeit durchführbar ist.

→ Es wird deutlich, inwiefern Fragestellung und Ziel des Projekts auf die aktuelle Forschung Bezug nehmen.

→ Die Vorgehensweise ist dem Gegenstand und der Fragestellung angemessen.

→ Fach- und themenspezifische Kompetenzen des/der Autor/in werden genannt. Publikationen (wenn vorhanden und relevant) werden genannt.

→ Vorgaben zur Form des Antragstextes (Länge, Gliederung, Art, wie belegt werden soll etc.) sind berücksichtigt.

→ Der Text hat eine klare Absatzstruktur.

→ Es gibt Zwischenüberschriften und Listen. Schlüsselbegriffe sind hervorgehoben.

Über das
Studium hinaus

Die Fähigkeit, ein eigenes Vorhaben so überzeugend darzustellen, dass andere bereit sind, seine Durchführung zu finanzieren, benötigen Sie **für alle Arten von Anträgen**, die Sie jemals verfassen werden.

A. (Studium der Literaturwissenschaften, Geschichte, Germanistik), mit einem Redaktionsbüro selbständig, hebt insbesondere hervor, wie wichtig das Schreiben als Akquiseinstrument für Freiberufler ist:

»Als Unternehmerin im **Medien- und Bildungsmarkt** ist das Schreiben können ein wichtiges Akquiseinstrument für mein Redaktionsbüro. Bevor mein Team und ich Texte verfassen oder Konzeptionen für neue Medienprojekte entwickeln, müssen wir erst einmal bei unseren Kunden dafür ›werben‹. Dies gilt insbesondere für Neukunden und bei Ausschreibungen (bei denen sich mehrere Dienstleister um einen Auftrag bewerben).

Wir müssen die Kunden von unseren Projektideen überzeugen und begeistern. Das setzt voraus, dass wir – durch intensive Vorabrecherche und Marktbeobachtung – in Erfahrung bringen, wo sie ggf. einen Bedarf an neuen Produkten haben oder Neuerungen wünschen. Diese Informationen und unsere Ideen müssen wir dann in – schriftlichen – Projektskizzen und Konzeptionen verarbeiten. Dabei kommt es darauf an, eine gute Mischung aus Sachkenntnis (Fachwissen/Expertise), Kundenorientierung (zielgruppenspezifische Ansprache; den Kunden da abholen, wo er steht; das bieten, was ihn weiter bringt) und Kreativität (etwas Neues, Originelles bieten; Entwicklungspotentiale aufzeigen) zu finden. Ob die Akquise erfolgreich ist und ob wir gegenübern unseren Mitbewerbern (bei öffentlichen Ausschreibungen, Wettbewerben) das Rennen machen – das hängt sehr stark von der schriftlichen Ausarbeitung und Präsentation ab.«

5.3 | Die Mitschrift

Einem Vortrag oder einer Diskussion zu folgen und zugleich die relevanten Informationen herauszupicken und zu notieren ist nicht einfach. Wer mitschreibt, widmet sich einer anspruchsvollen Tätigkeit. Man hört zu, und dabei läuft eine innere Auseinandersetzung: Es gilt, das Gehörte zu verstehen, an bisher Gewusstes anzuknüpfen, Fragen zu stellen, Zweifel ernst zu nehmen und dabei parallel immer noch dem weiteren Vortrag oder der Diskussion zu folgen. Beim Mitschreiben ist man – mehr oder minder bewusst – mit den folgenden Fragen beschäftigt:

- Was finde ich spannend, wo würde ich gerne verweilen?
- Wo ist der rote Faden?
- Was war das eben für eine gute Formulierung?
- Was verstehe ich? Was ist für mich ganz und gar unverständlich?
- Worüber ärgere ich mich?
- Woran zweifle ich?
- Was möchte ich unbedingt klären?

Mitschriften dienen dazu, **Informationen** für den späteren Gebrauch zu **speichern**. Aber nicht nur das. Mitschreiben heißt, eine Form des Schreibens zu kultivieren, die einen beim **Zuhören** und **Verstehen** unterstützt. Es ist deshalb lohnend, auch dann mitzuschreiben, wenn Ihr/e Dozent/in vor oder nach der Veranstaltung Handouts oder Skripte verteilt.

Was man durch das Mitschreiben lernen und üben kann:
- Zuhören und Schreiben so zu synchronisieren, dass es die Konzentration und das Verstehen fördert.
- Entscheidungen darüber zu treffen, welche Informationen als relevant und welche als irrelevant einzustufen sind.
- Gehörtes so festzuhalten, dass es für spätere Zwecke (z.B. Prüfungen und Klausuren) genutzt werden kann.
- Voraussetzungen zu schaffen, um sich an Diskussionen beteiligen zu können (Fragen stellen, Kritik formulieren, Position beziehen etc.).

Es ist ganz und gar Ihre Sache, was Sie in welcher Form mitschreiben. Vermutlich wird niemand außer Ihnen selbst Ihre Mitschriften je lesen; es kommt also nur darauf an, sie so zu gestalten, dass sie für Sie selbst nützlich sind.

Mitschriften nach persönlichen Bedürfnissen und Anlass ausrichten

Die eigene Form des Mitschreibens entwickelt sich im Lauf der Zeit. Probieren Sie verschiedene Formen aus und finden Sie heraus, was Ihre persönlichen Vorlieben sind, um Gehörtes für sich zu verarbeiten und festzuhalten.

Wenn Sie wissen, wofür Sie mitschreiben, können Sie gezielter entscheiden, was mitgeschrieben werden sollte.

5.3.1 | Mitschriften können verschiedene Funktionen haben

Schreiben Sie mit, um sich besser auf das Gehörte zu konzentrieren? Oder schreiben Sie mit, um wichtige Informationen für eine spätere Prüfung zu speichern? Die folgende Übersicht (nach Kroeger 2000, S. 52–54) zeigt, welche Art der Mitschrift für welchen Zweck sinnvoll sein kann.

Inhalte
von Mitschriften
nach Funktionen

Wofür schreibe ich mit?	Was sollte notiert werden?
… um einem Vortrag konzentriert zu folgen und mich anschließend an der Diskussion zu beteiligen.	■ was mir auffällt, ■ was ich noch nicht verstanden habe und evtl. nachfragen möchte, ■ wozu ich eine andere Meinung habe (Kritikpunkte), ■ welche eigenen Ideen, Erinnerungen o.Ä. mir zum Vorgetragenen bzw. Gesehenen einfallen. **Wörtlich** zu **notieren** lohnt sich bei Passagen, auf die man sich anschließend in der Diskussion direkt beziehen möchte.
… um Wissen zu speichern und nachzubereiten für eine Klausur; eine Hausarbeit; ein Referat; als Grundlage für eine Kleingruppenarbeit etc.	Alles, was für die eigene Arbeit brauchbar erscheint. Dazu zählen vor allem: ■ Begriffe, Definitionen, Begriffshierarchien, ■ methodische Hinweise, ■ Anregungen, ■ bibliographische Angaben, ■ Schaubilder, Übersichten und deren Erläuterungen.
… um Wissen für Zwecke zu speichern, die ich jetzt noch nicht vorhersehen kann.	Alles, was nötig ist, um die Mitschrift auch nach längerer Zeit noch verwenden zu können: ■ genaue Angaben darüber, wer wann was vorgetragen hat, ■ zentrale Aussagen, ■ gedankliche Gliederung des Vortrags (evtl. Gliederungsmerkmale übernehmen).

5.3.2 | Mitschriften können unterschiedliche Formen haben

Wer schon ein wenig länger studiert, kennt sie: die Mitschreibe-Minimalisten, die hochkonzentriert einem Vortrag lauschen und sich dabei gezielt wenige Stichworte notieren, um dann in der Diskussion messerscharf zu argumentieren. Hinter der Fähigkeit, so gezielt mitzuschreiben, steht meist jahrelange Erfahrung und Übung und vor allem auch Fachkenntnis. Wer sich in einem bestimmten Wissensgebiet gut auskennt, der weiß, was neu, interessant und wichtig ist und kann – auch

aufgrund der eigenen intensiven Auseinandersetzung mit einem Thema – sofort einschätzen, was relevant ist und was nicht.

Als Neuling hat man es naturgemäß schwerer. Daher ist es besonders
wichtig, **mit unterschiedlichen Formen des Mitschreibens** zu **experimentieren**, um herauszufinden, was einen am besten dabei unterstützt, das
Wichtige und Relevante herauszufiltern. Darüber hinaus können unterschiedliche Formen auch für unterschiedliche Zwecke sinnvoll sein:

→ Drei Formen des Mitschreibens   Tipp

Linear mit Seitenrand
Auf der linken Seite einen breiten Rand lassen
und auf der rechten Seite des Papiers mitschreiben. Nach dem Vortrag oder der Diskussion auf
der linken Seite Schlüsselbegriffe einfügen.

  Besonders geeignet, um sich auf eine Prüfung vorzubereiten: Man kann die rechte Seite
abdecken und sich mit Hilfe der Schlüsselbegriffe selbst abfragen.

Graphisch mehrdimensional z.B. als Mind-Map
(vgl. Kap. 3.2.1)
Notizen in Form von Haupt- und Nebenlinien
graphisch um einen Themenkern herum abbilden. Informationen an den entsprechenden
Stellen notieren.

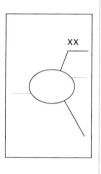

  Besonders geeignet für komplexe Themen;
für Themen, über die man kein Vorwissen
mitbringt; für Vorträge und Diskussionen, deren
Struktur schlecht erkennbar ist. Die visuelle
Aufbereitung kann dabei unterstützen, Muster,
Beziehungen und Lücken zu erkennen.

Tabellarisch
Vorab themenrelevante Kategorien überlegen
und in Form einer Tabelle auflisten; beim Mitschreiben die entsprechenden Spalten ausfüllen.

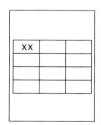

  Besonders geeignet für Anlässe, bei denen es
wichtig ist, konkrete Informationen (Begriffs-
definitionen, Literaturhinweise, Ereignisse, Namen
etc.) festzuhalten, zum Beispiel für Klausuren.

Schreiben Sie so, dass es Sie beim Zuhören und Verstehen unterstützt, und formulieren Sie in ihrer eigenen Denksprache. **Wörtlich mitge-schrieben** werden lediglich Definitionen und Fachbegriffe sowie Äuße-rungen und Formulierungen, auf die Sie sich später berufen wollen.

Tipp

> → Vergleichen Sie Ihre Mitschrift im Anschluss an eine Vorlesung oder ein Seminar mit der Mitschrift eine/r Kommiliton/in. Wie unterschei-det sich Ihre Mitschrift – inhaltlich und der Form nach? Ist eine der beiden Mitschrift aus Ihrer Sicht zielführender? Wenn ja, warum?

5.3.3 | Wie eine Mitschrift entsteht

Welche Form auch immer Sie für das Mitschreiben nutzen, ob Sie Ihre Notizen auf Butterbrotpapier, ins Kollegheft oder an den Rand eines Handouts schreiben – es ist in jedem Fall sinnvoll, einige einfache **Grundregeln** zu berücksichtigen. Das Mitschreiben wird dann zur ech-ten Hilfe im Studium und im Beruf.

Tipp

> → Bereiten Sie sich auf die Situation des Mitschreibens vor.

Das ist insbesondere bei Vorlesungen, Vorträgen und Seminaren wich-tig, wo es um komplexe Themen geht, die nicht ohne Weiteres zu ver-stehen sind. Notieren Sie vorab Fragen und Überlegungen, die Ihnen zu den angekündigten Themen einfallen. Aktivieren Sie Ihr Vorwissen. In Seminaren: Vergegenwärtigen Sie sich die Inhalte der letzten Stunden und lesen Sie Texte, Skripte und sonstige Unterlagen.

Tipp

> → Zuhören und Verstehen ist wichtiger als Schreiben.

Versuchen Sie nicht, alles mitzuschreiben, und schreiben Sie erst dann, wenn ein Sinnabschnitt beendet ist. Natürlich sollten Sie aber schon so viel mitschreiben, dass Sie damit hinterher noch etwas anfangen kön-nen. Wie so häufig beim Schreiben gilt es hier, eine Balance zwischen widersprüchlichen Anforderungen zu finden.

Tipp

> → Erleichtern Sie sich das Mitschreiben, indem Sie besonders auf orientierende Redeanteile und Formulierungen achten.

Anhand folgender Redeanteile und Formulierungen können Sie sich gut orientieren und auch gedanklich wieder einsteigen, wenn Sie einmal den roten Faden verloren haben:

- **Wiederholungen und Beispiele** sind Gelegenheiten, um sich beim Mitschreiben ein wenig auszuruhen oder eigene Gedanken und Fragen nachzutragen.
- **Formulierungen, mit denen Vortragende ihre Rede strukturieren** und zu verstehen geben, was sie gerade tun (z.B. auflisten »Erstens, zweitens, drittens«, überleiten »Nun komme ich zu der Frage X« etc.).

→ Bereiten Sie Ihre Mitschrift nach.

Tipp

Notieren Sie möglichst rasch nach der Veranstaltung Fragen, Eindrücke und eigene Überlegungen. Wenn Lücken auftauchen oder etwas unklar ist, können Sie Ihre Mitschrift mit der von Kommiliton/innen vergleichen und sich mit diesen besprechen. Oder Sie klären Fragen direkt mit dem/der Vortragenden (im Anschluss an die Veranstaltung, in der Sprechstunde oder per E-Mail). Denken Sie auch daran,

- Handouts, Reader und/oder angegebene Literatur hinzuzuziehen und Literaturhinweisen nachzugehen,
- wichtige Begriffe nachzuschlagen.

Bewahren Sie Mitschriften, die Sie eventuell auch später noch nutzen möchten, mitsamt der Nachbereitung so auf, dass sie Sie auch nach längerer Zeit noch gut wiederfinden, z.B. chronologisch oder thematisch geordnet in einem Extra-Ordner.

Mitschriften
aufbewahren

Bei jeder Art von beruflichen Projekten werden Informationen in telefonischen oder persönlichen Gesprächen, in Sitzungen und im Rahmen von Präsentationen und Vorträgen übermittelt. In Sitzungen werden üblicherweise Protokolle geschrieben, von wichtigen Telefonaten oder Rücksprachen mit Vorgesetzten oder Kolleg/innen werden Gesprächsnotizen gemacht. Für all diese Anlässe ist eine gute Mitschrift elementar. Wer daran gewöhnt ist mitzuschreiben, kann auch dann noch sicher sein, dass er nichts vergisst, wenn es einmal turbulent zugeht. Mitschreiben sollten Sie vor allem Vereinbarungen und diesbezügliche Details, z.B.:

- organisatorische Informationen (Telefonnummern, Adressen, Weblinks etc.),
- Ideen, Wünsche, ggf. Formulierungen von Kooperationspartnern und/oder Vorgesetzten,
- nächste Arbeitsschritte, Termine.

Über das
Studium hinaus

> Die Mitschriften sollten Sie schnell auswerten (Informationen übertragen ins jeweilige Dossier, auf To Do-Listen, in Adresskarteien), so dass die Informationen zum gegebenen Zeitpunkt genutzt werden können.

5.4 | Das Protokoll

Protokolle werden immer dann geschrieben, wenn es darum geht, Aussagen verschiedener Personen, die aus einem bestimmten Anlass oder zu einem bestimmten Zweck zusammengekommen sind (z.B. zu einer Besprechung, einer Gremiensitzung, einem Seminar), für ein Folgetreffen zu dokumentieren. Im Unterschied zur Mitschrift protokolliert hier nicht jede/r für sich, sondern eine/r stellvertretend für alle.

Je nachdem, in welchem Zusammenhang sie verwendet werden, dokumentieren Protokolle Aussagen für **unterschiedliche Zielsetzungen**:

- um festzuhalten, dass und von wem bestimmte Aussagen gemacht wurden (zum Beispiel vor Gericht oder in Sitzungen gewählter Gremien bis hin zum Deutschen Bundestag),
- um Ergebnisse und Vereinbarungen eines Gesprächs festzuhalten und an die Vereinbarungen zu erinnern (To-do-Listen) oder klärungsbedürftige Punkte für spätere Situationen festzuhalten (zum Beispiel im beruflichen Kontext nach Arbeitsbesprechungen im Team),
- um Diskussionsverläufe transparent und auch für Dritte nachvollziehbar zu machen (zum Beispiel in politischen oder geschäftlichen Sitzungen),
- um die gemeinsame inhaltliche Arbeit an einem Thema zu unterstützen und zu befördern (zum Beispiel in Seminaren an der Universität).

Und je nach Zielsetzung können Protokolle auch unterschiedliche Adressaten haben:

- Erste Adressaten eines Protokolls sind die unmittelbar beteiligten Personen. Sie müssen die Gelegenheit haben, Richtigkeit und Vollständigkeit der Darstellung zu überprüfen und ggf. Änderungs- und Ergänzungsvorschläge zu machen.
- Zweiter Adressat sind Personen, die informiert werden sollen, aber nicht anwesend waren. Sie sollen nachvollziehen können, was verhandelt und verabredet wurde.
- Dritter Adressat kann je nach Kontext eine breitere Öffentlichkeit sein (ein Beispiel ist die universitäre Öffentlichkeit als Adressat eines Protokolls über eine Senatssitzung, etwa zur Einführung von Studiengebühren).

Protokolle sollten so gestaltet sein, dass sie ihrer Funktion und den Bedürfnissen der Adressaten gerecht werden. Man unterscheidet grob drei Formen: das wörtliche Protokoll, das Verlaufsprotokoll und das Ergebnisprotokoll. Wir gehen im Folgenden näher auf das Verlaufs- und das Ergebnisprotokoll ein sowie auf das Seminarprotokoll, das eine Mischung aus diesen beiden Formen darstellt.

Zusammenhang
von Form und
Funktion beachten

5.4.1 | Das Verlaufsprotokoll

Das Verlaufsprotokoll dokumentiert einen Gesprächs- oder Diskussionsverlauf. Ziel ist es, nachvollziehbar darzustellen, wie man zu einem bestimmten Ergebnis gekommen ist und welche Argumentationen auf dem Weg dorthin ausgetauscht wurden. Das heißt, es wird längst nicht alles protokolliert, sondern nur die Teile einer Diskussion, die zum Meinungsbildungsprozess zu einer bestimmten Frage/einem Thema beigetragen haben.

Wer aber entscheidet bei einem solchen Protokoll, was dazugehört und was nicht, was wichtig ist und was nicht – was also am Ende protokolliert wird und was nicht? Das entscheidet zunächst derjenige, der das Protokoll schreibt.

Zwischen
Relevantem und
Irrelevantem
unterscheiden

Das Schreiben eines Verlaufsprotokolls ist eine nicht gering zu schätzende intellektuelle Leistung. Selten verlaufen Gespräche oder Diskussionen so klar, zielgerichtet und diszipliniert, dass es nur *eine* Möglichkeit gibt, den Verlauf darzustellen. Selbst die Ergebnisse einer Diskussion werden oftmals nur implizit formuliert, so dass der/die Protokollant/in zwangsläufig auf eigene Bewertungen (nicht im Sinne von richtig/falsch, sondern im Sinne von relevant/irrelevant) der Beiträge, Informationen und Ergebnisse angewiesen ist. Häufig können die Teilnehmer/innen zum vorab übersandten Entwurf Ergänzungen oder Änderungen vorschlagen. Zu Beginn der nächsten Sitzung oder des nächsten Treffens wird dann über die endgültige Version abgestimmt.

Wer ein Verlaufsprotokoll schreibt, übernimmt **Verantwortung** dafür, den *Verlauf* und die Ergebnisse eines Gesprächs oder einer Diskussion so festzuhalten, dass die Beteiligten die inhaltliche und argumentative Struktur des Gesprächs im Protokoll wiedererkennen können.

Wie ein Verlaufsprotokoll entsteht: Um ein Verlaufsprotokoll schreiben zu können, muss man keine stenographische Mitschrift erstellen, sich aber während der Diskussion hinreichend genaue Notizen machen (vgl. Kap. 5.3). Man kann natürlich nicht alles mitschreiben. Je geübter man ist, desto schneller kann man entscheiden, was lohnt zu notieren und was nicht.

157

Tipp

→ Mitschreiben für ein Verlaufsprotokoll

- Halten Sie genügend Papier und mindestens einen zuverlässig funktionierenden Stift parat.
- Notieren Sie zunächst die Rahmendaten (Anlass, Ort, Thema, Teilnehmer, Datum, Dauer).
- Wenn die Diskussion einer Tagesordnung folgt, sollten Sie diese als Gliederung für die eigene Mitschrift verwenden.
- Versuchen Sie nicht, alles mitzuschreiben.
- Schreiben Sie nicht in ganzen Sätzen mit, sondern in Stichworten oder Halbsätzen.
- Notieren Sie nicht nur, was gesagt wird, sondern auch, wer welche Aussage macht.
- Versuchen Sie, thematische Schwerpunkte mit Haupt- und Unterpunkten festzuhalten, die später als Gerüst dienen können.
- Schreiben Sie prägnante Formulierungen oder Schlüsselaussagen möglichst wörtlich mit und kennzeichnen Sie sie als wörtliches Zitat.
- Notieren Sie wichtige Wörter (Grundbegriffe, Fachausdrücke) und Daten (Zahlen, Autoren, Untersuchungen etc.).
- Kennzeichnen Sie in Ihren Notizen (Zwischen-)Ergebnisse sowie offengebliebene Fragen.
- Fragen Sie nach, wenn Ihnen etwas unklar ist. Das kann in der Sitzung selbst geschehen oder sofort danach, wenn die Teilnehmer/innen sich noch erinnern können.
- Entwickeln Sie eventuell ein eigenes Abkürzungssystem, mit dem Sie Ihre Notizen codieren, um beim Mitschreiben Zeit zu sparen.

Ihre Notizen sind die Basis für das Ausformulieren des Protokolls. Das muss nicht heißen, dass alles, was Sie notiert haben, tatsächlich in das Protokoll aufgenommen und in Sätze gefasst wird. Wenn Sie sich Ihre Mitschrift ansehen, werden Sie vielleicht entdecken, dass manches von dem, was Sie notiert haben, im Nachhinein betrachtet gar nicht so wichtig war. Genauso kann es passieren, dass Ihnen beim Lesen Ihrer Notizen auffällt, dass Sie etwas *nicht* notiert haben (z.B. den Titel eines Buches oder das Datum eines Ereignisses, das in der Diskussion erwähnt wurde).

Von der Mitschrift zum Protokoll

Um von den ungeordneten und stichwortartigen Notizen zum zusammenhängenden Protokolltext zu kommen, empfehlen wir ein **schrittweises Vorgehen**:

- Sehen Sie sich Ihre Notizen an, kennzeichnen Sie Sinnabschnitte und markieren Sie mögliche Gliederungspunkte.
- Versuchen Sie, einen roten Faden für das Protokoll zu finden. Worum ging es? Worauf lief die Diskussion hinaus? Was waren die zentralen Ergebnisse?
- Recherchieren Sie ggf. unvollständig notierte Fakten und Daten.

- Suchen Sie nach offen gebliebenen Punkten, unbeantworteten Fragen und Anregungen, die Sie später am Ende des Protokolls zusammenstellen können.
- Formulieren Sie entlang Ihrer Gliederung vollständige Sätze zu den aus Ihrer Sicht wichtigsten Inhalten.
- Überarbeiten und redigieren Sie das Protokoll und vergessen Sie den Protokollkopf nicht.

Seminar Einführung in die Linguistik
Thema: Syntax
Dozentin: Prof. Dr. Köhler
Referent: Hans Meier
Datum: 4. Mai 2007
Protokoll: Martin Mustermann

Beispiele für den Kopf eines Protokolls

3. Sitzung der Arbeitsgruppe ...
Datum: 2. Februar 2007, 16–20 Uhr
Anwesend: Meier, Müller, Schmidt
Entschuldigt: Paulsen
Protokoll: Martina Musterfrau
Tagesordnung

→ Schreiben Sie das Protokoll so bald wie möglich, solange die unmittelbaren Eindrücke, Zusammenhänge, eigenen Fragen und Überlegungen noch frisch sind. Die Erfahrung lehrt: Je mehr Zeit zwischen dem Ereignis und dem Schreiben des Protokolls liegt, desto schwerer fällt und desto länger dauert das Schreiben.

Im Beruf wird häufig von Ihnen erwartet, dass Sie Protokolle in kürzester Zeit erstellen. Betrachten Sie das schnelle Anfertigen eines Seminarprotokolls deshalb auch als Vorbereitung auf Ihre berufliche Tätigkeit.

Tipp

Zur Sprache im Verlaufsprotokoll: Verlaufsprotokolle werden in der Regel im Präsens und mit Anteilen indirekter Rede geschrieben. Falls Sie besonders prägnante oder originelle Formulierungen wörtlich mitgeschrieben haben, ist es durchaus möglich, diese als Zitat einzubauen.

Der sprachliche Stil ist sachlich und dokumentierend. »Ich« kommt in Protokollen nicht vor, Sie schreiben im Stil eines neutralen Beobachters. Falls Sie sich an dem Gespräch, das Sie protokollieren, selbst beteiligt haben und Ihre eigenen Argumente protokollieren, dann benennen Sie sich – wie alle anderen – mit Namen oder in der dritten Person.

Beispiel

Thema der heutigen Sitzung **ist** die Theorie von ... **Herr Meier stellt** zunächst das Schema zur ... **vor. Er erläutert**, dass dieses Schema vor dem Hintergrund ... entwickelt worden sei. **Frau Schmidt kritisiert** die Darstellung, sie sei zu oberflächlich.

Im weiteren Verlauf der Diskussion **konzentrieren sich die Redebeiträge** auf die Frage ...

Am Ende **wird festgehalten**, dass ...

Je mehr Protokolle Sie schreiben, desto größer und selbstverständlicher wird Ihr sprachliches Repertoire zur Beschreibung von Redebeiträgen.

Tipp

→ Grundstock von Verben, mit denen der *Verlauf* eines Gesprächs protokolliert werden kann:

Man kann etwas sagen, auf etwas ver- oder hinweisen, etwas mitteilen, feststellen, bemerken, herausstellen, kritisieren, beanstanden, beurteilen, irgendwo einhaken, etwas in Frage stellen, betonen, hervorheben, bestätigen, bejahen, erhärten, widersprechen, bestreiten, einwenden, anfechten, ergänzen, erläutern, hinzufügen, zusammenfassen etc.

5.4.2 | Das Ergebnisprotokoll

Das Ergebnisprotokoll ist das kürzeste aller Protokolle: Es gibt, wie der Name sagt, die wichtigsten Ergebnisse eines Gesprächs oder einer Diskussion wieder. Im Studium kann diese Art von Protokoll für jede Art von Arbeitsgruppen eingesetzt werden, um z.B. festzuhalten,

- welche inhaltlichen Entscheidungen getroffen wurden,
- welche weiteren Arbeitsschritte verabredet wurden,
- wer welche Aufgaben übernommen hat.

Über das
Studium hinaus

Im Beruf ist das Ergebnisprotokoll die häufigste Form des Dokumentierens, schon allein deshalb, weil Schreiber/innen und Leser/-innen meist wenig Zeit haben. Achten Sie darauf, neue Arbeitsaufträge (als To-do-Liste) festzuhalten. Das ist mindestens ebenso wichtig, wie die Arbeitsergebnisse zu notieren.

Selbstverständlich sollte auch das Ergebnisprotokoll sämtliche Rahmeninformationen enthalten (Angaben zu Ort, Datum und Zeit, Teilnehmer/innen, Anlass, Tagesordnung). Folgt die Besprechung einer Tagesordnung, dient diese als Gliederung, um die wichtigsten Ergebnisse zu dokumentieren.

Wie ein Ergebnisprotokoll entsteht: Auch wenn Sie am Ende nur die Ergebnisse dokumentieren, sollten Sie sich Notizen zum Diskussionsverlauf machen, wobei hier die Mitschrift sicherlich weniger ausführlich sein kann als für ein Verlaufsprotokoll. Auch wenn Sie ein Ergebnisprotokoll schreiben, liegt die **Verantwortung für die Ergebnissicherung** bei Ihnen. Deshalb ist es empfehlenswert, sich während der Sitzung der erzielten Ergebnisse zu vergewissern, indem Sie explizit nachfragen: Entweder machen Sie dafür einen eigenen Formulierungsvorschlag wie »Ich halte jetzt als Ergebnis fest, dass wir uns beim nächsten Mal mit dem Aufsatz xy beschäftigen«, oder Sie bitten die anderen Teilnehmer/ innen um eine Ergebnisformulierung: »Was soll ich zu diesem Punkt als Ergebnis aufschreiben, wäre xy in Eurem Sinne ... ?«

Ergebnisprotokolle dienen der schnellen Information und der Sicherung von Verbindlichkeit. Formulieren Sie deshalb **kurz, knapp und klar**. Nutzen Sie wo möglich Zwischenüberschriften, Listen (z.B. für To-dos) und Fettungen (z.B. für Deadlines), die Leser/innen können die Informationen so rascher aufnehmen.

5.4.3 | Das Seminarprotokoll

Das Seminarprotokoll stellt eine anspruchsvolle Mischung aus Verlaufs- und Ergebnisprotokoll dar. Die im Seminar erarbeiteten Ergebnisse sollen so aufbereitet werden, dass einerseits die wichtigsten Inhalte klar erkennbar sind und der/die Leser/in nicht alle Nebenzweige und Verästelungen des Gesagten noch einmal nachvollziehen muss; andererseits sollen aber auch nicht nur Fakten wiedergegeben werden, sondern es soll deutlich werden, wie Erkenntnisse gemeinsam erarbeitet wurden.

Das Seminarprotokoll dient dazu, die inhaltliche Arbeit im Rahmen eines Seminars zu befördern. Es ist die Grundlage dafür, dass die gemeinsame Erarbeitung von Wissen und Erkenntnissen von Sitzung zu Sitzung fortgesetzt werden kann:

- Es **informiert Nichtanwesende** darüber, zu welchen Ergebnissen man in der jeweiligen Sitzung gekommen ist, und zeigt anhand von wichtigen Eckpunkten, wie diese Ergebnisse erarbeitet wurden (Argumentationsverlauf). Bei der Darstellung der Ergebnisse spielt es eine untergeordnete Rolle, ›wer was wann wie‹ gesagt hat. Man ersetzt die Beiträge einzelner Personen und den chronologischen Ablauf durch eine thematische Gliederung und fasst die Ergebnisse und Erkenntnisse einer Sitzung zusammen.
- Es bereitet die mündlichen Aussagen, die im Seminar gemacht wurden, so auf, dass für die Teilnehmer/innen deutlich wird, was der ak-

Beitrag zur gemeinsamen Diskussion und Arbeit

tuelle gemeinsame **Wissensstand** ist und wo es **Anknüpfungspunkte** für die Weiterarbeit gibt.

■ Es zeigt dem/der Lehrenden, wo es **Verständnisschwierigkeiten** gibt. Manchmal nutzen Studierende diese Chance nicht, sondern ›glätten‹ ihre Darstellung, gerade an den Stellen, wo sie selbst etwas nicht verstanden haben oder wo es schwierig wird. Besser ist es, mit seiner ›Dummheit‹ schlau umzugehen und Fragen und Probleme einfach zu benennen.

■ Es unterstützt die Seminarteilnehmer/innen bei der Nachbereitung von Sitzungen und auch darin, die kommende Sitzung vorzubereiten (z.B. indem Aufgaben für die nächste Sitzung notiert werden).

■ Es dokumentiert Inhalte aus Seminaren für spätere Zwecke, zum Beispiel für Hausarbeiten und Prüfungen.

Seminarprotokolle sollten die **Ergebnisse** der Diskussion, die **Erkenntniswege**, d.h. die Eckpunkte des Diskussionsverlaufs und, wenn angebracht und von dem/der Dozent/in erwartet oder mit ihm/ihr vereinbart, Ergänzungen enthalten. Zu den **Ergänzungen** zählen all die hilfreichen Dienste, die der/die Protokollant/in für das Seminar leistet, z.B. Literaturangaben zu recherchieren und aufzuführen. Es kann auch Aufgabe des/der Protokollant/in sein, einzelne Begriffe zu klären, Hintergrundinformationen zu liefern und weiterführende Fragen zu formulieren. Achten Sie in einem solchen Fall darauf, alles, was über das in der Seminarsitzung Gesagte hinausgeht, deutlich zu kennzeichnen. Deutlich zu kennzeichnen sind auch organisatorische Hinweise wie Absprachen über Termine.

Manchmal werden auch Tafelbilder, Textauszüge, Thesenpapiere oder andere **Materialien im Anhang** beigefügt. Geben Sie den einzelnen Materialien Überschriften, so dass deutlich wird, worum es sich handelt.

Beispiel für ein Seminarprotokoll	Universität Lummerland, Studiengang Philosophie Seminar: Ganzes und Teile in Aristoteles' Metaphysik Thema der Sitzung: Ganzes und Teile in Platons »Sophistes« Dozentin: Prof. Dr. Mustermaier WS 2012/2013 Protokoll: Sabine Musterstudent Sitzung vom 12.11.2012 1. Der Aporieteil 2. Die ›neue Methode‹ (dialektike episteme) 3. Das Seiende 4. Schlussüberlegung zum »Ganzen«

1. Der Aporieteil
Das Folgende sind Ergebnisse der Übersetzungsversuche des Seminars (als Varianten bzw. Korrektive zum Übersetzungsvorschlag im
Referat vom 5. November). Der erste Satz lautet: [...] Die Überset-
zungsvorschläge [...] Diskutiert wurde über die grammatische Zuläs-
sigkeit des zweiten Übersetzungsvorschlags, aber keiner der beiden
Vorschläge wurde in der Sitzung verworfen. Der erste passt genau in
die Argumentationslinie [...].

Kommentar zum Beispieltext: Die Rahmeninformationen (Thema der
Sitzung, Seminar, Datum etc.) stehen im Kopf des Protokolls. Eine kur-
ze Gliederung erleichtert Leser/innen die Orientierung. Die einzelnen
Punkte sind mit Hilfe von Überschriften sichtbar gemacht.

Worauf Sie sprachlich achten sollten: »Ein Protokoll ist kein Erlebnisbericht« (Märtin 1999, S. 230). Manchmal geraten Studierende beim
Schreiben des Protokolls ins Erzählen und notieren, was passiert ist
und welche Eindrücke sie aus dem Seminar mitgenommen haben. Es
sei nochmals betont: Die Funktion des Seminarprotokolls besteht gerade darin, die Darstellung auf zentrale Eckpunkte des gemeinsamen Er-
kenntnisweges zu beschränken und die wichtigsten Ergebnisse neutral
zusammenzufassen. Der Stil ist deshalb **sachlich und dokumentierend**.

Achten Sie darauf, in **ganzen Sätzen** zu formulieren. Ganze Sätze machen Zusammenhänge nachvollziehbar. Stichworte sind missverständ-
lich und mehrdeutig.

Verzichten Sie auf Bewertungen. Möchten Sie dennoch als Protokol-
lant/in inhaltlich Stellung nehmen, bieten sich Formulierungen an wie:
»Aus Sicht des/der Protokollant/in ist an dieser Stelle anzumerken ...«.

Noch ein praktischer Hinweis zum Schluss, damit sich Ihre Mühe
auch lohnt:

Protokolle
effektiv nutzen

→ Treffen Sie Vorkehrungen, damit das Protokoll nicht ungelesen in
den Papierkorb wandert.

Tipp

Schicken Sie Ihr Protokoll zu einem vorab verabredeten Zeitpunkt per E-
Mail an alle Seminarteilnehmer/innen und beharren Sie darauf, dass zu
Beginn des Seminars zumindest kurz darüber gesprochen wird. Fragen
Sie zu Beginn der Sitzung freundlich nach, ob es Ergänzungs- oder Än-
derungswünsche gibt oder auch Fragen, Überlegungen, Anmerkungen,
die sich aus der Lektüre des Protokolls ergeben haben.

Niemand schreibt gern für die Schublade. Besprechen Sie deshalb
auch mit Ihrer/Ihrem Lehrenden, wie das Protokoll sinnvoll in den Se-
minarverlauf eingebunden werden kann.

5.5 | Schreiben fürs Sprechen: Manuskripte für Referat und Vortrag

Beim Schreiben des Manuskripts bereiten Sie sich auf einen ›Auftritt‹ vor. Sie vergegenwärtigen sich die akustischen Verhältnisse, die Atmosphäre im Raum, die Zuhörer/innen mit ihren Interessen, möglichen Einwänden und Fragen. Mit dem Manuskript legen Sie sich die Ausrüstung für die Redesituation zurecht – wenn die fertig ist, kann eigentlich nichts Schlimmes mehr passieren, und im besten Fall brauchen Sie das Skript gar nicht. Ein gutes Manuskript reduziert Lampenfieber und eröffnet Raum für den Austausch mit dem Publikum.

Es gibt verschiedene **Manuskripttypen**. Die Skala reicht vom ganz und gar ausformulierten Text über gegliederte Stichwortzettel oder Karteikarten bis hin zu Folien, an denen Sie sich beim Vortragen orientieren. Im folgenden Abschnitt geht es darum, wie Sie Ihr Manuskript so gestalten können, dass es Sie beim Vortragen optimal unterstützt.

Funktionen eines
Manuskripts

- Es klärt die Reihenfolge der Informationen, Argumente und Belege.
- Es dient als Gedankenstütze.
- Es enthält Zahlen, Begriffe, Definitionen, Zitate, damit man sie während des Vortrags präzise wiedergeben kann.
- Es unterstützt dabei, sich während des Vortrags die Zeit einzuteilen, und macht deutlich, was man weglassen kann, falls die Zeit zu knapp wird.

Im Studium benötigen Sie vor allem für **Referate** ein Manuskript. Genauso wie Vorträge dienen Referate dazu, etwas zu einem **Thema** (z.B. »Die Romane von Scott F. Fitzgerald als Spiegel der modernen Stadt«) vorzutragen. Vorträge und Referate sind keine **Reden** – wenngleich der Übergang oft fließend ist. Reden haben einen **Anlass** zum Gegenstand, wie einen Geburtstag, ein Betriebsjubiläum oder einen Gedenktag (Kinskofer/Bagehorn 2001, S. 29).

Um einen Vortrag oder ein Referat zu erarbeiten, durchlaufen Sie den gleichen Klärungs-, Planungs- und Rechercheprozess wie bei anderen wissenschaftlichen Texten auch: Sie erarbeiten sich eine Fragestellung, recherchieren und bearbeiten Material, strukturieren Ihre Ideen und

Tipp

> → Die Zeit im Auge behalten
>
> Thesen und Aussagen wollen erklärt und erläutert sein. Weil Sie im Rahmen eines Vortrags nur eine begrenzte Anzahl von Gedankenschritten vollziehen können, ist es besonders wichtig, zu fokussieren und die wichtigsten Informationen und Argumente auszuwählen, die zum Verständnis Ihrer Hauptaussagen nötig sind.
>
> Planen Sie immer etwas Zeit für Zwischenfragen oder Unvorhergesehenes ein.

Überlegungen und entwickeln eine Argumentation. Wahrscheinlich werden Sie viel schreiben, bis Sie selbst sich über den Fokus Ihres Vortrags klar geworden sind und über die wichtigsten Gedankenschritte, denen Ihr Publikum folgen soll, um Ihre Hauptaussagen kennenzulernen.

5.5.1 | Der Aufbau eines Vortrags

»Ein Ganzes ist, was einen Anfang, eine Mitte und ein Ende hat.«

Aristoteles:
Poetik 1450 b 27

Was Aristoteles über die Handlung eines Theaterstücks gesagt hat, gilt auch für die Dramaturgie eines guten Vortrags oder Referats. Wie Sie Anfang, Mitte und Ende Ihres Vortrags konkret ausgestalten, hängt von Ihrem Thema, von Ihren inhaltlichen Zielen und auch von Kontext und Publikum ab.

Was immer wichtig ist: Anfang, Hauptteil und Schluss sollten aufeinander bezogen sein und zwar so, dass Einleitung und Schluss deutlich auf die zentralen Aussagen im Hauptteil verweisen. Als Faustregel gilt: Einleitung und Schluss sollten jeweils nicht mehr 1/8 des gesamten Vortrags in Anspruch nehmen.

→ **Die Teile eines Vortrags**

Tipp

Das Vortragen erleichtern Sie sich durch einen guten **Einstieg**. Mögliche Formen, das Interesse Ihrer Zuhörer/innen zu wecken, sind:

- Bezug zur aktuellen Seminardiskussion herstellen,
- mit einer provokanten Aussage beginnen,
- mit einem Zitat einleiten,
- eine rhetorische Frage stellen,
- zum Kerngedanken und zur gedanklichen Gliederung des Hauptteils hinführen (»Erstens werde ich ..., dann ... und schließlich ...«).

Im **Hauptteil** liefern Sie die nötigen Informationen, Argumente, Thesen, Beweise, Beweggründe, Beispiele, die Ihre Hauptaussage(n) stützen.

Hier sollten Sie

- auf die logische Folge Ihrer Aussagen achten (z.B. von Erwartetem, Bekanntem und Einfachem ausgehen, um dann schrittweise Neues und Kompliziertes zu entwickeln),
- wichtige Aussagen herausstellen und betonen,
- vom Konkreten zum Allgemeinen übergehen (Schlussfolgerungen durch Beispiele, Zitate, Zahlen untermauern).

165

Im **Schlussteil** fassen Sie Ihre Hauptgedanken und Hauptargumente zusammen und stellen gegebenenfalls noch einmal einen Bezug zu den Erwartungen der Zuhörer her. Hierbei können Sie

- Kerngedanken wiederholen,
- Aufforderungen formulieren,
- durch Fragen in die Diskussion führen.

An die Adressaten denken

Wie immer beim Schreiben, aber ganz besonders beim Schreiben fürs Reden, ist es wichtig, nicht aus dem Auge zu verlieren, für wenn und für welche Situation man schreibt. Als Studierende/r heißt das für Sie, darauf zu achten, wie Sie dem/der Lehrenden und den Kommiliton/innen im Seminar das erarbeitete Wissen über ein Thema als Diskussionsgrundlage zur Verfügung stellen können. Fragen Sie sich, welche Kenntnisse Sie bei Ihren Zuhörer/innen voraussetzen können und ob Sie auf Wissen und Diskussionen verweisen können, die im Seminar schon Thema waren. Nutzen Sie auch die in Kapitel 4.2.4 (»Adressaten«) vorgestellten Fragen, um sich auf Ihr Publikum einzustimmen.

Tipp

→ Zuhörerorientierung im Vortragsmanuskript

- Orientieren Sie sich an Ihrer eigenen **gesprochenen Sprache**.
- Achten Sie darauf, **nicht zu viele Informationen** in eine Texteinheit zu packen: Wird das, was Sie sagen wollen, durch mehrere kurze Sätze verständlicher?
- Nutzen Sie **Bilder** und **Beispiele**, um das Gesagte zu veranschaulichen.
- **Konkretisieren** Sie abstrakte Aussagen (»x ist y, das heißt ...«).
- Heben Sie durch **Wiederholungen** Ihre wichtigsten Aussagen hervor.
- Machen Sie einzelne **gedankliche Schritte explizit** (z.B. »Danach möchte ich auf X eingehen und dann überleiten zum zweiten Thema«; »Zusammenfassend kann man sagen ...«).
- Sprechen Sie Ihr Publikum an, indem Sie Fragen stellen oder Aufforderungen formulieren.
- Formulieren Sie so oft wie möglich **im Aktiv**.
- Verdeutlichen Sie ggf. Ihren eigenen **Erkenntnisprozess** (Interesse, Fragen, Hindernisse, Entdeckungen) in der Auseinandersetzung mit dem Thema – hier geht es nicht darum, episch zu erzählen, sondern in einigen Worten auf den Punkt zu bringen, wie Sie selbst zu dem gewählten Thema stehen und wie Sie zu Ihren Schlussfolgerungen gekommen sind.

Ganz besonders wichtig ist es, beim Formulieren des Vortragsmanuskripts zu beachten, dass die Adressaten in diesem Fall **Zuhörer/innen** und keine Leser/innen sind. Ihr Publikum kann also nicht zurückblättern, bei komplizierten Sätzen zweimal lesen oder Fremdwörter nachschlagen. Das Manuskript muss deshalb der **Situation des Hörens** angemessen formuliert sein.

Für Zuhörer/innen formulieren

5.5.2 | Manuskripttypen

Es gibt im Wesentlichen zwei Formen des Manuskripts, die häufig auch kombiniert genutzt werden: das **Stichwort-Manuskript** und das **ausformulierte Skript**.

Für welche Form Sie sich entscheiden, hängt von der Komplexität des Themas, der Vortragssituation, den Erfahrungen, die Sie als Redner/in mitbringen, und nicht zuletzt von Ihren persönlichen Vorlieben ab.

Ganz gleich, mit welchem Manuskripttyp Sie arbeiten: Es geht immer darum, den **Kontakt zum Publikum nicht zu verlieren**. Der frei gesprochene Vortrag wird in vielen Ratgebern als Ideal genannt, aber man sollte dieses Ideal nicht absolut setzen. Frei vorzutragen ermöglicht Könnern ein Höchstmaß an Interaktion mit den Zuhörern: Sie registrieren Stirnrunzeln und Lachen, ermuntern spontan zu Rückfragen etc. So locker mit den Zuhörer/innen zu kommunizieren und dabei das Thema nicht aus dem Auge zu verlieren, erfordert viel Übung und Sicherheit im Umgang mit den Inhalten und mit der Situation. Ein realistisches und machbares Ziel für das Halten von Referaten und Vorträgen im Studium sollte es sein, sich immer wieder zumindest passagenweise vom Text zu lösen. Manche ziehen Stichwörter vor, um gar nicht erst in die Versuchung zu geraten, vorzulesen. Andere brauchen den ausformulierten Text für die gedankliche Vorbereitung der Situation und als Sicherheitsanker. Nutzen Sie die Form, die für Sie in der jeweiligen Situation funktioniert. Wenn Sie noch keine Erfahrungen haben: Experimentieren Sie mit den folgenden Varianten:

Das ausformulierte Skript ist ein in gesprochener Sprache ausformulierter Vortragstext. Die Schrift sollte so groß sein, dass Sie sie lesen und gleichzeitig Blickkontakt zum Publikum herstellen können. Breite Ränder, Zwischenüberschriften für Redeabschnitte, Stichworte auf einem breiten Seitenrand machen das Skript übersichtlich. Unterstreichen oder markieren Sie Schlüsselworte oder Sätze, damit Sie sich immer wieder vom Text lösen können. Achten Sie auch darauf, Sinnabschnitte deutlich durch Absätze und eventuell auch durch Seitenwechsel zu markieren. Nutzen Sie das Papier einseitig.

Das Stichwort-Manuskript: Karteikarten oder andere Stichwortnotizen stützen den Vortrag bzw. das Referat. Bei **Präsentationen** ersetzen oder ergänzen häufig auch Folien und elektronische Präsentationsmedien den Stichwortzettel.

Achten Sie beim Stichwort-Manuskript darauf, die Worte so groß zu schreiben, dass Sie sie auch dann noch gut lesen können, wenn Sie stehen und Ihre Notizen vor Ihnen auf einem Tisch oder Pult liegen. Stellen Sie die Stichworte grafisch so dar, dass Sie die Struktur Ihres Referats deutlich vor Augen haben. Schreiben Sie wichtige Formulierungen (Definitionen, Zahlen, Zusammenfassungen) aus.

Folien können Sie nutzen,

Einsatz von Folien
- um Abschnitt für Abschnitt die wichtigsten Informationen und Argumente Ihres Vortrags stichwortartig hervorzuheben,
- um die Gliederung und den Aufbau Ihres Vortrags sichtbar zu machen,
- um einzelne Inhalte Ihres Vortrags zu veranschaulichen (Abbildungen, Tabellen, Beispiele).

Damit die Folien ihren Zweck – die Unterstützung der Zuhörer/innen – erfüllen, ist es wichtig, bei der Gestaltung einige Prinzipien zu berücksichtigen.

Tipp

→ Gestaltung von Präsentationsfolien
- Wählen Sie keine Schriftgröße unter 20 Punkten.
- Wählen Sie eine klare, gut lesbare Schrifttype.
- Falls Sie Ihre Folien farbig gestalten, stimmen Sie die Farbe auf die Lichtverhältnisse im Vortragsraum ab und achten Sie auf ausreichende Kontraste, um die Lesbarkeit zu gewährleisten.
- Formulieren Sie stichwortartig (ausgenommen Zitate).
- Stimmen Sie die Formulierungen (Schlüsselworte, Verben, Begriffe) auf den Folien auf Ihren Sprechtext ab. Für die Zuhörer/innen sollte jeweils klar sein, auf was im Vortrag sich die Folie bezieht und umgekehrt.
- Setzen Sie nicht zu viel Text auf eine Folie (höchstens fünf Zeilen).
- Achten Sie bei Visualisierungen darauf, dass sie in sich logisch nachvollziehbar sind (z.B. einen Kausalzusammenhang verdeutlichen) und der Struktur Ihrer Aussagen entsprechen.
- Nutzen Sie Visualisierungen nur dann, wenn sie einen deutlich erkennbaren Nutzen haben (z.B. komplexe Inhalte verständlich machen, Erklärungsaufwand reduzieren, Aussagen hervorheben).

Auch Manuskripte überarbeiten
Egal ob ausformuliert oder in Stichworten, mit oder ohne Folien: Überarbeiten Sie Ihr Manuskript! Wie bei einem flüssig formulierten Lesetext stehen hinter einem flüssig gehaltenen und lebendigen Vortrag oder Referat viele Überlegungen zum Aufbau, zu einzelnen Argumenten und Formulierungen. An der Rückmeldung Ihrer Zuhörer/

innen werden Sie merken, dass sich die Investition in gründliches Überarbeiten lohnt.

Checkliste

Überarbeitung eines Vortragsmanuskripts

→ Sind die einzelnen Aussagen auf die Fragestellung oder die Hauptaussage oder These bezogen? Zerfällt der Text in mehrere Teilthemen?

→ Wird die Argumentation deutlich? Wird der Kerngedanke ausreichend häufig wiederholt? Wird er am Schluss noch einmal herausgestellt?

→ Ist die Reihenfolge der Aussagen aus der Perspektive der Zuhörer logisch und nachvollziehbar? Ergeben Einleitung, Hauptteil und Schluss eine Einheit?

→ Stimmt die Proportion der Textteile (Einleitung, Mittelteil, Schluss)?

→ Beziehen sich Einleitung und Schluss hinreichend auf die wahrscheinlichen Erwartungen und die Perspektive der Zuhörerschaft?

→ Ist die Darstellung anschaulich? Gibt es gut verständliches, konkretes Material (Beispiele, Zahlen, Zitate), mit dem die Schlussfolgerungen unterlegt werden?

Insbesondere beim Stichwort-Manuskript beachten:

→ Stehen hinter den Stichwörtern Sätze, die Sie während des Vortrags (d.h. unter Anspannung) ohne Schwierigkeiten formulieren können? Oder müssen einzelne Gedanken eventuell noch einmal so geklärt werden, dass sie sich formulieren lassen?

Insbesondere beim ausformulierten Vortragsskript beachten:

→ Ist der Text zuhörerfreundlich formuliert, und die Sprache zugleich dem Thema und dem Anlass angemessen?

→ Werden zentrale Begriffe und Aussagen wiederholt?

→ Gibt es sprachliche ›Knoten‹ (Partizipkonstruktionen, Substantivierungen), die aufgelöst werden können?

→ Ist der Text deutlich gegliedert (durch Absätze, Einzüge, Zwischenüberschriften)?

5.6 | Das Thesenpapier

Ein Thesenpapier dient dazu, eine mündliche Diskussion mit anderen über ein Thema vorzubereiten. Man spitzt darin die eigene Position zu einem Thema zu und bringt sie in Form von Thesen auf den Punkt.

Was aber sind Thesen? Thesen sind Behauptungen, die man gut begründen und mit Argumenten gegen Einwände verteidigen kann. Was als gute Begründung und Argument gilt, kann von Fach zu Fach verschieden sein.

Beispiel

> »*Rom ist die Hauptstadt Italiens.*« – Dieser Satz ist eine **Tatsachenfeststellung** und keine These. Weder in der wissenschaftlichen noch in der öffentlichen Diskussion ist umstritten, dass Rom die Hauptstadt Italiens ist.
>
> »*Musik verbessert die Denkfähigkeit und Sprachentwicklung von Kindern.*« – Dieser Satz ist eine **These**, denn man kann sich darüber streiten, ob er zutrifft. Psychologen, Neurologen, Musikwissenschaftler, Pädagogen und Psychiater setzen sich auf Fachtagungen darüber auseinander, mit welchen Forschungsergebnissen und Argumenten sich diese These stützen oder widerlegen lässt.

Thesen vertreten im Studium: Mit wiederum zwei Thesen möchten wir verdeutlichen, warum wir das Schreiben von Thesenpapieren im Studium für wichtig halten:

1. Thesen sind das Lebenselixier der akademischen Wissensproduktion.
2. Wenn Studierende Thesenpapiere schreiben, nehmen sie eine aktive Rolle im Studium ein.

Begründung der ersten These: Alle Erkenntnisse, die Wissenschaftler/ innen produzieren, haben (Hypo-)Thesencharakter. Durch die Diskussion der Forschergemeinschaft werden sie ständig einer Art ›Qualitätskontrolle‹ unterzogen: Sie werden in Frage gestellt, erläutert und weiterentwickelt.

Thesen zu vertreten ist deshalb eine elementare Grundform wissenschaftlichen Handelns. Wichtige Impulse für die Forschung kommen aus dem fortlaufenden Austausch von Wissenschaftlern, in dem sie Thesen vertreten, begründen, widerlegen, verwerfen und wieder aufnehmen.

Begründung der zweiten These: Thesen laden zur Diskussion ein. Für das Formulieren einer These heißt das, nicht einfach wiederzugeben, was man gelesen hat, sondern zu reflektieren, mit welcher Perspektive man an ein Thema herangeht und was einem daran wichtig ist. Mit einer These zeigen Sie als Autor/in Ihr Gesicht: Sie beziehen Position, setzen Prioritäten. Sie sind nicht nur Zuschauer der wissenschaftlichen Erkenntnisproduktion, sondern beteiligen sich aktiv daran.

Und? Stimmen Sie zu? Wir verzichten an dieser Stelle darauf, unsere Thesen zusätzlich durch den Verweis auf wissenschaftliche Literatur, Daten oder Quellen zu begründen – allerdings müssten wir es tun, wenn wir mit Ihnen als Leser/innen in eine wissenschaftliche Diskussion eintreten wollten.

Sinn und Zweck von Thesenpapieren ist es, mit anderen in eine Auseinandersetzung einzusteigen. Entsprechend bieten sich im Studium zahlreiche Gelegenheiten, Thesenpapiere zu nutzen, denn schließlich geht es hier genau darum: zu lernen, eine Position zu einem Thema zu identifizieren, selbst eine zu vertreten, sie im zivilisierten Wettstreit mit anderen zu verteidigen und sie gegebenenfalls auch wieder fallenzulassen, falls sie sich als unhaltbar erweist.

Thesenpapiere kommen in Referaten, bei Prüfungen und in Gruppenarbeiten zum Einsatz. Hier haben sie folgende Funktionen:

Funktionen von Thesenpapieren im Studium:

- **Bei der Vorbereitung eines Referats:** die Hauptaussagen mit dem Dozenten/der Dozentin klären,
- **als Tischvorlage im Seminar:** zur Vorbereitung einer Referatsdiskussion,
- **bei der Vorbereitung einer mündlichen Prüfung:** dem/der Prüfer/in Aussagen und Positionen zu den Prüfungsthemen vorlegen, um das Prüfungsgespräch vorzubereiten,
- **im Rahmen von Gruppenarbeiten:** unterschiedliche Positionen zu einem Thema sichtbar machen.

Beim Schreiben von Thesenpapieren üben Sie, eine Position zu beziehen und sie zu verteidigen. Sie erwerben dabei nicht nur rhetorische, sondern auch persönliche Kompetenzen, die inner- und außerhalb der Universität gefragt sind: eine Diskussion zu antizipieren, aufmerksam zu verfolgen, selbst Aufmerksamkeit zu wecken, Risiken einzugehen und für die eigene Position einzustehen.

5.6.1 | Form und Sprache

Im Zentrum eines Thesenpapiers stehen immer die Thesen. Das ist klar. Wie viele Rahmeninformationen (Stellenwert des Themas, Literaturhinweise etc.) Sie hinzufügen, hängt vom Anlass ab, für den das Thesenpapier genutzt werden soll.

Thesen haben immer die Form von vollständigen Sätzen. Diese Sätze sollten geeignet sein, **in eine Diskussion hineinzuführen**. Sie müssen deshalb so kurz sein, dass man sie schnell erfassen kann, und zugleich so präzise, dass es möglich ist, sich über sie zu streiten. Formulieren Sie keine Stichworte, denn Stichworte sind eine strategische Flucht ins Unverbindliche und das Gegenteil von einer These. Eine These ist eine Behauptung. Mit ihr legt man sich auf eine Position fest.

Thesen können Sie selbst formulieren. Sie können aber auch Thesen von anderen Autoren referieren, die Sie gerne mit anderen diskutieren möchten. Wichtig ist, dass deutlich wird, dass die Thesen, die Sie zur Diskussion stellen, Resultat einer eingehenden Auseinandersetzung mit einem Thema sind.

Ein Thesenpapier könnte folgendermaßen aussehen:

Beispiel für ein
Thesenpapier

Martina Musterfrau
Martina.musterfrau@uni-bielefeld.de
Matrikelnummer: 007009
Seminar: Platons »Symposion«, WS XX
Dozent: X...

Bielefeld, den XXX

Thema: Der philosophische Eros in Platons »Symposion«
Nutzt Platon den Begriff des Eros, um die Tätigkeit des Philosophierens mit Spannung aufzuladen?

Thesen und Erläuterungen/Begründungen

These 1: In Platons »Symposion« wird das erotische Begehren ›der‹ Schönen auf das Begehren ›des‹ (schlechthin) Schönen verschoben.
Begründung/Erläuterung: [...]

These 2: Platon zufolge gleicht Philosophie der erotischen Liebe, weil der Philosophierende seinen Gegenstand (die Wahrheit) niemals ganz ›haben‹ kann.
Begründung/Erläuterung: [...]

These 3: [...]

Verwendete Literatur
- Platon: Das Gastmahl. In: Platon. Werke in acht Bänden, Bd. 3. Übersetzung von Friedrich Schleiermacher. Darmstadt 1974.
- Kurt Sier: Die Rede der Diotima. Untersuchungen zum platonischen Symposion. Stuttgart/Leipzig: Saur Verlag 1997 (Beiträge zur Altertumskunde, Bd. 86).
- ...

Kommentar zum Beispiel:

Formale Angaben (Semester, Seminartitel, Name, E-Mail und Matrikel-nummer des/der Student/in und Datum) stehen in der Kopfleiste.

Vor der Auflistung der Thesen steht eine **Fragestellung**, die den/die Leser/in über den inhaltlichen Rahmen der Diskussion informiert. Anstelle einer einfachen Fragestellung können Sie auch einen kurzen **Themenaufriss** formulieren. **Leitfragen können hier sein:**

- Was steht zur Diskussion?
- Warum wird das diskutiert? (Bedeutung bzw. Relevanz des Themas)
- Was genau ist das Problem?
- Wie wird das Problem von unterschiedlichen Seiten gesehen und bewertet?
- Wie bewerte ich bzw. Autor/in x das Problem?
- Warum lohnt es sich, meinem Argumentationsgang bzw. dem von Autor/in x zu folgen?

Unter das Stichwort **Erläuterungen/Begründungen** fällt alles, was die Thesen stützt, z.B. Verweise auf Textstellen in Quellen und Sekundärliteratur. Hier kann man auch vorhersehbare Einwände benennen und nach Möglichkeit entkräften. Obligatorisch ist es, im letzten Punkt die verwendete Literatur zu nennen (gute Beispiele für Thesenpapiere finden Sie auch bei Schindler 2011, S. 60 f.).

Immer verwendete Literatur nennen

5.6.2 | Wie eine These entsteht

Thesen zu formulieren, heißt, die zentralen Aussagen, die man vortragen möchte, in Form von Behauptungen auf den Punkt zu bringen. Hierfür muss man fokussieren, also aus den vielen Gedanken und Überlegungen zu einem Thema einige wenige auswählen, die besonders wichtig sind. Was dabei hilft, ist Distanz. Wenn es möglich ist: Lassen Sie Ihre Exzerpte und Notizen zu einem Thema einen Tag ruhen und machen Sie sich dann an die Formulierungsarbeit.

→ Thesen formulieren fürs Thesenpapier

Tipp

1. Sich vergegenwärtigen, welche Frage/welches Problem mit anderen diskutiert werden soll.
2. Zur Frage bzw. Problemstellung so viele Thesen wie möglich produzieren, und zwar indem Sie jeweils eine Behauptung formulieren und dann zwei Argumente, die diese Behauptung stützen (vgl. Bruffee 1993, S. 44–48).

Behauptung
Argument 1:
Argument 2:

3. These(n) auswählen, die den Kern der Frage/des Problems trifft/ treffen und dessen/deren Argumente interessant und überzeugend klingen.
4. Prüfen, ob die Thesen präzise sind und voraussichtlich das Interesse der Leser/innen bzw. Zuhörer/innen wecken. Wenn nötig: überarbeiten.

Über das
Studium hinaus

Die Bezeichnung »Thesenpapier« ist außerhalb der Universität nicht gebräuchlich. In der beruflichen und politischen Praxis finden Sie aber Darstellungsformen mit anderen Bezeichnungen (zum Beispiel Positionspapier oder Stellungnahme), die eine ähnliche Funktion haben. Denn Thesen werden selbstverständlich nicht nur an der Universität vertreten, sondern überall dort, wo es darum geht, gut informiert über eine Sache zu schreiben und zu sprechen und die eigene Position zu begründen.

5.7 | Der Essay

5.7.1 | Der Essay – ein Wort, zwei Traditionen

»Was bitteschön ist eigentlich ein Essay?«. Dass es gerade diese Textform ist, die Studierenden besonders viele Rätsel aufgibt, hat sicher auch damit zu tun, dass der »Essay« tatsächlich eine vielgestaltige Form ist: Der Essay steht zwischen Literatur, Feuilleton und Wissenschaft.

Zwei Traditions-
linien des Essays

Wenn man stark vereinfacht, kann man zwei Traditionslinien für das Essayschreiben ausmachen, die sich seit dem 16. Jahrhundert entwickelt haben. Die beiden Traditionen des Essayismus kann man folgendermaßen beschreiben:

In der Tradition des europäischen Kontinents bezeichnet der Begriff »Essay« (franz. *essayer*: (etwas) versuchen) einen Text, in dem der/die Autor/in sozusagen ›vor den Augen‹ der Leser/innen denkt. Einer der berühmtesten Essayisten ist Michel de Montaigne, der diese Form im 16. Jahrhundert geprägt hat.

Wenn Sie Essays in den Feuilletons überregionaler Tageszeitungen oder literarischen Zeitschriften lesen, werden Sie feststellen, dass es sehr unterschiedliche Arten von Essays gibt, eben weil es sich hier um eine offene und experimentelle Form handelt. Der Autor ist frei zu entscheiden, auf welche Weise er seine Überlegungen darstellen möchte: mit literarischen Kunstgriffen, mit Bildern, kritisch-argumentativ etc. Auch ein Bild kann einen Gedanken verdeutlichen, oder ein Witz oder ein fiktiver Dialog. Ein häufig genanntes Kennzeichen von Essays in dieser Traditionslinie ist ihre »programmatisch fortlaufende Durchbrechung« von Normen und Regeln, die für die bekannten Textgattungen gelten (vgl. Parr 2005, S. 9). Nicht auf die eine vorab festgelegte Form kommt es also an, vielmehr zeichnet das **Spiel mit herkömmlichen Formen** den Essay in dieser Traditionslinie aus.

Die angelsächsische Tradition hebt die **erklärende und argumentative Struktur** des Essays stärker hervor. Sie geht auf den Essayismus Francis Bacons zurück, der im späten 16. Jahrhundert einer der ersten Vertreter einer empirisch-experimentellen Erforschung der Natur war. Doch auch in dieser Tradition erlaubt der Essay Subjektivität und Reflexion.

Für beide Traditionen gilt: Es ist von untergeordneter Bedeutung, inwiefern die Gedanken, die im Essay dargelegt werden, Allgemeingültigkeit beanspruchen dürfen. Im Vordergrund stehen nicht die Absicherung durch wissenschaftliche Literatur und der Beweis, sondern die Betrachtungen, Ideen, Überlegungen und Argumente des/der Autor/in.

Reflexion im Vordergrund

5.7.2 | Der Essay als universitäre Übungsform

Der angelsächsischen Tradition folgend ist die Bezeichnung »Essay« an deutschen Universitäten mittlerweile gebräuchlich für argumentative Kurztexte, die Studierende schreiben, um sich darin zu üben, einen Gedanken zu entwickeln und zu formulieren. Wir schließen uns im Folgenden dieser Verwendung des Begriffs an und verstehen unter ›Essay‹ einen kurzen Text, in dem in allgemein verständlicher Form eine Überlegung oder ein Argument entwickelt wird. Aus den verschiedenen Traditionen des Essayismus erbt diese Übungsform folgende Anforderung: Es geht darum, die **eigene Perspektive** auf eine Sache herauszuarbeiten und einen **Standpunkt** zu **beziehen**.

An angelsächsischen Hochschulen haben Essays eine lange Tradition. Dort schreiben Studierende im Lauf eines Semesters mehrere Essays, wobei die zur Verfügung stehende Zeit und der Umfang strikt begrenzt sind. Sie trainieren, wie man eine Frage oder Hypothese formuliert und davon ausgehend eine Argumentationsstruktur entwickelt – und das auf einer begrenzten Anzahl von Seiten und in begrenzter Zeit.

Wer Essays schreibt, eignet sich Fähigkeiten an, die auch für das Verfassen von Hausarbeiten und anderen wissenschaftlichen Abhandlungen wichtig sind. Wenn man durch das Verfassen von Essays gelernt

Essays zu schreiben bereitet auf Hausarbeiten vor

hat, mit unterschiedlichen Haltungen zu experimentieren und mutig einen Standpunkt zu vertreten, ist man gut darauf vorbereitet, inmitten einer größeren Zahl von wissenschaftlichen Publikationen eine eigene Frage zu stellen und zu bearbeiten, wie das z.B. für Hausarbeiten notwendig ist.

Was man beim Verfassen von Essays lernen und üben kann:

- Ideen entwickeln, organisieren und formulieren,
- die eigene Perspektive stark machen und reflektieren,
- komprimierte Texte zu einer Frage bzw. einem Problem schreiben; sich kurz fassen; knapp und genau formulieren,
- mit strikten Zeitbegrenzungen umgehen,
- auf Grundlage begrenzter Informationen Argumente entwickeln,
- wissenschaftliche Positionen zu einem Thema kritisch beurteilen und abwägen.

5.7.3 | Was zeichnet einen guten Essay aus?

Der Essay ist vielgestaltig, und entsprechend vielgestaltig können auch die Erwartungen und Ansprüche von Lehrenden sein. Der Essay ist eine offene Form, und auf einer sehr allgemeinen Ebene kann man sagen: Ein Qualitätskriterium für einen Essay besteht darin, die Freiheiten, die diese Offenheit bietet, so zu nutzen, dass eine klare Argumentation zu einem Thema entsteht, in der die Perspektive des Autors/der Autorin erkennbar ist. **Klarheit in der Argumentation wird unterstützt durch**:

- eine aussagekräftige Überschrift,
- einen erkennbaren Fokus: In dem Text gibt es ein einziges und spezifisches Thema, und der Bezug zu diesem Thema ist überall im Text erkennbar,
- eine Einleitung: Sie führt die Leser mit wenigen Worten in das Thema,
- eine für die Leser/innen nachvollziehbare Struktur.

Einleitung und Schluss eines gut benoteten studentischen Essays (BA Soziologie, 3. Semester)

Thema: Die Gleichberechtigung der Frauen in der DDR – Tatsache oder bloße Ideologie?

Einleitung
»Selbst 16 Jahre nach der Wiedervereinigung Deutschlands herrscht in vielen Köpfen die Vorstellung, dass die Menschen in der DDR im Vergleich zu denen der Bundesrepublik rückständig lebten. Als ein bekanntes Beispiel dient immer noch die Banane, die für die Ost-

deutschen etwas Besonderes war. Sicherlich war die Bundesrepublik fortschrittlicher als der SED-Staat, besonders im Hinblick auf die Waren-produktion und -distribution. Dennoch gibt es ein wichtiges Feld, auf dem die DDR der Bundesrepublik voraus war: Die Gleichberechtigung der Frau im Beruf, die durch soziale Leistungen für berufstätige Frauen unterstützt wurde. In ihrem im Jahr 2003 erschienenen Buch »Der deutsche Sozialstaat« geht Gabriele Metzler auf dieses Thema ein. Im Folgenden will ich auf der Grundlage ihres Kapitels »Vom ›Aufbau des Sozialismus‹ zum Sozialstaat DDR« die Frage stellen, warum ge-rade im sozialistischen Staat Frauen die Möglichkeit gegeben werden sollte, im Beruf gleichberechtigt zu sein, und inwieweit sich hierdurch auch Schwierigkeiten für berufstätige Frauen in der DDR ergaben.«

Schluss

»Die Politiker in der DDR haben einiges für die Gleichberechtigung der Frau getan. Frauen wurden unterstützt, Männerberufe zu ergreifen, sich weiterzubilden und eine möglichst qualifizierte Ausbildung zu erlangen. Die Umsetzungsversuche zur Gleichberechtigung der Frauen in der DDR waren also innovativ. Durch den Zwang, die neu gewon-nenen Rechte unter allen Umständen zu nutzen, verloren diese jedoch den Charakter von »Rechten«. Dieser dem undemokratischen Kontext geschuldete Umschlag von Rechten in Zwänge ist allerdings kein Ar-gument gegen demokratische Gesetze, die auf die Gleichberechtigung der Frauen zielen. Dafür, dass Frauen den gleichen Lohn wie Männer bekommen und dass Schwangerschaften ihre Karriere nicht gefähr-den, sind durchaus Gesetze nötig – auch in der Bundesrepublik.«

Kommentar zum Beispieltext: Der Einstieg stellt das Thema mit weni-gen Sätzen in einen größeren Kontext. Einleitung und Schluss sind klar aufeinander bezogen. Der Autor entfaltet sein Thema, um am Ende eine pointierte These zu vertreten. Die Sprache ist schnörkellos und unter-stützt die Argumentation. Das ›Essayspezifische‹ an diesem Beispiel ist vor allem, dass der Autor seinen Standpunkt deutlich macht. Diese Art, ›Position zu beziehen‹, unterscheidet einen Essay von einer Hausarbeit (gute kommerzielle Beispiele für Essays in der europäischen Tradition finden Sie bei Schindler 2011, S. 74 ff.).

5.7.4 | Wie ein Essay entsteht

Anstoß für einen Essay gibt das, was man selbst zu einem Thema denkt, was einen beschäftigt, was man rätselhaft oder vielleicht auch überra-schend findet. Man sollte deshalb darauf achten, nicht zu viel zu seinem Essaythema zu lesen, sondern sich durch eine begrenzte Auswahl von

Literatur begrenzen

Literatur inspirieren zu lassen und dabei aufmerksam zu bleiben für Fragen wie:

- Was wundert mich? Was überrascht mich?
- Was vermisse ich?
- Was ist mir fremd?
- Was ärgert mich? Was regt mich auf?
- Was fällt mir immer wieder auf?

Notieren Sie alle Gedanken und Überlegungen in Stichworten und bringen Sie sie dann in eine Ordnung. Wer Karteikarten oder Zettel nutzt, kann sie zu Haufen sortieren und diesen dann eine Überschrift geben. Unabhängig davon, wie Sie beim Strukturieren genau vorgehen: Es gilt, einen Hauptgedanken oder eine Hypothese herauszufiltern, den oder die Sie in Ihrem Essay entwickeln und bearbeiten wollen (vgl. Übung S. 179).

Je nachdem, welche Vorgehensweise beim Schreiben Ihnen mehr liegt (»top-down« oder »bottom-up«, vgl. Kap. 1.2.1), notieren Sie dann zunächst in Stichworten die grobe Abfolge Ihrer Argumente und beginnen danach mit dem Schreiben. Oder Sie schreiben einfach drauflos und bringen dabei Ihre Gedanken in eine Reihenfolge. Erlauben Sie sich, die Gedanken fließen zu lassen, denn beim Aufschreiben Ihrer Argumentation dürfen Sie ohnehin erst einmal alles berücksichtigen, was Ihnen in den Sinn kommt. Eine endgültige Struktur für den Essay legen Sie bei der Überarbeitung des Textes fest.

Argumentationen überprüfen   Beim Überarbeiten sollten Sie dann prüfen, welche Argumente Sie selbst überzeugend finden, ob Widersprüche erkennbar werden und wo nachgebessert werden muss. Überprüfen Sie auch die ›Dramaturgie‹ Ihrer Argumentation: Wodurch gewinnt sie Schwung und Prägnanz? Sollten Sie Ihre Kritik an den Gegenargumenten noch verdeutlichen? Oder lieber die eigenen Argumente stärken und sie verfeinern? Gehen Sie besser chronologisch oder systematisch vor? In welcher Reihenfolge arbeiten Sie die Argumente ab? Würde Ihre Argumentation klarer, wenn Sie die Reihenfolge änderten?

Achten Sie beim Überarbeiten auf folgende Aspekte:

- **Argumentation:** Ist Ihr Standpunkt durchgängig begründet? Es reicht nicht zu sagen: »Der Handel mit Organen ist schlecht«, sondern Sie müssen begründen, warum Sie Organhandel ablehnen. Hier kann es hilfreich sein, sich vorzustellen, man müsste seine Position gegen Einwände verteidigen. Für die Qualität eines Essays ist nicht entscheidend, welchen Standpunkt man einnimmt, sondern wie man ihn begründet.
- **Gedankenführung:** Ist der Text rund, klar, pointiert? Wird Ihre Perspektive deutlich? Gibt es Brüche? Widersprüche? Fehlen Überleitungen? Sind Anfang und Schluss aufeinander bezogen? Lesen Sie sich Ihren Text laut vor.
- **Absatzstruktur:** Sie sollte klar erkennbar sein und den Text in einzelne Sinnabschnitte unterteilen.

Übung

Einen einfachen Übungsessay in fünf Abschnitten schreiben
(frei nach Bruffee 1993, S. 158, 201f., 206ff.)

Machen Sie ein schriftliches Brainstorming zu dem Rahmenthema
Ihres Essays. Werten Sie Ihr Brainstorming aus und formulieren
Sie möglichst in einem einzigen Satz eine **These**, die Sie in Ihrem
Essay vertreten möchten (zum Thesenschreiben vgl. Kap. 5.6 »Das
Thesenpapier«).

Danach formulieren Sie nacheinander **zwei Argumente**, mit
denen Sie Ihre These stützen, bzw. **zwei gedankliche Schritte**, mit
denen Sie Ihre These erläutern.

Einfaches Beispiel:
Erster Abschnitt – These: Autos können in Zukunft nicht mehr das
Haupttransportmittel sein.
Zweiter Abschnitt – Argument 1: Der Rohstoff Öl steht nicht unbe-
grenzt zur Verfügung.
Dritter Abschnitt – Argument 2: Autoabgase tragen zum Klima-
wandel bei.

Arbeiten Sie nun die beiden Argumente bzw. gedanklichen Schritte
aus. Achten Sie dabei darauf, dass der Bezug zu Ihrer These klar
bleibt. Um Argumente bzw. Erläuterungen auszuführen, eignen
sich: Beispiele, Zitate, Gegenargumente, auf die Sie eingehen können, Beweise und Belege, die Reflexion von Begriffen.
Verfassen Sie nun die **Einleitung**, die zu Ihrer These hinführt.
Am Ende der Einleitung sollte die These Ihres Essays stehen. Ihre
Einleitung kann die Situation beschreiben und/oder das Problem
schildern, auf die bzw. das Ihre These reagiert.

Am Ende formulieren Sie den **Schluss** Ihres Essays, mit dem Sie
nach der Ausführung Ihrer Argumente bzw. nach der Erläuterung
Ihrer These noch einmal auf die Einleitung zurückverweisen oder
Ihre These in einen größeren Kontext stellen.

Komplexere
Argumentations-
strukturen
entwickeln

Dieser an angelsächsischen Colleges und Universitäten gebräuchliche
Fünfschritt für Übungsessays lässt sich auch für das Verfassen von Essays mit einer komplexeren Argumentationsstruktur nutzen. Sie können
das **Muster »Eine These – zwei Argumente«** in verschiedenen Varianten
durchspielen: indem Sie Ihre Thesen und Argumente in eine logische
Reihenfolge bringen, gegensätzliche Positionen darlegen, Widersprüche
aufzeigen, Gemeinsamkeiten verdeutlichen etc. Sie müssen sich nicht
sklavisch an die Struktur der Übungsform halten, sondern sind vielmehr eingeladen, sie als eine Art Startrampe zu nutzen, von der aus Sie
eine komplexere Argumentationsstruktur mit aufeinander aufbauenden
Thesen entwickeln können.

5.8 | Die Klausur

In Klausuren wird geprüft, ob der Stoff einer Lehrveranstaltung verstanden und nachbearbeitet wurde. In einer festgelegten Zeit müssen Fragen bzw. Aufgaben handschriftlich bearbeitet werden. Hilfsmittel (z.B. Wörterbücher) sind in der Regel begrenzt zulässig.

Klausuren werden als geschlossene Texte angelegt, ähnlich wie ein Essay (vgl. Kap. 5.7). Entsprechend müssen sie eine Einleitung mit These, Argumente, die diese These begründen, ausführen oder erläutern, sowie ein Fazit enthalten, das die Ergebnisse im Hinblick auf die eingangs gestellte Frage bündelt.

Sie können und sollen auf Literatur verweisen, präzise Angaben (Titel, Erscheinungsjahr, Seitenzahl eines Textes) werden jedoch nicht erwartet.

5.8.1 | Wie Sie sich auf eine Klausur vorbereiten können

Sich auf eine anstehende Klausur vorzubereiten heißt, mögliche **Fragen und Themen zu antizipieren**, die Gegenstand der Klausur sein können:

- Was war im Seminar bzw. in der Vorlesung wichtig? Gab es Hinweise, was in der Klausur ›drankommt‹?
- Was sind typische Fragen, die Wissenschaftler/innen zu diesem Thema stellen?
- Was wird kontrovers diskutiert? (Häufig müssen Sie kontroverse Positionen darstellen und diskutieren.)

Entsprechend den Überlegungen, die sich aus Ihren Antworten auf diese Fragen ergeben, sollten Sie Ihre Vorbereitung gestalten: lesen, exzerpieren und anderes, um sich mit dem Wissen, den Positionen und Perspektiven auseinanderzusetzen, die Thema der Klausur sein könnten. Achten Sie darauf, die **Stofffülle** für Ihre Lernaktivitäten realistisch zu **begrenzen** und angemessen zu portionieren, damit Sie sich nicht verzetteln.

Über das ›Stofflernen‹ hinaus können Sie noch einiges mehr tun, um sich vorzubereiten, insbesondere auf die Klausursituation, wo es darum geht, das Gelernte auf den Punkt genau abzurufen und zu reproduzieren:

Tipp

→ Klausuren vorbereiten

- Lernteams mit Kommiliton/innen bilden, um voraussichtliche Klausurinhalte miteinander zu diskutieren.
- Typische Themen und Fragen ansehen, z.B. aus älteren Klausuren (manche Fachschaften sammeln ältere Klausuren).

- Einzelne Themen durchspielen, indem Sie Arbeitsgliederungen entwerfen: Frage, Antwort, Argumente/Unterargumente in sinnvoller Reihenfolge.
- Argumentationen entwickeln: Notieren Sie einen Satz pro Argument. In der Klausur müssen Sie zwischen diesen Sätzen dann nur ein-, aus- und überleiten.
- Einleitungen schreiben, die zu den je spezifischen Themen hinführen. Eine Möglichkeit: Hypothetische Klausurfragen formulieren und in einer fiktiven Einleitung in einen größeren Kontext stellen.
- Schlusssätze schreiben, die Ihre Gedanken zusammenfassen und sich auf die Einleitung beziehen.
- Mit Kommiliton/innen Probeklausuren schreiben, in denen Sie üben, den Zeitbedarf zu kalkulieren, eine Gliederung zu konzipieren und den Umfang der einzelnen Teile abzuschätzen.

5.8.2 | Die Klausur schreiben

Klausuren schreiben ist Maßarbeit nach festem Zeitplan. Um nicht in Hektik zu geraten, ist es wichtig, sich Zeiten für ruhiges und konzentriertes Nachdenken zu reservieren, aber auch zu wissen, an welchen Stellen schnelle Entscheidungen und zügiges Voranschreiten gefragt sind (vgl. auch Kap. 3.3). **Wichtig ist:**
- sich relativ rasch für ein Thema zu entscheiden,
- das Thema dann aber sorgfältig und in Ruhe zu analysieren. (Achten Sie insbesondere darauf, wie die Aufgabenstellung formuliert ist. Hier ist es wichtig, genau zu sein: Was sollen Sie tun – etwas beschreiben, etwas analysieren, etwas vergleichen, etwas diskutieren oder anderes? Was ist der Gegenstand: der Zusammenhang zwischen x und y? die Konsequenz von z?).

Aufgabenstellung gründlich lesen

Planen Sie die zur Verfügung stehende Zeit und achten Sie darauf, den jeweiligen Arbeitsschritt dann auch tatsächlich im Zeitplan zu beenden. Als Faustregel hat es sich bewährt, ca. ein Viertel der zur Verfügung stehenden Zeit für die Vor- und Nachbereitung und drei Viertel der Zeit zum Ausformulieren des Textes zu nutzen.

→ Wenn Sie in Zeitnot geraten ...

... versuchen Sie nicht mehr, die einzelnen Punkte sorgfältig auszuformulieren, sondern schreiben Sie die noch nicht zu Papier gebrachten Argumentationsschritte skizzenhaft nieder.

Tipp

Machen Sie sich klar, dass für Klausuren ähnliche Beurteilungskriterien gelten wie für andere Texte auch. Die **gängigen Beurteilungskriterien** (nach Esselborn-Krumbiegel 2006, S. 162) sind:

- Thema erfasst, relevant und korrekt bearbeitet?
- Wissen angemessen portioniert? Inhalte korrekt und verständlich dargestellt?
- Methoden richtig dargestellt und ggf. angewandt?
- Struktur/Aufbau nachvollziehbar und sinnvoll?
- Argumente klar, logisch, zusammenhängend?
- Begriffe korrekt verwandt und erläutert?
- Sprache flüssig und genau?

Wenn Sie erproben möchten, wie Sie in kurzer Zeit einen Gedanken entwickeln und formulieren können, empfehlen wir die folgende Übung.

Übung

Schrittweise von der Lektüre zum Kommentar
(nach Ruhmann 2003, S. 218–221)

Schritt 1: Wählen Sie einen kurzen, argumentativen Text aus dem Stapel für die Prüfungsvorbereitung und lesen Sie ihn.
Schritt 2: Überlegen Sie, was Sie an dem gewählten Text kritisch kommentieren möchten.
Schritt 3: Machen Sie ein Brainstorming: Was könnten Bausteine für einen kritischen Kommentar sein? Sammeln Sie alle Ideen.
Schritt 4: Sortieren Sie die Ideen und planen Sie Ihren Text: Wählen Sie einen **Hauptgedanken** aus. Überlegen Sie, welche Argumentationsschritte nötig sind, um in einem Kommentar zu dem ausgewählten Hauptgedanken zu kommen und ihn verständlich darzustellen. Machen Sie sich Notizen.
Schritt 5: Verfassen Sie nun eine Rohfassung. Formulieren Sie Ihre Argumente nacheinander aus.
Schritt 6: Überprüfen Sie den Text im Hinblick auf die Stimmigkeit des Inhalts: Ist die Hauptaussage deutlich erkennbar? Sind die Aussagen in den einzelnen Absätzen klar? Formulieren Sie Ihre Sätze gegebenenfalls um, damit sie klarer werden. Ist die Argumentation schlüssig? Fehlt ein gedanklicher Schritt? Sind Formulierungen überflüssig oder störend? Fügen Sie Ihre Korrekturen ein.

Über das
Studium hinaus

Klausuren kommen im beruflichen Alltag (zum Glück) nicht vor. Trotzdem lernen Sie etwas, das Sie auch außerhalb der Universität gebrauchen können: in kurzer Zeit Wissen abzurufen und es auf den Punkt zu bringen.

5.9 | Die Rezension

Rezensionen (von lat. *recensio*: Musterung) gehören auf die Leseliste eines jeden Studierenden: Sie haben ein Buch nicht gelesen, wollen aber trotzdem informiert sein? Sie suchen Literatur für eine Hausarbeit und sind nicht sicher, ob diese oder jene Publikation geeignet ist? Eine Rezension verschafft einen schnellen Überblick und bahnt Wege durch den Publikationsdschungel.

Rezensionen dienen als Auswahl- und Entscheidungshilfe. Ihre wichtigste Funktion ist **Kritik**: Autor/innen von Rezensionen geben ihren Leser/innen Auskunft über die Qualität von Neuerscheinungen, d.h. sie beschreiben, informieren und beurteilen. Je nach Zielgruppe, Zweck, Art und Inhalt kann sich die Beurteilung an vielerlei Kriterien bemessen.

Durch Literatur- und Buchrezensionen in Zeitungen, Radio und Fernsehen verständigen sich die ›Meinungsmacher‹ des Kulturbetriebs über aktuelle Themen. Wer mehrere überregionale Zeitungen liest, kann beobachten, wie dasselbe neue Buch in verschiedenen überregionalen Tages- und Wochenzeitungen besprochen wird und welche unterschiedlichen Bewertungen, Positionen, Kriterien bei der Beurteilung zum Tragen kommen.

> → Wissen und Handwerkszeug zum Schreiben von Literaturrezensionen finden Sie in: Stefan Neuhaus: Literaturkritik. Eine Einführung. Göttingen 2004.

Tipp

Rezensionen in wissenschaftlichen Fachzeitschriften informieren über Neuerscheinungen im jeweiligen Fachgebiet und geben der – in der Regel ebenfalls fachkundigen – Leserschaft eine Orientierung im Hinblick auf Inhalte, Status und Qualität der jeweiligen Veröffentlichung.

Rezensionen im Studium: Sofern Lehrende Sie nicht im Rahmen eines Seminars dazu veranlassen, empfehlen wir Ihnen, sich im Studium gezielt Gelegenheiten zu suchen, um Rezensionen zu schreiben. Eine gute Einstiegsmöglichkeit bieten z.B. Online-Buchhändler, wo Sie Ihre Rezension problemlos ins Netz stellen können.

Leser/innen freuen sich über eine Rezension, die präzise informiert, Entscheidungen erleichtert und eventuell sogar noch Lust aufs Lesen macht. Sie selbst erwerben mit dem Verfassen von Rezensionen eine Reihe von Fähigkeiten, die man auch für andere Arten von Texten braucht, insbesondere die wissenschaftlichen:

- eine Metaperspektive auf Texte einzunehmen, d.h. darauf zu schauen, wie sie gemacht sind,
- Kriterien der Einordnung und Bewertung von Texten zu entwickeln und zu reflektieren,
- Forschungsstände aufzuarbeiten,
- Argumentationen auf ihre Stichhaltigkeit zu prüfen.

5.9.1 | Informieren, kontextualisieren, kritisieren

Die wichtigste Aufgabe des/der Rezensent/in ist es, die Leser/innen zu **informieren**: Über den/die Autor/in, die Zielsetzung, Anlage und Art des Textes, Adressat/innen, Inhalte und Ergebnisse.

Die zweite Aufgabe des/der Rezensenten/in ist es, das Werk für die Leser/innen in den jeweiligen Kontext **einzuordnen**. Bei wissenschaftlichen Rezensionen bedeutet das vor allem zu zeigen, in welche Theorierichtung oder ›Schule‹ das Werk einzuordnen ist, zu welchem Forschungszusammenhang es einen Beitrag liefert und an welche Diskussionen es anschließt.

Die dritte Aufgabe des/der Rezensenten/in ist es, über Inhalte und Form des Werkes zu **reflektieren** und es zu **kritisieren**.

Was heißt »Kritik«? Kritik üben heißt nicht einfach bewerten, was an einem Text »gut« oder »schlecht« ist. Im Wortsinn bedeutet »Kritik« nichts anderes als »Unterscheidung«. »Kritisieren« bedeutet deshalb zunächst einmal nichts anderes, als Unterscheidungen explizit zu machen, z.B. zu sagen, dass in einem Text x steht, y aber nicht. Eine solche Aussage ist kritisch, sie ist aber nicht wertend, denn sie gebraucht z.B. kein bewertendes Adjektiv wie »gut« oder »schlecht«.

Etwas nur zu bewerten (im Sinne von »gefällt mir nicht«) ist relativ einfach, aber in einer Rezension nicht angemessen. Die Herausforderung besteht vielmehr darin, präzise über den rezensierten Text zu sprechen und darzustellen, was der Autor tut – und ggf. was er nicht tut. Wertungen können sich daran anschließen, es ist aber auch möglich, sie den – durch die Rezension gut informierten – Leser/innen zu überlassen.

Leser/innen einer Rezension müssen immer genau erkennen können, welchen Status die einzelnen Aussagen haben, die in der Rezension gemacht werden: Wird der Text referiert? Wird das Problem beschrieben, auf das der Text reagiert? Wird eine Aussage im rezensierten Text bewertet oder kritisiert? Oder geht es um einen Sachverhalt in der Realität?

Sie können diese Unterschiede sprachlich markieren. Achten Sie bei den folgenden Formulierungsbeispielen einmal darauf, wie die Rezensent/innen berichten, referieren und zitieren und mit welchem sprachlichen Repertoire sie beurteilen und bewerten:

Beispiel für Bericht, Referat und Zitat

Beispiele

»Den Verf. geht es um die Erklärung der augenfälligen Ähnlichkeit von Organisationen in einem organisationalen Feld. Die Ausgangsfrage lautet entsprechend: ›Why is there such a startling homogeneity of organizational forms and practices?‹« (Peter Walgenbach 2000, S. 98)

Beispiel für Kontextualisierung

»Wichtig ist es zu sehen, daß Hallen/Sodipo sich als Philosophen verstehen und Philosophie als eine second-order discipline (s.a. 12; 16). Im Gegensatz zum Ethnographen, der methodisch, zum Zwecke der genauen Beschreibung, Second-order-Informationen auszuschließen trachtet, geht es in einer philosophisch motivierten Untersuchung nicht um Feldarbeit mit Informanten, sondern um ein Gespräch mit Kollegen (8; 10; 124).« (Hödl 2000)

Beispiel für eine bewertende Inhaltsdarstellung

»Schließlich übersehen die Autoren auch, dass sie widersprüchliche Ansprüche an den guten Professor richten: Sie beklagen [...]« (Kaube in der FAZ, 12.3.2007)

Beispiel für eine bewertende Inhaltsdarstellung mit Bezug auf eine eigene Sachaussage über die Realität

»Es fällt auf, dass in Liessmanns Buch die Studierenden nicht vorkommen. [...] Es gibt eine Sorte von Studentinnen und Studenten, die es gar nicht geben dürfte [...] sie haben mit Widrigkeiten genug zu kämpfen. Aber sie lesen Kant und Heidegger [...]« (Kittsteiner in der FAZ, 24.1.2007)

Beispiel für eine direkte Wertung

»Müller-Seidels Ausführungen an zahlreichen Textbeispielen sind stets reflektiert und, auf die Texte bezogen, interessant, er kommt zu zahlreichen Einzelergebnissen. Freilich ist nicht zu leugnen, dass die gewählten und dann ausdifferenzierten Maßstäbe so allgemein gehalten sind, dass eine weitergehende Operationalisierung schwer fällt.« (Neuhaus 2004, S. 151)

5.9.2 | Wie eine Rezension entsteht

Es ist selbstverständlich, aber nicht immer leicht: Um einen Text zu rezensieren, müssen Sie ihn zuerst verstehen. Vielleicht nicht in jeder Einzelheit, aber doch im Großen und Ganzen. In der Rezension werfen Sie einen Blick auf den »Wald«, nicht auf jeden einzelnen Baum. Diese Art der Gesamtschau erleichtern Sie sich, wenn Sie bei der ersten Lektüre eine Reihe von Fragen im Hinterkopf behalten und sich dazu immer wieder **Notizen machen:**

Fragen stellen
- Was sind die wichtigsten Komponenten des Textes?
- Welchen Beitrag leisten die Teile des Textes zum Ganzen?
- Welche Ergebnisse und Thesen sind im Text zu finden?
- Wie geht der Autor in seiner Argumentation vor?

Notieren Sie ruhig erst einmal alles, was Sie wundert, freut, ärgert. Sie können das Blatt, auf dem Sie Ihre Notizen machen, in zwei Spalten teilen und in der linken Spalte die wichtigsten Inhalte des Textes notieren, während die rechte Spalte spontanen Reaktionen, Fragen und Bewertungen vorbehalten ist (vgl. Kap. 2.3.3 »Exzerpte verfassen«).

In einer zweiten Runde der Auseinandersetzung mit dem Text beschäftigen Sie sich gezielt damit, was Sie Ihren Leser/innen vorstellen möchten und welche **Kriterien** Sie zur Beurteilung anlegen werden:
- Auf welche Frage antwortet der Text?
- Was sind die Thesen des/der Autors/in?
- Sind die Argumente klar?
- Schließt der Text an vorherige Diskussionen an?
- Erschließt er etwas Neues?
- Wo sind die Grenzen des Textes?

Mögliche Kriterien für die Bewertung in wissenschaftlichen Rezensionen
- Ob und wie die Ziele/Hypothesen des/der Autors/in eingelöst werden,
- Beitrag zur Fachdiskussion und zum Stand der Forschung,
- Klarheit, Sorgfalt, Ausarbeitung und Überzeugungskraft der Argumentation,
- Sachangemessenheit der Methode und der Materialauswahl,
- Bedeutung der Ergebnisse für die Wissenschaft,
- Nützlichkeit für den Adressatenkreis,
- Umgang mit Quellen, Literatur, Hilfsmitteln, Bibliographien,
- Illustrationen, Beilagen etc.,
- Inhalts-, Sach- und Publikumsangemessenheit der Darstellungsform und der Sprache.

Um die Maßstäbe Ihrer Darstellung und Kritik zu klären, machen Sie sich bewusst, um welche Art von Text es sich handelt: Ist es ein Lehrbuch? Dann sollte der Text lehrreich, informativ und nützlich sein. Ist es ein Gedicht? Überlegen Sie, was Sie von einem Gedicht, von diesem Gedicht erwarten. Ist es eine Forschungsarbeit? Dann erwarten Sie sicher neue Erkenntnisse zum Thema. Und so weiter.

Ihre Aufgabe ist es, dem Text gerecht zu werden und gleichzeitig die Perspektive der möglichen Leser/innen zu berücksichtigen.

Nutzen Sie die Liste auf Seite 186 mit möglichen Bewertungskriterien, um Ihre eigenen Beurteilungsmaßstäbe herauszufinden. Diese Liste ist keineswegs erschöpfend, möglicherweise enthält sie auch Kriterien, die für den Text, den Sie rezensieren, nicht gelten.

Beim Schreiben der Rezension können Sie die folgenden Tipps berücksichtigen:

→ Sprache, Form und Schwerpunktsetzung   Tipp

- Machen Sie Ihren eigenen Standpunkt und Ihre Perspektive am Anfang, bei der Bewertung einzelner Teile oder im abschließenden Votum deutlich.
- Erzählen Sie nicht bloß nach, sondern informieren Sie Ihre Leser/-innen, soweit es für die Orientierung nötig scheint.
- Schreiben Sie in einer vom Stil und Ton des rezensierten Textes unterschiedenen, eigenen Sprache.
- Nehmen Sie präzise Bezug auf den Inhalt des Textes. Das heißt vor allem: Seien Sie genau im Hinblick auf den Wortlaut.
- Diskutieren Sie nicht alle möglichen Aspekte, konzentrieren Sie sich auf Schlüsselprobleme bzw. zentrale Gedanken.
- Greifen Sie den/die Verfasser/in des zu rezensierenden Textes niemals persönlich an. Es geht immer um den Text. Nie um den/die Verfasser/in.
- Orientieren Sie sich beim Schreiben an Vorgaben des/der Lehrenden bzw. der Redaktion: Passen Sie die Tiefe und Anzahl der Themen, auf die Sie eingehen, der vorgegebenen Seiten- oder Zeichenzahl an.
- Greifen Sie auf Wissen und Lektüre zurück und argumentieren Sie! Ihre eigenen Geschmacks- und Werturteile sollten nicht im Vordergrund stehen. Sie müssen, wenn Sie sie überhaupt zum Ausdruck bringen, begründet werden.

5.10 | Das Portfolio

Wörtlich übersetzt bedeutet Portfolio ›Blatt-Träger‹ (lateinisch *portare: tragen; folium:* Blatt). Entsprechend ist das Portfolio im eigentlichen Sinn keine Textart, sondern eine Sammlung unterschiedlicher Dokumente – oft auch in elektronischer Form –, die Sie anlegen, um einen Lernprozess zu dokumentieren und für sich auszuwerten. Das Wort ›Lernprozess‹ ist bewusst weit gefasst und kann sich auf alle möglichen Vorhaben beziehen, wie z.B. das Schreiben einer Hausarbeit, die Vorbereitung einer Präsentation in einer Gruppe, das Absolvieren eines Praktikums etc.

Lernprozesse
dokumentieren
und auswerten

Wenn Sie zum Beispiel ein Praktikum durch Portfolioarbeit begleiten, dann sammeln Sie Dokumente, die im Lauf des Praktikums entstehen: Ihre Bewerbung, Notizen zum Vorstellungsgespräch, Protokolle von Teamsitzungen, vielleicht auch ein Foto von Ihrem Arbeitsplatz. Darüber hinaus bereichern Sie Ihre Sammlung durch persönliche Beobachtungen, Notizen, Skizzen und reflektieren Ihre Erfahrungen im Praktikum: Was hatte ich erwartet? Wie sieht es nun aus? Was möchte ich lernen? (Mehr zum reflektierenden Schreiben im Portfolioprozess erfahren Sie in Abschnitt 5.10.2 in diesem Kapitel).

Portfolioarbeit bietet die Chance zu lernen und zwar im Sinne von: etwas ausprobieren, neue Erfahrungen machen, nicht beim ersten Problem weglaufen, verstehen, wie andere vorgehen und damit die eigenen Möglichkeiten vervielfachen. Wir machen laufend Erfahrungen, aber nicht alle führen dazu, dass wir lernen, d. h. unser Repertoire von Denk- und Verhaltensmustern erweitern (vgl. Widulle 2009, S. 63f.). Wenn Sie sich beispielsweise angewöhnt haben, für eine Klausur nur in der allerletzten Minute ›Stoff zu pauken‹, ist das vermutlich ein Verhaltensmuster, das sich nicht so einfach per Beschluss ändern lässt. Sie haben vielleicht schon gemerkt, dass Sie mit Ihren guten Vorsätzen scheitern. Wäre also ›bessere Klausurvorbereitung‹ das Ziel Ihrer Portfolioarbeit, würden Sie nicht nur Ihre Mitschriften aus der Vorlesung aufheben, sondern auch Ihren Zeit- und Arbeitsplan, und Sie würden reflektieren, wie Ihre Vorbereitung läuft. Sie würden dann sehr genau merken, wann Sie mit dem Aufschieben anfangen und wann es gut läuft. Dann würden Sie möglicherweise gerade zum richtigen Zeitpunkt ein Gespräch mit einem Kommilitonen führen, der Ihnen berichtet, wie er sich für das Klausurlernen motiviert. Das würde Sie selbst auf eine Idee bringen etc. Sie merken schon: Bei der Portfolioarbeit ist das, was Sie in der Schublade haben, weniger entscheidend, als das, was in Ihrem Kopf passiert. Es geht darum, dass Sie sich selbst beobachten, mit anderen sprechen und darüber die Chance gewinnen zu sehen, was funktioniert und wo Sie einmal etwas Neues ausprobieren sollten.

Lernen durch
Erfahrung

Was Sie in Ihrem Portfolio sammeln und zu welchem Zweck und in welchen Formen Sie darüber nachdenken, hängt vom **Kontext der Portfolioarbeit** ab. An Hochschulen wird Portfolioarbeit häufig dort eingesetzt, wo Praxiserfahrungen reflektiert werden sollen. In einigen

Bundesländern ist beispielsweise im Lehramtsstudium Portfolioarbeit über den gesamten Studienverlauf hinweg verpflichtend.

In diesem Kapitel zeigen wir, wie Sie Portfolioarbeit für sich organisieren können. Wir folgen dabei der in der Literatur üblichen Unterscheidung zwischen Prozess- und Produktportfolio (Bräuer 2000, S. 22f.):

- Das **Prozessportfolio** ist Ihr privater Zettelkasten. Hier kommt alles hinein, was Ihnen für Ihr Vorhaben interessant erscheint und was Sie gerne aufbewahren möchten: fremde und eigene Texte, Literatur, Fotos, Zeichnungen, Formales (Zeugnisse, Bewerbungen) etc.

- Das **Produktportfolio** ist eine gezielte Auswahl von Dokumenten, mit denen Sie anderen Einblick in Ihren Lernprozess geben (mehr dazu in Kapitel 5.10.3). Meist präsentieren Studierende die ausgewählten Texte und Arbeitsergebnisse in einem Hefter, der ansprechend gestaltet wird.

5.10.1 | Wie ein Portfolio entsteht: Der Prozess

Kennen Sie Tangram? Das ist ein chinesisches Legespiel. Der Legende nach ist seine Entstehung darauf zurückzuführen, dass einem Mönch, der beauftragt war zu reisen und die Schönheit der Welt auf eine Keramiktafel zu bringen, genau diese Tafel in sieben Teile zerbrach. Der Schüler versuchte, die Tafel wieder zusammenzulegen und so entstanden unendlich viele Muster und Bilder. **Ein Portfolio ist wie ein Tangram-Puzzle:** Sie gewinnen immer wieder neue Einsichten und Perspektiven, indem Sie die Puzzleteile einer Studienphase sammeln, sichten, ordnen und zu verschiedenen Mustern zusammenlegen. Das passiert, indem Sie in regelmäßigen Abständen innehalten und darauf zurückschauen, was Sie alles schon gemacht und geschafft haben. Sie gehen dann in einen Dialog mit sich und anderen und reflektieren so einzelne Situationen, Ihre Erfolge und Probleme (zur Tradition des Tangram vgl. de.wikipedia.org/wiki/Tangram, Abruf am 19.01.13). *(Randnotiz: Neue Einsichten gewinnen)*

Der **Einstieg in die Portfolioarbeit** gelingt umso besser, je bewusster und gezielter Sie am Anfang klären: Was sammle ich wofür? Und: Was soll am Ende dabei für mich herauskommen?

Ziele: Der erste Schritt besteht also darin, sich mit den Zielen der Portfolioarbeit zu beschäftigen. In Handreichungen, die Sie von Ihren Lehrenden erhalten, sollten Ziele genannt werden, dennoch ist es notwendig, dass Sie auch eigene Ziele formulieren. Was möchten Sie selbst im Rahmen des Portfolios lernen oder beobachten? In der Handreichung des Bielefelder Lehramtsstudiums erfahren Studierende, dass das Portfolio sie unterstützen soll, ihre »professionsspezifische Kompetenzentwicklung eigenverantwortlich zu steuern« (www.bised.uni-bielefeld.de/praxisstudien/bielefelder-praxis/Pdf-Handreichung/[...]; Abruf am 30.01.2013). Das ist ein umfassendes Ziel. Deshalb umspannt die Portfolioarbeit im Lehramtsstudium auch den gesamten Studien- *(Randnotiz: Ziele klären)* verlauf. Wir empfehlen: Nutzen Sie den angebotenen Rahmen ganz konkret und direkt für Ihre eigenen nächsten Schritte und planen Sie die Portfolioarbeit erst einmal für die Dauer eines Semesters. Die folgende Checkliste gibt Hinweise dazu, was Sie bei der Planung berücksichtigen können, um das Portfolio zu einem nützlichen Instrument für Ihre eigene Entwicklung zu machen:

Checkliste

Planung der Portfolioarbeit

→ Ziele klären

Ist das Ziel klar? Begrenzen Sie sich zunächst auf einen überschaubaren Zeitraum (z.B. ein Semester) und beginnen Sie mit einer Sache, die Sie persönlich sehr interessiert, etwas, das Sie immer schon einmal ausprobieren und lernen wollten.

→ Sammeln und Entscheidungen treffen

Welche Dokumente? Notieren Sie in einer Liste, welche Dokumente in Ihre Portfoliomappe kommen könnten. Die Liste kann im Lauf des Prozesses erweitert werden, aber es ist wichtig, dass Sie bewusst mit einer begrenzten Anzahl von Dokumenten beginnen. Sie werden mit der Zeit merken, wie viel Material Sie tatsächlich benutzen, um Ihren Lernprozess voranzubringen und wann Ihr Portfolio zum Friedhof ungenutzter Daten verkommt. Spätestens, wenn Sie mehr mit der Verwaltung der Dokumente beschäftigt sind, als mit der eigentlichen Sache, ist der Zeitpunkt gekommen, sich zu begrenzen.

Achtung: Meist gibt es Vorgaben dazu, welche Dokumente Sie in Ihre Sammlung mit aufnehmen sollen. Berücksichtigen Sie diese Vorgaben beim Anlegen Ihres Portfolios.

→ Ablagesystem organisieren

Schaffen Sie ein möglichst einfach strukturiertes Ablagesystem für Ihre Dokumente. Das kann ein realer oder elektronischer Ordner sein. Auch hier gilt: Keep it small and simple!

→ Sichten und Sortieren

Die Dokumente, die Sie im Laufe der Portfolioarbeit sammeln, sind Ihr Schatz. Es lohnt sich, immer wieder einen Blick in die Schatzkiste zu werfen. Sie erkennen und sehen dann, was Sie schon alles getan haben und können sich daran freuen. Den angehäuften Reichtum zu sehen, motiviert für alle weiteren Schritte.

Was Sie beim Blick in Ihre Schatzkiste außerdem sehen werden: Prioritäten und Perspektiven ändern sich. Was wichtig erschien, ist mit einem Mal weniger wichtig. Entscheiden Sie immer wieder, welche Dokumente Sie behalten wollen, welche mittlerweile wegkönnen, und welche einen neuen Ort in Ihrem Ablagesystem brauchen. Es ist wie beim normalen Aufräumen: nach der anfänglichen Unlust kann es anfangen, Spaß zu machen. Es entsteht Raum für Neues.

→ Reflexion und Austausch

Das Sichten und Sortieren fördert unweigerlich neue Gedanken und Einsichten zutage. Darüber können Sie dann schreiben oder mit anderen sprechen (vgl. Kap. 5.10.3). Beides, das Schreiben und der Austausch mit anderen, sollten neben dem Sammeln der Dokumente wiederkehrende **Rituale Ihrer Portfolioarbeit** sein. Legen Sie am besten bereits am Anfang Ihrer Portfolioarbeit fest, zu welchen Gelegenheiten und wann Sie schreiben und mit anderen in Austausch gehen wollen – denn sonst wird sich die Zeit dafür vermutlich nicht von selbst finden.

Schreiben sollten Sie mindestens einmal in der Woche, und für den Austausch mit anderen empfehlen wir zumindest zu Beginn einen zweiwöchigen Rhythmus. Denken Sie daran: das gesammelte Material und auch das Schreiben leben davon, dass Sie sich von anderen anregen und bereichern lassen.

Der Portfolioprozess im Ganzen bedeutet eine schrittweise Klärung und Verdichtung. Manchmal ist es schwierig, sich für diese Art von Arbeit zu motivieren, denn die Crux besteht darin, dass sich jeder einzelne Arbeitsschritt für sich genommen unbedeutend anfühlt, z.B. weiß man beim Sammeln noch nicht genau, ob gerade dieses oder jenes Dokument einmal hilfreich sein wird. Es ist aber tatsächlich so wie beim Tangram: mit einem Puzzleteil alleine kann man wenig anfangen, aber mit mehreren kann man unendliche viele Muster legen.

5.10.2 | »Ich schreibe, also denke ich«: Reflektierendes Schreiben im Portfolioprozess

Portfolioarbeit heißt nach unserem Verständnis, sich selbst in einem Lernvorhaben zu begleiten, und für dieses sich Selbst-Begleiten kann es ungemein hilfreich sein, zwischendurch immer wieder einmal etwas zu schreiben. In Kapitel 3.2.1 haben wir das Schreiben bereits als ein **Denk- und Klärungsinstrument** vorgestellt, das man nutzen kann, um unfertige Gedanken auf das Papier zu bringen, Fragestellungen zu entwickeln, Zusammenhänge herzustellen usw. Als Denk- und Klärungsinstrument können Sie das Schreiben nicht nur für die Bearbeitung von fachlichen Inhalten nutzen, sondern auch um sich selbst, Ihr Denken und Handeln zu reflektieren. Reflexion spielt in Lernprozessen, in denen es um   Wozu Reflexion?

die Veränderung von Denk- und Handlungsmustern geht, eine wichtige Rolle. Pointiert gesagt: »Reflection is an attitude which makes the difference between 20 years of experience or only 1 year experience repeated 20 times« (Bolton 2010, S. 752). Reflexion soll uns also davor bewahren, wie ein Hamster im Rad wiederkehrend auf die gleiche Weise zu denken und zu handeln, und zwar indem wir unser Tun beobachten, es in einen größeren Zusammenhang stellen (es z.B. mit den Strategien von Kommiliton/innen abgleichen oder es in Verbindung bringen mit Inhalten aus dem Studium). So können wir unser Verständnis von einer Situation und unsere Handlungsmöglichkeiten erweitern.

Das Schreiben als Denk- und Klärungsinstrument zu nutzen, ist nicht die einzige Form zu reflektieren. Viele finden es besonders hilfreich, mit anderen zu sprechen, um sich gedanklich mit einer Sache oder Frage auseinanderzusetzen. In der Portfolioarbeit ist dieser Austausch mit anderen sehr erwünscht und sollte über dem reflektierenden Schreiben auf keinen Fall vergessen werden. Im besten Fall ergänzen sich die beiden Tätigkeiten: Sie schreiben für sich und profitieren davon für den Austausch mit anderen und umgekehrt. Behalten Sie also im Blick: schriftlich für sich zu reflektieren ist gut, aber nur die eine Seite der Medaille. Besonders gewinnbringend ist es dann, wenn Sie sich regelmäßig mit anderen über das Geschriebene austauschen (Hinweise zur Zusammenarbeit mit anderen finden Sie in Kapitel 4.1; zu Feedback und Beratung vgl. Widulle 2009, S. 217f.).

Funktionen reflektierenden Schreibens: In diesem Abschnitt stellen wir Ihnen einige Schreibmethoden vor, mit denen Sie Erfahrungen dokumentieren und reflektieren können. Wir unterscheiden folgende Funktionen reflektierenden Schreibens (die aufgeführten Übungen können Sie gut für Ihr Prozessportfolio nutzen):

1. Einfälle und Einsichten generieren,
2. Beobachten und Registrieren,
3. Fortschritte überwachen,
4. sich motivieren und
5. Denk- und Wahrnehmungsblockaden überwinden.

1. Schreibend Einfälle und Einsichten generieren

Schreiben kann ein Generator für Einfälle sein, gerade wenn man nicht zielgerichtet schreibt, sondern sich von den eigenen Worten überraschen lässt.

Zielfokussierung vermeiden

Das Freewriting ist eine Methode des Schreibens, mit der bewusst Zielfokussierung vermieden wird (zur Methode vgl. Kap. 3.2.1). Man setzt sich eine bestimmte Zeit (z.B. fünf Minuten) und schreibt drauf los. Sie können sich vorher eine Frage stellen oder einen anderen Impuls geben (s.u. Schreibimpulse für das Freewriting), aber es gibt keinen Zwang, beim Thema zu bleiben.

Für das Reflektieren hat das Freewriting einen unschätzbaren Wert: Sie halten einfach erst mal fest, was Sie gerade beschäftigt und zwar in Ihrer ganz eigenen Sprache.

Schreibimpulse für ein Freewriting

- Sich eine Frage stellen, z.B. »Was habe ich diese Woche über mich selbst gelernt?«
- Einen Satz vollenden, z.B. »Fachtexte zu lesen finde ich doof, weil ...«
- 10 Wörter zu einem Thema sammeln und dazu schreiben.

2. Schreibend beobachten und registrieren

Reflexion lebt von genauer Wahrnehmung. Wenn Sie z.B. ein Ereignis emotional sehr beschäftigt, können Sie versuchen, Distanz aufzubauen, indem Sie die Situation – noch ganz ohne Bewertung – möglichst konkret beschreiben: Was habe ich gesehen? Was habe ich gehört? Verbinde ich die Situation mit einem bestimmten Geruch? Das Schreiben hat hier »Beobachter-Funktion«. Eine Methode dafür ist, die Situation wie ein Bild in einem Fotoalbum zu betrachten und genau zu beschreiben (Schneider 2003, S. 36).

Das Fotoalbum der inneren Bilder

Denken Sie an eine Situation, die Sie gerade beschäftigt. Das kann ein Höhepunkt oder Tiefpunkt Ihres Lernens in dieser Woche sein, eine Situation, in der Sie von sich selbst überrascht waren oder jemanden bewundert haben. Sie können die Augen für einen Moment schließen und dann stellt sich vermutlich ganz von selbst ein Bild ein.

Beschreiben Sie die Situation nun wie ein Bild in einem Fotoalbum. Beginnen Sie mit den Worten »Auf diesem Foto sehe ich ...«. Schreiben Sie für eine vorab festgelegte Zeit, z.B. für 5 Minuten.

3. Fortschritte überwachen

Hier geht es darum, in regelmäßigen Abständen die Fortschritte auszuwerten, durch die man gesetzten Zielen nähergekommen ist. Das Schreiben hat eine »Controlling-Funktion«. Dazu reicht es, sich fünf einfache Fragen zu stellen und zu jeder ein paar Sätze zu schreiben.

Fünf Fragen

Was funktioniert?
Was möchte ich fortführen?
Was möchte ich ändern?
Was möchte ich aufhören?
Was möchte ich neu anfangen?

Eine etwas aufwändigere Form des schreibenden Controllings ist es, sich für eine bestimmte Zeit mit den eigenen Erfolgen zu beschäftigen. Denn lernen kann man nicht nur aus Fehlern, sondern gerade auch aus Situationen, in denen einem etwas gelingt (Herwig-Lempp 2000). Darauf basiert der Gedanke des **Erfolgstagebuchs**. Halten Sie hier Situationen fest, in denen Sie den Eindruck hatten, etwas gut gemacht zu haben. Das müssen keine spektakulären Taten sein. Es reicht vollkommen, sich kleine, alltägliche Momente zu vergegenwärtigen, in denen Sie zufrieden waren.

Beispiel

Beispiele für ›kleine‹ Erfolge
Einen schwierigen Text lesen.
Im Seminar eine Frage stellen.
Mitschriften organisieren und vervollständigen.

Wenn Sie sich stichwortartig Notizen zu den folgenden Leitfragen machen und das im Lauf Ihrer Portfolioarbeit einige Male wiederholen, werden Sie Ihre Erfolge besser wahrnehmen – was eine Voraussetzung ist, um aus ihnen zu lernen. Besonders fruchtbar ist die Auseinandersetzung mit diesen Fragen dann, wenn Sie sich nicht mit einem Gedanken oder Stichwort pro Frage begnügen, sondern sich – sobald Sie eine Antwort gefunden haben – fragen: »Und was noch?« und dann noch einige weitere Stichworte notieren. Je mehr Ideen- und Gedankenmaterial dabei entsteht, desto besser.

Leitfragen

Erfolge auswerten – um sie nutzen zu können
(aus: Herwig-Lempp 2000, S. 192)

→ Nach den Erfolgen fragen
- In welcher Situation war ich mit mir und meiner Arbeit zufrieden? In welcher Situation ist mir etwas gelungen? In 3 bis 4 Sätzen ein Beispiel notieren.
- Worin bestand der Erfolg für mich?

→ Nach dem eigenen Beitrag fragen
- Wie habe ich das gemacht?
- Was war mein Beitrag dazu?
- Welche Fähigkeiten und Stärken habe ich dabei eingesetzt?
- Wie habe ich mich darauf vorbereitet?

→ Nach dem Nutzen der Erfahrung für die Zukunft fragen
- Wie ließe sich der Erfolg für mich wiederholen? Auf welche anderen Situationen ließe sich der Erfolg übertragen?
- Wo kann ich die in dieser Situation eingesetzten Stärken und Fähigkeiten noch einsetzen?
- Welche Ratschläge, Tipps oder »Lehren« könnte ich anderen geben, falls sie in eine ähnliche Situation kommen?

→ Nach der Anerkennung fragen
- Wie habe ich anderen von meinem Erfolg erzählt, damit sie mich loben/belohnen/anerkennen und damit sie etwas von mir lernen können?
- Wem hätte ich noch davon erzählen können?
- Wie habe ich mich belohnt? (Falls nicht, wie hätte ich mich belohnt?)

4. Sich motivieren

Wenn Sie alles, was Sie beschäftigt, aufs Papier bringen und sich dann beim Lesen selbst zuhören, werden Ihnen manche Ideen und Antworten wie von selbst einfallen. Das Schreiben hat dann die ›Gute-Freund-Funktion‹, d.h. es ist einfach da, Sie können alles loswerden und sich selbst bestärken und ermutigen. Natürlich können Sie das Geschriebene auch nutzen, um sich mit echten Freunden oder Ihren Lernpartner/innen auszutauschen.

Der Dialog ist eine Methode, um schreibend mit sich selbst ins Gespräch zu kommen und sich vielleicht auch mal Mut zu machen:

Beispiel für einen Dialog mit sich selbst   Übung

A: »Ich bin müde, traurig und frustriert.«
B: »Woran liegt das?«
A: »Es wird mir gerade alles zu viel. Auf meine To-do-Liste kommen immer neue Punkte und ich komme nicht dazu, auch nur einen einzigen anzugehen. Das frustriert mich.«
B: »Hast du schon mal in den Kalender geschaut?«
A: »Wieso?«
B: »Na ja, du weißt doch eigentlich, dass es auch immer wieder andere Zeiten gibt. Wann gibt es denn im Kalender die nächste Zeitlücke, um dich mal in Ruhe hinzusetzen?«

5. Denk- und Wahrnehmungsblockaden überwinden

Mitunter verstrickt man sich in den eigenen Gedanken so sehr, dass nichts weitergeht und keine Lösung in Sicht ist. In solchen Situation kann es helfen, einfach mal die Perspektive zu wechseln. Schreibend können Sie gut unterschiedliche Perspektiven einnehmen, z.B. indem Sie als ›ein anderer‹ schreiben. Dieses Andere kann eine Person sein oder eine Sache:

Übung

Schreiben mit Perspektivwechsel

Suchen Sie sich eine Perspektive aus, von der aus Sie das Problem, mit dem Sie gerade nicht weiterkommen, betrachten können. Das kann eine bestimmte Person, aber auch ein Gegenstand, ein Phänomen sein. Tauchen Sie in diese Perspektive ein und schreiben Sie aus dieser Perspektive über sich selbst und Ihr Problem.

Beispiele:

»Ich bin die Sprechblockade von Sandra. Ich habe ja nicht viel Gelegenheit mich zu entfalten, aber immer dienstags, wenn Seminar ist, ist meine große Stunde gekommen. Dann schlage ich voll zu! Sandra möchte mich loswerden, aber so leicht lasse ich mich nicht abschütteln. Ich bin nämlich gut und sinnvoll für Sandra, ich weiß doch, wie kostbar das Denken mit anderen für sie ist und im Seminar, da hört eh keiner richtig zu, da interessiert gar nicht wirklich jemanden, was sie sagt und denkt, deshalb beschütze ich sie.«

»Ich bin ein Kommilitone von Paul. Mir fällt auf, dass es Paul häufig schwerfällt, die richtigen Worte für das zu finden, was er eigentlich sagen möchte. Vielleicht liegt das daran, dass er Angst davor hat, dass ihm die Benennung von Problemen als Schwäche ausgelegt und entsprechend benotet wird.«

5.10.3 | Die Präsentation: Das Portfolio als Produkt

Wenn Texte so überarbeitet werden, dass sie für andere verständlich und gut zu lesen sind, nennt Wolfsberger das: sie »ausgehreif« machen (Wolfsberger 2003, S. 213). Das ist auch eine gute Umschreibung für das Produktportfolio, das Sie am Ende eines Portfolioprozesses Kommiliton/innen, Lehrenden, Praktikumsgeber/innen und/oder anderen Adressat/innen präsentieren. Ihr Prozessportfolio – die Materialsammlung und Ihre reflektierenden Texte – sind das Rohmaterial, aus dem Sie nun eine ausgereifte Version erstellen.

Schreiben für sich

Bislang war Ihr Portfolio ganz privat. Sie haben es genutzt, um kontinuierlich für sich an einem Ziel zu arbeiten und dabei Fragen und Antworten zu formulieren, um eine Haltung zu bestimmten Problemen zu finden, Entscheidungen zu treffen. Beim Erstellen des Produktportfolios geht es nun darum, das Ergebnis Ihrer Arbeit und den Weg dorthin für andere nachvollziehbar darzustellen. Sie wählen hierfür gezielt aus und zeigen bewusst nur diese Auswahl, ohne deshalb unaufrichtig zu sein. Schreiben für andere

Vor dem Erstellen Ihres Produktportfolios sitzen Sie vermutlich vor Ihren Ordnern oder einem Haufen von Material und fragen sich: Wie soll daraus nun ein vorzeigbares Gesamtwerk werden? Bei aller Freiheit, die Sie bei der Gestaltung Ihres Portfolios haben – drei Prinzipien kehren immer wieder: Gezielte Auswahl

- Sie wählen gezielt **einige Dokumente** aus, anhand derer Sie Ihren Arbeits- und Lernprozess reflektieren und beschreiben wollen.
- Sie verfassen einen **deskriptiven Textabschnitt**, der Ihre Leser/innen darüber informiert, was Sie im Rahmen Ihrer Portfolioarbeit mit welchem Zweck getan haben.
- Sie verfassen **eine Reflexion**, in der Sie anhand der ausgewählten Dokumente Ihren Lernprozess beschreiben.

Wenn Sie in der Reflexion im Produktportfolio ein Arbeitsergebnis und den Weg dorthin darstellen, können Sie sich an folgenden Fragen orientieren:

→ **Mein Arbeitsergebnis und der Weg dahin**
(aus: Reich 2013, S. 17) Leitfaden

- Warum sehe ich dies als eine besonders gute Arbeit von mir an?
- Was ist mir in der Bearbeitung bereits gelungen? (Interesse am Thema, Schwierigkeiten und ihre Bewältigung, erste Hypothesen und Lösungen, Überprüfung und Anwendung, neu erworbene Methoden)
- Wie habe ich diese Arbeit ausgeführt und vervollständigt?
- Wo sehe ich noch Fehlstellen und Lernmöglichkeiten?
- Was würde ich beim nächsten Mal anders machen?
- Worin unterscheidet sich dieses beste Ergebnis vom vorherigen besten Ergebnis?
- Wie bezieht sich das Ergebnis auf bisher Gelerntes?
- Was ist die Stärke des Ergebnisses? Wo gibt es noch Unsicherheiten?
- Auf welche Bereiche ließe sich das Gelernte übertragen?

Die Reflexion im Produktportfolio unterscheidet sich wesentlich von den privaten Reflexionstexten, die Sie im Prozess verfassen. Zwar thematisieren Sie auch in den Reflexionstexten des Produktportfolios Ihre persönlichen Erfahrungen, und auch hier schreiben Sie in der Ich-Form, aber Sie schreiben jetzt nicht mehr nur für sich selbst, sondern für Leser/innen. Das heißt, Sie müssen wahrscheinlich etwas mehr erklären, damit Ihr Lernprozess für diese Leser/innen verständlich ist. Die Reflexion und das Produktportfolio sollten also den Kriterien gerecht werden, die insgesamt für adressatenorientierte Texte gelten (www.portfolio-schule.de, unter »Material«: »Textbeispiele«; Abruf am 30.01.2013).

Darüber hinaus achten Lehrende und andere Leser/innen – auch in der Benotung und Bewertung – darauf, ob

Kriterien für
Benotung und
Bewertung

- Sie eine gezielte und begründete **Auswahl** bei der Zusammenstellung der Dokumente für das Portfolio getroffen haben und die Gesichtspunkte, nach denen Sie ausgewählt haben, deutlich nachvollziehbar sind. Die Auswahl orientiert sich an den Zielen der Portfolioarbeit und daran, was Sie zeigen möchten.
- die Reflexion eine angemessene **Tiefe** hat. Wenn Sie beschreiben, was Sie getan haben, ist das eine wichtige Grundlage, aber noch nicht ausreichend. Gut ist eine Reflexion dann, wenn Sie ihre Erfahrungen in einen größeren Zusammenhang stellen, vergleichen und daraus Schlussfolgerungen ziehen.

5.11 | Der Praktikumsbericht

Berichte informieren Nichtbeteiligte über ein Ereignis, einen Ablauf oder einen Sachverhalt. Eine besondere Form des Berichts, die im Studium geschrieben wird, ist der Praktikumsbericht.

Praktika sind an der Schnittstelle zwischen Studium und Beruf angesiedelt. Sie bieten insbesondere Geistes- und Sozialwissenschaftler/innen, deren Studium (das Lehramtsstudium ausgenommen) nicht auf vorab definierte Berufsfelder ausgerichtet ist, die Gelegenheit, Kontakte mit potentiellen Arbeitgeber/innen aufzunehmen und einschlägige Praxiserfahrungen zu sammeln.

Auch für das Studium können Praktika eine wertvolle Erfahrung sein, weil sie zur vertieften Auseinandersetzung mit den Inhalten der Fachdisziplin anregen und Impulse geben für die Wahl von Studienschwerpunkten und Themen von Haus- und Abschlussarbeiten.

Diese nützlichen Effekte von Praktika können Sie beträchtlich steigern, wenn Sie die Erfahrungen, die Sie dort machen, entsprechend aufbereiten und auswerten. Im Praktikumsbericht haben Sie die Chance, den Zusammenhang und die Unterschiede zwischen ›Theorie‹ und ›Praxis‹ zum Gegenstand Ihrer Reflexion zu machen! Hier können Sie darüber nachdenken, was die Wissenschaft mit der beruflichen Praxis zu tun hat und wie Sie selbst sich in dem einen und dem anderen Kontext bewegen.

5.11.1 | Wie ein Praktikumsbericht entsteht

Ein Praktikum bringt eine Vielfalt von Eindrücken mit sich. Um davon nicht überflutet zu werden, ist es hilfreich, vorab darüber nachzudenken, welche Ziele man mit dem Praktikum verfolgt: Was möchten Sie mit dem Praktikum erreichen? Wie? Wenn Sie sich hierzu vorab einige Notizen machen, haben Sie Anhaltspunkte, um zu entscheiden, wen Sie mit welchen Fragen ansprechen wollen und worauf Sie besonders achten werden.

Formulieren Sie Ihre Ziele für das Praktikum vorab.	Tipp

Und wenn es ganz anders kommt als geplant, können Sie verhandeln (nein, immer nur kopieren und Botengänge machen, das war nicht Ihr Ziel) oder die Marschroute immer noch ändern.

Wenn Sie vorab überlegt haben, was Sie wollen, schreibt sich nachher auch der Praktikumsbericht leichter. Sie haben einen Maßstab, an dem Sie messen können, ob Ihre Vorstellungen realistisch waren oder nicht, vielleicht auch gerade weil Dinge passiert sind, die von Ihren ursprünglichen Zielen abwichen.

Wenn Sie vorhaben, im Rahmen Ihres Praktikums eine wissenschaftliche Frage- bzw. Problemstellung zu bearbeiten, sollten Sie gut überlegen, wie sie im Rahmen des Praktikums bearbeitet werden kann, z.B. ob Sie eine Befragung durchführen oder ob Sie die Haltung eines/einer teilnehmenden Beobachter/in einnehmen, während Sie Aufträge für den Praktikumsgeber bearbeiten. Lassen Sie sich bei dieser Klärung von Ihrem/Ihrer Betreuer/in an der Universität unterstützen.

Ähnlich wie ein/e Feldforscher/in begeben Sie sich im Praktikum auf unbekanntes Terrain. Da es niemals eine zweite Chance für erste Eindrücke gibt, sollten Sie diese Chance nutzen und alles aufschreiben, was Ihnen auffällt.

Notieren Sie Beobachtungen, Eindrücke, Ideen und Überlegungen während des Praktikums.	Tipp

Was lernen und erfahren Sie im Arbeitsprozess? Was fördert und was behindert Sie? Woran stören Sie sich? Was überzeugt und beeindruckt Sie? Wenn Sie sich zu diesen oder ähnlichen Fragen während des Praktikums Notizen machen, verfügen Sie am Ende über einen guten Grundstock an Rohmaterial, um den Verlauf Ihres Praktikums zu dokumentieren und in die Reflexion einzusteigen (Anregungen für die schriftliche Dokumentation und Reflexion Ihrer Erfahrungen finden Sie in Kapitel 5.10.4 sowie Kapitel 3.2.1).

Adressaten: Bevor Sie mit dem Schreiben des Berichts anfangen, sollten Sie sich vergegenwärtigen, wer Ihre wichtigsten Adressaten sind, denn das ist bei einem Praktikumsbericht keineswegs trivial oder selbstverständlich. In vielen Studiengängen und Fachbereichen gibt es **Leitfäden zum Verfassen von Praktikumsberichten**, die genaue Vorgaben zur Gestaltung des Berichts enthalten und oftmals auch präzisieren, für wen der Bericht zu schreiben ist. Als Adressaten kommen in Frage:

- **Sie selbst:** Wir nennen Sie an erster Stelle, weil der Praktikumsbericht aus unserer Sicht in erster Linie für Sie selbst hilfreich und nützlich sein sollte. Er dient vor allem Ihnen dazu, Erfahrungen zu verarbeiten, über Ihre berufliche Orientierung nachzudenken, Theorien und Wissen Ihrer Disziplin zu reflektieren oder ein Thema für Ihre Abschlussarbeit zu entwickeln.
- **Lehrende oder Praktikumsbeauftragte** interessieren sich vermutlich besonders für Bezüge zwischen Ihrem Studienfach und Ihren Tätigkeiten im Rahmen des Praktikums.
- **Kommiliton/innen** können auf der Suche nach einem geeigneten Praktikums- und evtl. auch Arbeitsplatz von Ihrem Bericht profitieren. Sie können deshalb sehr konkrete und handfeste Angaben zu Ihren Tätigkeiten und Erfahrungen gebrauchen.
- **Praktikumsgeber/innen** können von Ihrer Außenperspektive profitieren. Ihr Bericht kann auch dazu beitragen, die Wahrnehmung für spezifische Kompetenzen von Geisteswissenschaftler/innen zu schärfen.

Zur inhaltlichen und formalen Gestaltung: Der Praktikumsbericht gliedert sich in deskriptive und reflektierende Abschnitte:

In den **deskriptiven Abschnitten** stellen Sie Ihre Praktikumseinrichtung vor und gehen auf Ihre Tätigkeitsschwerpunkte im Rahmen des Praktikums ein. Beschreiben Sie, was Sie während des Praktikums getan haben. Nennen Sie Tätigkeitsfelder, Projekte, Aufgaben, Einsatzbereiche sowie Ergebnisse und Produkte Ihrer Arbeit.

In den **reflektierenden Abschnitten** stehen je nach Ausrichtung Ihres Praktikums unterschiedliche Ausgangsfragen im Zentrum der Reflexion (s.u.). Machen Sie sich klar, was von Ihnen gefordert wird und auf welche Aspekte Sie im Bericht näher eingehen wollen. Es ist besser, sich auf einige ausgewählte Aspekte zu konzentrieren, als möglichst viele oberflächlich abzuarbeiten. Der Wert Ihrer Reflexion bemisst sich daran, ob sie Ihnen und anderen neue Einsichten eröffnet.

Wie Sie diese deskriptiven und reflektierenden Abschnitte auf die Einleitung, den Hauptteil und den Schluss des Berichts verteilen, entscheiden Sie (soweit nicht vorgegeben) selbst.

5.11.2 | Die Reflexion im Praktikumsbericht

Eine reine Aufzählung Ihrer Tätigkeiten im Praktikum wäre für Sie und Ihre Leser/innen wenig aufschlussreich. Interessant ist, was Sie dabei über sich und ein bestimmtes Berufsfeld gelernt haben. Was hat Sie überrascht? Was ist Ihnen ohne Schwierigkeiten gelungen? Wo gab es Hindernisse? Wie verhält sich das, was Sie im Praktikum getan haben, zu Ihrer bisherigen Studienerfahrung? – Die Reflexion ist ein formaler Bestandteil eines jeden Praktikumsberichts, und Sie sind darin aufgefordert, sich selbst von außen in einem bestimmten Kontext zu betrachten und zu beschreiben, welche Art von **Lernprozess** stattgefunden hat. Dabei kann Ihre Reflexion unterschiedlichen **Zielrichtungen** folgen:

1. Von den Tätigkeiten und Aufgaben im Praktikum zu den disziplinspezifischen Arbeitsweisen

Darüber nachzudenken, welche konkreten Tätigkeiten im beruflichen Kontext und welche Tätigkeiten in Ihrem Studium im Vordergrund stehen, kann helfen, den Blick für die Arbeitsweisen im eigenen Studienfach zu schärfen. Sie können sich z.B. fragen, ob das Miteinander-Sprechen, der Umgang mit Texten und mit Zeit in beiden Bereichen ähnlich sind und wenn ja, inwiefern. Sie können reflektieren, welches fachliche Wissen, welche Methoden Sie einsetzen konnten, was Ihnen eher fremd war und was Sie herausgefordert hat.

2. Von den Praxiserfahrungen zu wissenschaftlichen Ansätzen und disziplinären Fragestellungen

Insbesondere in den Sozialwissenschaften können Erfahrungen im Praktikum ein guter Ausgangspunkt sein, um darüber nachzudenken, welche Interpretationen (Theorien) und Handlungsmuster (Methoden, Didaktiken) die eigene Fachdisziplin für spezifische Probleme zur Verfügung stellt. In vielen Leitfäden wird empfohlen, sich im Bericht auf einen Fall zu konzentrieren. Ein möglichst eng umgrenztes Problem, eine konkrete Situation oder eine Herausforderung soll herausgegriffen werden, etwas, das auffällt und sich von den anderen Erfahrungen abhebt. Schoger (2001) empfiehlt, diesen Fall möglichst umfassend zu beschreiben und dann einschlägige theoretische Fachliteratur hinzuzuziehen und zu diskutieren. Folgende Fragen können die Reflexion leiten:

- Welche Theorie oder welcher Ansatz trägt zum Verständnis des Falls bei?
- Was leistet der gewählte theoretische Ansatz genau? Werden auch Grenzen deutlich?
- Was könnten wichtige Impulse für die Weiterentwicklung des Ansatzes sein?

3. Von den Tätigkeiten und Aufgaben im Praktikum zur weiteren Studien- und Berufswegeplanung

In dieser Art von Reflexion vergegenwärtigen Sie sich Ihre Tätigkeiten im Praktikum, um herauszufinden, was nächste Schritte auf Ihrem Lebens-, Studien- und Berufsweg sein können. Haben Sie entdeckt, wofür Ihr Herz schlägt? Was Sie besonders gut können? Worauf es in einem bestimmten Feld ankommt?

Es ist hilfreich, das Anforderungsprofil im jeweiligen Tätigkeitsfeld als Schablone zu nutzen, um den Blick für eigene Tätigkeiten und Fähigkeiten zu schärfen. Ist für Sie deutlich geworden, was man können muss, um in diesem oder jenem Feld erfolgreich zu sein? Wenn Sie diese Frage geklärt haben, können Sie darüber nachdenken, was Sie in Ihrem Praktikum im Einzelnen gemacht haben, was Sie dabei gelernt haben und welche Folgerungen Sie daraus für sich und Ihre Studien- und Berufswegeplanung ziehen.

Checkliste

> → Praktikumsbericht: Formale und sprachliche Anforderungen
> - **Deckblatt** (mit Name, Adresse, Matrikelnummer, Semesterzahl des Autors/der Autorin; Name und Adresse der Praktikumseinrichtung; ggf. Dozent/in der Begleitveranstaltung)
> - **Inhaltsverzeichnis** mit Seitenzahlen
> - **Literaturverweise** und Quellenangaben in einheitlicher Form
> - ggf. **Literaturverzeichnis**
> - evtl. **Anhang** (z.B. mit Organigramm der Einrichtung, Fotos, Protokollen etc.)
> - **Sprache**: sachlich berichtend; auch in der Reflexion nur sparsam bewerten (wenn Sie schreiben, dass Sie Ihr Praktikum »super« fanden, hat das nur geringen Mitteilungswert; Ihre Leser/innen interessiert, was Ihnen aus welchen Gründen gefallen hat und welche Schlüsse Sie daraus für sich ziehen). Besser: beschreiben, Fragen stellen, vergleichen, kritisieren, schlussfolgern.

5.12 | Schreiben für das Internet

Das Internet ist eines der Leitmedien auch der wissenschaftlichen Kommunikation geworden. Ganz ohne Internet kommt heute kein Studium aus. Studierende nutzen web-basierte Lernumgebungen und Kommunikationsplattformen, haben eigene Websites, schreiben Weblogs oder gestalten (z.B. als Mitglieder von Fachschaften) Internetseiten mit nützlichen Informationen fürs Studium.

Auch Abschlussarbeiten und Dissertationen werden im Internet publiziert, entweder als PDF- oder als HTML-Dokumente. Die ersten Qualifikationsarbeiten mit Hyperlinks statt Fußnoten und mit einer vernetzten statt linearen Dokumentstruktur sind im Internet zu finden. Ein gutes Beispiel hierfür ist die Online-Dissertation von Sebastian Fasthuber (2002) mit dem Titel »Literaturkritik im Internet« (www.literaturkritik.de.vu/).

Texte für das Internet müssen anders geschrieben werden als ein linearer Text auf Papier. Das ergibt sich aus den Nutzungsbedingungen des Mediums:

- Internettexte bzw. -seiten werden anders gesucht, gefunden und gelesen als gedruckte Texte. Daraus ergibt sich, dass die einzelnen Informationseinheiten – Internetseiten – anders aufbereitet werden müssen als ein Absatz in einem gedruckten Fließtext.
- Internetnutzer/innen steigen, nachdem sie eine Seite geöffnet haben, nicht gleich in die sorgfältige Lektüre Wort für Wort ein, sondern überfliegen den Text zunächst, um schnell entscheiden zu können, ob er für ihr spezifisches Anliegen relevant ist.

5.12.1 | Aufbau und Oberfläche

Wenn Sie einen umfangreicheren Text für das Internet verfassen, sollten Sie Ihren Gesamttext so planen, dass das Schreiben sich an der **Texteinheit pro Seite**, dem »Modul« orientiert (vgl. Lehnen 2006, S. 198). Die einzelnen Textmodule werden in ein geordnetes Netz eingebunden, die mit Hyperlinks miteinander verknüpft sind.

Eine typische – und hilfreiche – Art, dieses Netz aufzubauen, besteht darin, es als **Pyramide** zu strukturieren:

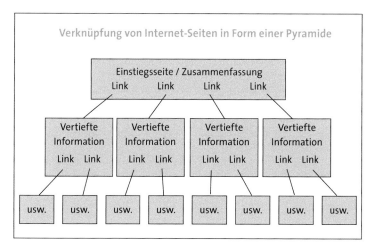

Verknüpfung von Internet-Seiten in Form einer Pyramide   Beispiel

Einstiegsseite / Zusammenfassung
Link   Link   Link   Link

Vertiefte Information   Vertiefte Information   Vertiefte Information   Vertiefte Information
Link   Link   Link   Link   Link   Link   Link   Link

usw.   usw.   usw.   usw.   usw.   usw.   usw.   usw.

Die Zusammenfassung steht hier am Anfang. Von ihr aus führen Hyperlinks zu den einzelnen Seiten, auf denen Hintergrundinformationen und Details zu finden sind. Diese Art von ›Vertiefung‹ kann über mehrere Ebenen stattfinden.

Es kann es aber auch sinnvoll sein, einzelne Module z.B. in Form einer ›**Kette**‹ zu verknüpfen, in der Seite für Seite eine Information der anderen folgt. Dies ist dann sinnvoll, wenn Sie eine einzige, linear aufgebaute Informationseinheit vermitteln möchten, der die Nutzer/innen Schritt für Schritt folgen sollen.

Gestalten Sie die ›Module‹ (= Texteinheiten pro Seite) so, dass Leser/innen sie schnell erfassen und Informationen schrittweise vertiefen können. **Bewährte Strategien sind:**

- Eine Einstiegsseite mit der Zusammenfassung anbieten,
- pro Absatz nur einen Gedanken formulieren,
- Schlüsselbegriffe fett formatieren,
- aussagekräftige Zwischenüberschriften einfügen,
- Aufzählungen (Listen wie eben diese) einfügen,
- Links zu weiterführenden Seiten bewusst platzieren,
- mit Teaser-Texten führen. Teaser sind einführende Textabschnitte (max. 1–2 Sätze). Sie verweisen auf den Text hinter einem Link.

5.12.2 | Formulierung und Sprache

Das Lesen am Bildschirm ist anstrengender als das Lesen von gedruckten Texten. Ihren Leser/innen zuliebe sollten Sie Ihre Internet-Texte besonders sorgfältig überarbeiten (vgl. Kap. 2.6). Locken Sie mit eindeutigen, knappen und verständlichen Sätzen.

Schreiben Sie zunächst einen Rohtext, überprüfen Sie dann die Absatzstruktur und die Reihenfolge der Gedanken.

If in doubt,
leave it out

Folgt ein Gedanke logisch auf den anderen, geht es darum, alles Unnötige zu streichen. »If in doubt, leave it out« ist eine der goldenen Regeln, die das Streichen vereinfachen. Alle Informationen, Sätze, Halbsätze und Wörter (Adjektive!), die ohne Sinnverlust getilgt werden können, fallen raus. Häufig sind auch viele der ›kleinen‹ Wörter und Wortbestandteile (Pronomen, Artikel, Vorsilben, Präpositionen, Adjektive) nicht unbedingt notwendig.

Auch und gerade im Internet ist die Sprache ein Hinweis auf die Seriosität der jeweiligen Seite. Deshalb achten Sie bei der Überarbeitung auf korrekte Grammatik und auf eine gute Fehlerkorrektur.

> → Wenn Sie sich intensiver mit dem Thema »Schreiben fürs Inter-
> net« beschäftigen möchten, sei Ihnen empfohlen:
> - Stefan Heijnk (2002): *Texten für's Web. Grundlagen und Praxis-
>   wissen für Online-Redakteure* und
> - die Website von Jakob Nielsen:
>   www.useit.com/papers/webwriting/ (Aufruf: 19.5.2007).

Tipp

Anhang

Bereitet das Schreiben im Studium auf das Schreiben im Beruf vor?
Was sind Anforderungen an das Schreiben in unterschiedlichen Berufen? Wie beeinflusst der konkrete Arbeitskontext das Schreiben? Mit
Fragen dieser Art haben wir uns an berufstätige Geistes- und Sozial-
wissenschaftler/innen gewandt. Die Antworten waren vielfältig und
reich. Sie zeugen davon, dass Schreiben – wenn auch auf ganz unterschiedliche Weise – im Beruf eine wichtige Rolle spielt. Einige der Antworten haben wir als konkrete Hinweise »Über das Studium hinaus«
in unseren Text eingebaut. Einige allgemeinere Rückmeldungen geben
wir im Folgenden wieder. Lassen Sie sich anregen von der Vielfalt der
Erfahrungen und Umgangsweisen mit dem Schreiben im Beruf.

Schreibentwicklungen und -biographien verlaufen nicht immer geradlinig. Vielleicht müssen Sie beim Einstieg in den Beruf auch einiges
wieder ›verlernen‹, was Sie beim Schreiben im Studium gelernt haben:

H. studierte Theologie, Philosophie und Geschichte und arbeitet   O-Ton
heute als Reportage- und Wissenschaftsjournalist

»Ob mir die Uni schreiberisch im Beruf etwas genützt hat?
Ihre Frage klingt einfach. Aber sie ist im Grunde nicht klar zu beantworten. Natürlich kann ich die Antwort nicht ablösen von meinem
speziellen beruflichen Hintergrund und Interesse. Mich interessieren
Menschen. Was denken und hoffen sie? Wie richten sie sich in dieser
schwierig gewordenen Welt ein? Als ich von der Uni kam, fiel ich
erst einmal in eine anhaltende und tiefe Krise, weil ich spürte, dass
diese Wissensmaschine mit ihren Seminararbeiten und papierenen
Ritualen mir die Fähigkeit geraubt hatte, auf die Welt zuzugehen
und aufmerksam und einfühlsam zu schreiben. Andererseits bin ich
auch ein Kind dieser Universität. Die Bücher, die ich dort las, und die
Texte, die ich mit Kommilitonen diskutierte und bis zum Umfallen
überarbeitete, auch sie eröffneten mir Welten, und: Zugänge zum
Schreiben. Also, ein »ja« oder »nein« gibt es da nicht für mich. Produktiv schreiben kann ich nur in diesem Spannungsverhältnis, in
dieser Brechung. Als Schreibender dabei sozusagen immer zwischen
den Stühlen zu sitzen ist mir fast zu einem Lebensthema geworden.«

Das Schreiben im Studium ist eine Erfahrung – grundlegend, einschnei-
dend und ausbaufähig. Andere Erfahrungen mit dem Schreiben werden
folgen.

O-Ton

A. studierte Literaturwissenschaften, Geschichte und Germanistik,
sie leitet ein Redaktionsbüro

»Als Autorin und Journalistin muss ich – orientiert an journalisti-
schen Grundregeln – selber Beiträge zielgruppengerecht schreiben
können. Neben dem Handwerkszeug Schreiben brauche ich dafür
(einschlägige) Fachkenntnisse, die Fähigkeit, mir kurzfristig einen
Überblick über relevante Daten, Entwicklungen, Positionen zu verschaffen, und eine gewisse kritische Distanz und Neugierde gegenüber Informationen, Personen, Statussymbolen etc.

Gelernt habe ich alle diese für das berufliche Schreiben relevanten
Fertigkeiten in verschiedenen Phasen meines persönlichen und
beruflichen Weges: Dargebotene Informationen und Meinungen kritisch unter die Lupe zu nehmen und mit anderen Daten zu vergleichen: Dies konnte ich vor allem im Geschichtsstudium (in Seminaren
zur Wirtschafts- und Sozialgeschichte), aber auch im Studium der
vergleichenden Literaturwissenschaften trainieren: Texte, Quellen,
Interpretationen aus verschiedenen Jahrhunderten sowie verschiedener Historiker, Schriftsteller, Journalisten der gleichen Epoche miteinander zu vergleichen, zu analysieren und darüber eine Arbeit zu
schreiben, schärft das gesunde »Misstrauen« gegenüber präsentierten
Informationen und Informationsgebern. Das dazu unabdingbare
Recherchieren und Aufspüren von Fakten: Auch das war ein wesentlicher Aspekt des Studiums. Die im Studium – meist eher durch trial
and error – erworbenen Fertigkeiten haben mir beim Eintritt in das
Berufsleben zwar geholfen. Aber sie waren für mich erst richtig professionell nutzbar und verstetigt, nachdem ich parallel zum Studium
und danach eine journalistische Ausbildung (bei einem bundeswei-
ten Rechercheprojekt für die Verbesserung des Lokaljournalismus)
gemacht habe, sowie durch spätere Weiterbildungen.«

Inwiefern und inwieweit Sie sich umorientieren und grundlegend dazu-
lernen müssen, hängt selbstverständlich auch vom Kontext ab, in dem
Sie schreiben. Es gibt Berufe (allen voran der **Lehrerberuf** oder auch
der Beruf als Wissenschaftler/in), in denen die Anforderungen denen
im Studium so ähnlich sind, dass es möglich ist, nahtlos daran anzuknüpfen:

A. studierte Lehramt Deutsch und Philosophie und arbeitet als Lehrerin

»Hat mir das Schreiben im Studium etwas für meine berufliche Praxis als Deutschlehrerin gebracht? Auf jeden Fall! Vor einigen Monaten habe ich meine erste feste Stelle angetreten, und eine meiner ersten Aufgaben war es, Facharbeiten von Schülerinnen und Schülern der Jahrgangsstufe 12 zu korrigieren und zu begutachten. Hätte ich vorher nie Seminararbeiten geschrieben, hätte ich das wohl nicht gekonnt. Bewertungskriterium war ja vor allen Dingen die »Wissenschaftlichkeit« und formale Korrektheit dieser Arbeiten (Fußnoten, Quellenangaben, Literaturrecherche etc.). Da war ich schon sehr froh, auf diesem Terrain nicht neu zu sein.

Und erst recht, wenn ich an mein Referendariat und die mir noch bevorstehende Revision denke. Jeder Unterrichtsentwurf ähnelt dem wissenschaftlichen Schreiben im Studium doch sehr. Da müssen didaktisch-methodische Erläuterungen unter Einbeziehung fachdidaktischer Literatur geschrieben werden, die sich wohl überhaupt nicht vom Schreiben einer fachdidaktischen Seminararbeit unterscheiden. Im weiteren Sinne gilt das natürlich auch für all die anderen Schreibanlässe, die der Schulalltag so bietet: Gutachten für Referendare, Kommentare unter Klassenarbeiten und Klausuren, Protokolle zu verschiedensten Konferenzen, Anschreiben an Eltern und Kollegen etc. Denn das Schreiben im Studium trainiert die Fähigkeit, angemessene Formulierungen (gerade für offizielle Anlässe) zu finden, und das hilft – so empfinde ich es zumindest – mir bei all diesen Anlässen sehr.«

Im Studium lässt sich üben, unterschiedlichen Anforderungen gerecht zu werden, z.B. indem man die Chance nutzt, mit **unterschiedlichen Textformen** und den Anforderungen unterschiedlicher Betreuer/innen Erfahrungen zu machen:

S. studierte Medienwissenschaft und ist in der Öffentlichkeitsarbeit tätig

»Für die Routinen der Textproduktion, die im Bereich Public Relations nach meiner Erfahrung üblich sind, ist die intensive Erprobung unterschiedlicher Textsorten und Schreibweisen während des Studiums in jedem Fall eine ausreichende Vorbereitung auf eine Tätigkeit in diesem Feld. Vielleicht spielt die Recherche eine nicht ganz so große Rolle wie etwa im Journalismus, eher ist man auf das Material angewiesen, das der Kunde einem zugänglich macht. Er ist es auch, der ein gewichtiges Wort mitzureden hat, wenn es um die Darstellung seines Unternehmens geht. Das hat Konsequenzen für die Schreibpraxis: Man muss sich noch stärker als selbst im wissenschaftlichen Bereich zurücknehmen. Größere persönliche (Schreib-)Ambitionen lassen sich eher z.B. in der Werbebranche ausagieren, wer aber in dieser Hinsicht weniger anspruchsvoll und texthandwerklich durch die Uni gut vorbereitet ist, der wird sich in der Öffentlichkeitsarbeit schnell zurechtfinden.«

Die spezifischen Anforderungen mögen sich in unterschiedlichen Kontexten unterscheiden. Aber **komplexe Arbeitsprozesse** zu organisieren und dabei unterschiedliche (und manchmal widersprüchliche) Anforderungen zu balancieren, das können Sie während des Studiums üben:

O-Ton

M. studierte Religionswissenschaft, ist jetzt Kulturamtsleiter in einer deutschen Kommune

»Auch Verwaltungstexte reagieren auf Texte, es müssen Quellen und Referenzen recherchiert, Akten und sonstiges Material beschafft und verarbeitet werden. Die Adressaten sind genau bestimmt, der soziale Kontext ist hierarchisch gegliedert. Der Zweck besteht darin, entweder Entscheidungen herbeizuführen oder Entscheidungen aktenkundig, d.h. für Dritte nachvollziehbar und rechtlich revisionssicher zu machen. Dabei müssen Sachverhalte beschrieben werden, das verleiht den Texten einen erzählerischen Charakter. Und die Entscheidungen müssen begründet, mögliche Alternativen abgewogen werden, darin besteht der argumentative Charakter der Texte. Fehler in Darstellung oder Argumentation haben Wirkungen, sie ziehen weitere Verwaltungsvorgänge nach sich. Ein falsches Wort löst manchmal Lawinen von Folgen aus. Jeder Text wird für multiple Adressaten verfasst. Neben den unmittelbaren Adressaten eines Vorgangs muss immer auch der Dienstweg über mitzeichnende Vorgesetzte und Prozessbeteiligte im Blick bleiben, ebenso die Wahrscheinlichkeit der Tiefenprüfung durch eine Revisionsabteilung oder gar durch ein Verwaltungsgericht. Und schließlich landet der Text gelegentlich in einem auf Ewigkeit angelegten Verwaltungsarchiv oder auch nur im Papierkorb. Oder er wird durch Indiskretionen einer unbefugten Öffentlichkeit zugänglich, die daraus im schlimmsten Fall eine politische Waffe zu machen versteht und einen publizistischen Feldzug gegen die Verwaltung oder gegen sonst irgendwen anstrengt. Und dem muss schon beim Schreiben vorgebeugt werden. Kurzum, der Prozess der Herstellung eines Textes ist hier in seiner Komplexität und mit allen seinen Schwierigkeiten ungefähr derselbe wie im Wissenschaftsbetrieb.«

Mehrere unserer Gesprächspartner/innen sind als Journalist/innen tätig, und alle haben uns berichtet, dass sie bereits während ihres Studiums angefangen haben, **journalistische Erfahrungen** zu sammeln: bei Lokalzeitungen, studentischen Zeitungen oder beim Uni-Radio. Parallel zum Studium Gelegenheiten zu nutzen, in anderen Kontexten für andere Adressaten zu schreiben, eröffnet zugleich die Chance, den eigenen wissenschaftlichen Schreibstil selbstbewusst weiterzuentwickeln:

U. studierte Lehramt Germanistik und Geschichte, arbeitet heute als Chefredakteur   O-Ton

»Man kann über den Nutzen von Kommunikationswissenschaft oder Journalistik für die praktische Ausübung des Berufs Journalist streiten, über wissenschaftliches Arbeiten als Vorbedingung für journalistisches Schreiben allerdings nicht. Bei fast jedem Thema steht für den Journalisten die Stoffsammlung am Anfang. Ansichten werden vorgestellt, durch Recherche hinterfragt und mit eigenem Urteil abgeschlossen. Dies alles unter extremem Zeitdruck und bei einer textlichen Verarbeitung, die zwei Fragen nicht offen lassen kann: Ist das Thema für die Leser/innen wichtig, und ist der Beitrag spannend bis zum Schluss? Weshalb muss der wissenschaftliche Autor nicht auch, wie ein Journalist, über die Wichtigkeit seines Forschungsbeitrags ziemlich zu Beginn Rechenschaft ablegen? Es gibt nicht viel, was Wissenschaftler von Journalisten lernen können, außer dass deren Texte sich besser lesen.«

Einige der Befragten erwähnen die zunehmende **Bedeutung des Schreibens in Fremdsprachen** (insbesondere Englisch). Es lohnt sich also, diese Fähigkeit bereits während des Studiums zu trainieren:

G. studierte Germanistik und Pädagogik, arbeitet als Aus- und Weiterbilder im EDV-Bereich in einem großen Handelskonzern   O-Ton

»In einem internationalen Konzern findet inzwischen die meiste Kommunikation und auch das meiste Schreiben in Englisch statt, und das wirft zusätzliche Fragen auf – viel verändert sich, wenn nicht mehr in der Muttersprache gedacht und geschrieben wird und sowohl Sender wie Empfänger Spracheinschränkungen haben, jedenfalls wenn es sich um komplexe Inhalte handelt.«

Berufliches **Schreiben hat Folgen**, die über Lob, Kritik oder eine Note hinausgehen:

> *S. studierte Geschichte und Philosophie, arbeitet in einer Wissen-*
> *schaftsorganisation*
>
> »Ein wichtiger Unterschied zum Schreiben im Studium ist, dass
> manches, was ich schreibe, echte Folgen hat. Wenn ich z.B. Anträge
> begutachten muss und eine Stellungnahme dazu verfasse, hat das
> zur Folge, dass ein Projekt gefördert wird oder nicht. Auch wenn
> letztlich mein Vorgesetzter darüber entscheidet, bin ich dafür verant-
> wortlich, meine Einschätzungen gut zu begründen – manchmal auch
> zu Sachen, von denen ich inhaltlich nicht genug verstehe.«

Schreiben verändert vielleicht nicht die Welt – aber Texte können Wirkungen haben.

Nachwort

Wir hoffen, dass Ihnen dieses Buch nicht nur dabei hilft, Studienanforderungen zu bewältigen, sondern Sie auch anregt und ermutigt, auf die Bedingungen, unter denen Sie im Studium schreiben, Einfluss zu nehmen. Dazu müssen Sie nicht Mitglied einer Studienreformkommission oder eines anderen Gremiums an Ihrer Universität werden. Jedes Gespräch mit einem/einer Dozent/in, in dem Sie Feedback einfordern oder die Rahmenbedingungen des Schreibens (z.B. den Zeitdruck) thematisieren, jede Studiengruppe, die Sie sich zur Unterstützung beim Schreiben organisieren, jede Erfahrung, die Sie beim Schreiben unterschiedlicher Textarten kommunizieren, kurz: alles Sprechen über das Schreiben kann ein Beitrag zur Verbesserung der Rahmenbedingungen sein, denn Sie kommunizieren damit Erwartungen und tragen zu Erwartungsbildungen anderer bei. Niklas Luhmann hat hierfür den schönen Begriff der »Erwartungserwartung« geprägt.

> »Wer ein Verhalten hinnimmt, das seine Erwartungen enttäuscht, muss damit rechnen, dass der andere künftig nicht mehr die enttäuschten Erwartungen erwartet, sondern diejenigen, die seinem eigenen Verhalten entsprechen würden. Er ist zum Beispiel unpünktlich.«

Niklas Luhmann
1985, S. 412

Für das Schreiben heißt das: Wer z.B. hinnimmt, kein Feedback auf Texte zu bekommen, muss damit rechnen, dass Lehrende nicht erwarten, dass Studierende Feedback haben möchten, sondern nur, dass am Ende eine Note steht. Positiv formuliert: Wer Feedback einfordert, trägt dazu bei, dass sich die Erwartung bildet, dass Studierende Feedback erwarten und daraus lernen möchten.

Literaturverzeichnis

Alemann, Ulrich von (2006): »Exposé. ›Ja, mach nur einen Plan ...‹«.
In: Koepernick, Claudia/Moes, Johannes/Tiefel, Sandra (Hg.):
GEW-Handbuch Promovieren mit Perspektive. Ein Ratgeber von und für
DoktorandInnen. Bielefeld: W. Bertelsmann Verlag, S. 64–76.

Aristoteles (1982): Die Poetik. Stuttgart: Reclam.

Bachelard, Gaston (1987): Die Bildung des wissenschaftlichen Geistes.
Frankfurt a.M.: Suhrkamp.

Bean, John C. (2011): Engaging Ideas. The Professor's Guide to Integrating
Writing, Critical Thinking, and Active Learning in the Classroom.
San Francisco: Jossey-Bass Publishers. 2., vollst. überarb. Auflage

Becker, Howard S. (1993): »Schreiben und Denken in den Sozialwissenschaften. Ein Erlebnisbericht«. In: Leviathan H.1, Jg. 21, S. 69–88.

Belanoff, Pat/Elbow, Peter (1999): A Community of Writers: a Workshop
Course in Writing. New York: McGraw-Hill College.

Benjamin, Walter (1955): Chinawaren. In: Ders.: Einbahnstraße [1928].
Frankfurt a.M.: Suhrkamp.

Bolton, Gillie E.J. (2010): Reflective Practice. Writing and Professional Development. 3., überarb. Aufl. London: Sage Publications.

Bräuer, Gerd (2000): Schreiben als reflexive Praxis. Tagebuch, Arbeitsjournal,
Portfolio. Freiburg im Breisgau: Fillibach Verlag.

Bruffee, Kenneth A. (1993): A Short Course in Writing. Composition,
Collaborative Learning, and Constructive Reading. New York City:
Harper Collins College Publishers.

Buzan, Tony/Buzan, Barry (2002): Das Mind-Map-Buch. Die beste Methode zur
Steigerung Ihres geistigen Potenzials. Landsberg/München: mvg.

Cioffi, Frank (2006): Kreatives Schreiben für Studenten & Professoren. Berlin:
Autorenhaus Verlag.

Elbow, Peter (2000): Everyone Can Write. Essays Toward a Hopeful Theory of
Writing and Teaching Writing. New York/Oxford: Oxford University Press.

Esselborn-Krumbiegel, Helga (2006): Leichter lernen. Strategien für Prüfung
und Examen. Paderborn/München/Wien/Zürich: Ferdinand Schöningh.

Esselborn-Krumbiegel, Helga (2010): Richtig wissenschaftlich schreiben.
Paderborn: Ferdinand Schöningh.

Fasthuber, Sebastian (2002): Literaturkritik im Internet. Eine Bestands-
aufnahme. Wien: Univ. Diss. Online: www.literaturkritik.de.vw

Fix, Ulla (2005): »Texte zwischen Musterbefolgen und Kreativität«.
In: Der Deutschunterricht 1, S. 13–22.

Flower, Linda (1989): Problem-solving Strategies for Writing. San Diego:
Hartcourt.

Galtung, Johan (1983): »Struktur, Kultur und intellektueller Stil. Ein verglei-
chender Essay über sachsonische, teutonische, gallische und nipponische
Wissenschaft«. In: Leviathan, Jahrgang 1983, Heft 3.

Gergey, Aurel: Besser schreiben. 42 Tipps, wie Sie mit gutem Ausdruck Eindruck machen. www.gergey.com/konzentrate/besserschreiben.pdf (Aufruf: 23.1.2007).

Gesing, Fritz (1994): Kreatives Schreiben. Handwerk und Techniken des Erzählens. Köln: Dumont.

Göttert, Karl-Heinz (1999): Kleine Schreibschule für Studierende. Opladen: UTB.

Graff, Gerald/Birkenstein, Cathy (2010): They Say / I Say. The Moves That Matter in Academic Writing. New York/London: W.W. Norton & Company.

Heinrich, Klaus (1989): der gesellschaft ein bewußtsein ihrer selbst zu geben. Frankfurt a.M.: Stroemfeld.

Hentig, Hartmut von (1999): »Eine nicht lehrbare Kunst«. In: Narr, Wolf-Dieter/ Stary, Joachim: Lust und Last des wissenschaftlichen Schreibens. Frankfurt a.M.: Suhrkamp, S. 19–26.

Hentig, Hartmut von (2005): Wissenschaft. Eine Kritik. Weinheim/ Basel: Beltz Verlag.

Herwig-Lempp, Johannes (2000): »Aus Erfolgen lernen: Ein Instrument der Selbstevaluation. Sechs Argumente und ein Leitfaden für das Sprechen über Erfolge«. In: Systhema 2, 14. Jahrgang, S. 185–195.

Hjortshoj, Keith (2001): The Transition to College Writing. Boston/New York: Bedford/St. Martin's.

Hjortshoj, Keith (2001): Understanding Writing Blocks. New York/Oxford: Oxford University Press.

Hödl, Hans Gerald (2000): »Der ›Medizinmann‹ als Kollege. Rezension zu Barry Hallen & J. Olubi Sodipo: Knowledge, Belief, and Witchcraft: Analytic Experiments in African Philosophy«. In: polylog. Forum für interkulturelle Philosophie 2 (2000). Online: http://lit.polylog.org/2/rhh-de.htm.

Humboldt, Wilhelm von (1862): »Über die Buchstabenschrift und ihren Zusammenhang mit dem Sprachbau«. In: Gesammelte Schriften, herausgegeben von der Königlich Preußischen Akademie der Wissenschaften. Bc. V. Berlin: B. Behr's Verlag 1906.

Jakobs, Eva-Maria (1997): »Textproduktion als domänen- und kulturspezifisches Handeln. Diskutiert am Beispiel wissenschaftlichen Schreibens«. In: Adamzik, Kirsten / Antos, Gerd / Jakobs, Eva-Maria (Hg.) (1997): Domänen- und kulturspezifisches Schreiben. Frankfurt a. M. u.a.: Peter Lang, S. 9–30.

Jakobs, Eva-Maria (1998): »Die Hohe Kunst des Zitierens«. In: Kruse, Otto (Hg.): Handbuch Studieren. Von der Einschreibung bis zum Examen. Frankfurt a.M./New York: Campus Verlag, S. 206–223.

Kayser, Dietrich (1998): »Präsentation statt Referat: So hört man Ihnen zu«. In: Kruse, Otto (Hg.): Handbuch Studieren. Frankfurt a.M./New York: Campus Verlag, S. 238–249.

Kinskofer, Liselotte/Bagehorn, Stefan (2001): Reden, Schreiben, Präsentieren. Mit Texten arbeiten. München: TV-Verlagsanstalt.

Kittsteiner, Heinz Dieter (24.1.07): Für eine Handvoll Studenten. Konrad Paul Liessmann verfertigt eine Theorie der Unbildung. Rezension in der FAZ zu:

Liessmann, Konrad Paul (2006): Theorien der Unbildung. Die Irrtümer der Wissensgesellschaft. Wien.

Knigge-Illner, Helga (2009): Der Weg zum Doktortitel. Strategien für die erfolgreiche Promotion. Frankfurt a.M.: Campus Verlag. 2., völlig neu bearb. Aufl.

Koepernik, Claudia/Moers, Johannes/Tiefel, Sandra (Hg.) (2006): GEW-Handbuch Promovieren mit Perspektive. Ein Ratgeber von und für DoktorandInnen. Bielefeld: W. Bertelsmann Verlag.

Krechel, Ursula (2003): In Zukunft schreiben. Handbuch für alle, die schreiben wollen. Salzburg/Wien: Jung und Jung.

Kroeger, Hans (2000): »Mitschreiben und Mitschrift«. In: Horst, Uwe/ Ohly, Karl P. (Hg.): Lernbox. Lernmethoden – Arbeitstechniken. Seelze/Velber: Friedrich Verlag, S. 52–55.

Kruse, Otto (2005): Keine Angst vor dem leeren Blatt. Ohne Schreibblockaden durchs Studium. 11. Auflage. Frankfurt a.M./New York: Campus.

Kruse, Otto (2007): Keine Angst vor dem leeren Blatt. Ohne Schreibblockaden durchs Studium. 12., völlig neu bearbeitete Auflage. Frankfurt a.M./New York: Campus.

Kruse, Otto (2010): Lesen und Schreiben. Wien: Huter & Roth KG.

Kruse, Otto/Jakobs, Eva-Maria/Ruhmann Gabriela (Hg.) (2003): Schlüsselkompetenz Schreiben. Konzepte, Methoden, Projekte für Schreibberatung und Schreibdidaktik an der Hochschule. Bielefeld: UVW Universitäts Verlag Webler.

Lehnen, Katrin (2006): »Hypertext – Kommunikative Anforderungen am Beispiel von Websites«. In: Schlobinski, Peter (Hg.): Von *hdl* bis *cul8r*. Sprache und Kommunikation in den Neuen Medien. Mannheim: Duden [Reihe: Thema Deutsch. Band 7], S. 197–209.

Luhmann, Niklas (1985): Soziale Systeme. Frankfurt a.M.: Suhrkamp.

Luhmann, Niklas (1992): Universität als Milieu. Kleine Schriften. Hg. André Kieserling. Bielefeld: Haux.

Luhmann, Niklas (2000): Short Cuts. Berlin: Merve Verlag.

Märtin, Doris (2003): Erfolgreich texten. München: Heyne.

Meer, Dorothee (2003): Dann jetzt Schluss mit der Sprechstundenrallye. Sprechstundengespräche an der Hochschule. Ein Ratgeber für Lehrende und Studierende. Hohengehren: Schneider Verlag.

Meyer-Krentler, Eckhardt (2012): Arbeitstechniken Literaturwissenschaft. München: Wilhelm Fink Verlag. 15., akt. Auflage

Montgomery, Scott L. (2002): The Chicago Guide to Communicating Science. Chicago/London: The University of Chicago Press.

Morrison, Toni (1980): »Man darf die Nähte nicht sehen«. Interview mit Jane Bakerman in: Black American Literature Forum 12 (1978), zitiert aus dem Anhang des Romans Sula. Reinbek bei Hamburg: Rowohlt, S. 189–203.

Neuhaus, Stefan (2004): Literaturkritik. Eine Einführung. Göttingen: Vandenhoeck & Ruprecht.

Nünning, Ansgar/Sommer, Roy (Hg.) (2007): Handbuch Promotion. Forschung – Förderung – Finanzierung. Stuttgart/Weimar: J.B. Metzler.

Ortner, Hanspeter (2000): Schreiben und Denken. Tübingen: Niemeyer.

Ortner, Hanspeter (2002): »Schreiben und Wissen. Einfälle fördern und Aufmerksamkeit staffeln«. In: Perrin, Daniel/Böttcher, Ingrid/Kruse, Otto/Wrobel, Arne (Hg.): Schreiben. Von intuitiven zu professionellen Schreibstrategien. Opladen: Westdeutscher Verlag, S. 63–81.

Ortner, Hanspeter (2006): »Spontanschreiben und elaboriertes Schreiben – wenn die ursprüngliche Lösung zu einem Teil des (neuen) Problems wird«. In: Kissling, Walter/Perko, Gudrun (Hg.): Wissenschaftliches Schreiben in der Hochschullehre. Reflexionen, Desiderate, Konzepte. Innsbruck/Wien/Bozen: Studien Verlag, S. 77–101.

Parr, Rolf (2005): »›Sowohl als auch‹ und ›weder noch‹. Zum interdiskursiven Status des Essays«. In: Braungart, Wolfgang/Kauffmann, Kai (Hg.): Essayismus um 1900. Heidelberg: Universitätsverlag Winter, S. 1–14.

Perko, Gudrun (2004): Wissenschaftliches Konzipieren und Schreiben im Studium. Wien/Berlin: Referat Frauenförderung und Gleichstellung der Universität Wien.

Perrin, Daniel (1999): Schreiben ohne Reibungsverlust: Schreibcoaching für Profis. Zürich: Werd-Verlag.

Perrin, Daniel/Böttcher, Ingrid/Kruse, Otto/Wrobel, Arne (Hg.) (2003): Schreiben. Von intuitiven zu professionellen Schreibstrategien. Wiesbaden: Westdeutscher Verlag.

Poincaré, Henri (1914): Wissenschaft und Methode. Berlin: Teubner.

Procter, Margaret (2006): »How Not to Plagiarize«. www.utoronto.ca/writing/plagsep.html (Aufruf: 19.9.2006).

Reich, Kersten: Portfolio. In: Methodenpool. Online: methodenpool.uni-koeln.de (Aufruf: 30.1.2013).

Rico, Gabriele (1984): Garantiert schreiben lernen. Sprachliche Kreativität methodisch entwickeln – ein Intensivkurs. Hamburg: Rowohlt.

Rienecker, Lotte/Jørgensen, Peter Stray (2012): From Working with Students to Working Through Faculty: A Genre-Centered Focus to Writing Development. In: Thaiss, Chris/Bräuer, Gerd/Carlino, Paula/Ganobcsik-Williams, Lisa/Sinha, Aparna: Writing Programs Worldwide: Profiles of Academic Writing in Many Places. Fort Collins, Colorado: The WAC Clearinghouse and Parlor Press, S. 169–180.

Ruhmann, Gabriela (1996): »Schreibblockaden und wie man sie überwindet«. In: Bünting, Karl-Dieter/Bitterlich, Axel/Pospiech, Ulrike: Schreiben im Studium. Ein Trainingsprogramm. Berlin: Cornelsen Scriptor, S. 108–119.

Ruhmann, Gabriela (2003): »Präzise denken, sprechen, schreiben – Bausteine einer prozessorientierten Propädeutik«. In: Ehlich, Konrad/Steets, Angelika (Hg.): Wissenschaftlich schreiben – lehren und lernen. Berlin, New York: Walter de Gruyter.

Scheuermann, Ulrike (2012): Schreibdenken. Schreiben als Denk- und Lernwerkzeug nutzen und vermitteln. Opladen/Toronto: Verlag Barbara Budrich.

Schindler, Kirsten (2011): Klausur, Protokoll, Essay: Kleine Texte optimal verfassen. Paderborn: Ferdinand Schöningh.

Schneider, Pat (2003): Writing Alone and with Others. New York: Oxford University Press.

Schoger, Walter (2001): »Das Praktikum in der Erwachsenenbildung/Weiter-
   bildung«. Ein Beitrag zur Professionalisierung von Diplompädagogen.
   In: Schulze-Krüdener, Jörgen/Homfeld, Hans Günther (Hg.): Praktikum.
   Eine Brücke schlagen zwischen Wissenschaft und Beruf. Neuwied:
   Luchterhand, S. 65–89.

Schwarzer, Gudrun (2001): »Forschungsanträge verfassen. Ein praktischer
   Ratgeber für Sozialwissenschaftler/-innen«. In: Zeitschrift für Interna-
   tionale Beziehungen 8. Jg., Heft 1, S. 141–156.

Soentgen, Jens (2003): »Sammeln«. In: Ders.: Selbstdenken! 20 Praktiken der
   Philosophie. Wuppertal: Peter Hammer Verlag, S. 107–116.

Stary, Joachim/Kretschmer, Horst (1994): Umgang mit wissenschaftlicher
   Literatur. Eine Arbeitshilfe für das sozial- und geisteswissenschaftliche
   Studium. Frankfurt a.M.: Cornelsen.

Steinhoff, Torsten (2007): Wissenschaftliche Textkompetenz. Sprachgebrauch
   und Schreibentwicklung in wissenschaftlichen Texten von Studenten und
   Experten. Tübingen: Niemeyer.

Ulenbrook, Jan (Hg.) (1995): Haiku. Japanische Dreizeiler. Stuttgart: Philipp
   Reclam jun.

Wagner, Wolf (2007): Uni-Angst und Uni-Bluff Heute. Berlin: Rotbuch Verlag.

Walgenbach, Peter (2000): Rezension zu DiMaggio, P.J., Powell, W.W. (1983):
   »The Iron Cage Revisited: Institutional Isomorphism and Collective
   Rationality in Organizational Fields. In: American Sociological Review 48,
   1983, S. 147–160. In: Türk, Klaus (Hg.): Hauptwerke der Organisations-
   theorie. Wiesbaden: Westdeutscher Verlag, S. 96–99.

Widulle, Wolfgang (2009): Handlungsorientiert Lernen im Studium. Arbeits-
   buch für soziale und pädagogische Berufe. Wiesbaden: VS Verlag für
   Sozialwissenschaften.

Wolfsberger, Judith (2007): Frei geschrieben. Mut, Freiheit & Strategie für
   wissenschaftliche Abschlussarbeiten. Berlin/Köln/Weimar: Böhlau Verlag.

Der Plan A für Wiwis ...

12 Faktoren für den Erfolg

Werner Heister
Dagmar Weßler-Poßberg

Studieren mit Erfolg: Wissenschaftliches Arbeiten

für Wirtschaftswissenschaftler

2. Auflage

SCHÄFFER
POESCHEL

Heister/Weßler-Poßberg
Studieren mit Erfolg:
Wissenschaftliches Arbeiten
für Wirtschaftswissenschaftler
2., überarb. u. erw. Aufl. 2011.
264 S., 93 s/w Abb., 39 farb. Tab.
Kart., 2-farbig. € 12,95
ISBN 978-3-7910-3122-4

Planlos starten war gestern – der Ratgeber zeigt den geraden Weg durch die wissenschaftliche Arbeit: von der Themensuche bis zu den Korrekturen. Wie plane ich die Recherche? Wie hole ich das Wesentliche aus Texten heraus? Auch für Abschlussarbeiten gibt's ein Konzept an die Hand. Mit vielen Checklisten und hilfreichen Tipps.

SCHÄFFER
POESCHEL

Printed in the United States
By Bookmasters